La chirurgie profonde de l'âme

Le lifting spirituel

La chirurgie profonde de l'âme

Le lifting spirituel

«En mon nom, ils chasseront les démons»
Marc 16.17

Michelle d'Astier de la Vigerie

Collection rdf édification
éditions

Edition originale: **Editions RDF**
CH-1816 Chailly s/Montreux (Suisse)

ISBN 2-88272-037-8

Sauf indication contraire, les citations bibliques sont tirées
de la Bible Louis Segond, nouvelle version revue 1979

Distribution pour la Suisse:
Editions RDF
Case postale 93
CH-1816 Chailly s/Montreux (Suisse)
Tél. 021 / 964 65 01
Fax 021 / 964 73 83

Distribution pour la France, la Belgique et l'Afrique:
Librairies CLC
La Colline
F-26160 La Bégude de Mazenc
Tél. 04 75 902 050
Fax 04 75 904 004

Distribution pour le Canada:
Diffusion Vie
5972, Grande-Allée
St-Hubert (Québec) J3Y 1B3
Tél.: 514-926-1348
1.800.574.9190
Fax: 514-926-9289
Site Internet: http://www.diffusion-vie.com

Mise en page: Françoise Schifano
Réalisation graphique: ArtLab Europe (Suisse) Bertrand Bender
Impression offset: Imprimerie Jordi, Belp (Suisse)

Avertissement au lecteur

J'ai ressenti le besoin d'écrire ce livre parce que j'ai constaté à quel point de nombreux chrétiens ont encore besoin d'une guérison de leur âme et de délivrance. Par grâce, le Seigneur m'a appelée et, – ô combien! – aidée à intercéder pour ses enfants et à libérer de nombreux captifs au nom du Seigneur Jésus. Merveilleux nom, devant lequel l'univers entier plie le genou.

Mais qu'aucun lecteur ne fasse comme ceux qui lisent les dictionnaires médicaux et qui se sentent ensuite atteints de toutes les maladies qu'ils décrivent. Les démons ne sont pas seuls responsables de nos mauvais comportements. Ils ne font que profiter des faiblesses de notre chair. Aucune délivrance ne supprimera le besoin de sanctification, qui passe par une résistance farouche aux tentations et un renoncement au péché.

Inutile donc, en lisant ces lignes, de vous laisser submerger par l'idée que vous êtes remplis d'esprits méchants qui vous tiraillent dans tous les sens, et que vous n'êtes en rien responsables de vos actes. Le combat le plus important de chaque chrétien est contre sa propre chair. Mais vous pouvez, comme cela s'est produit pour moi, avoir besoin de délivrance, au bon moment. C'est-à-dire quand les démons que l'on va chasser ne pourront plus revenir, parce que la porte a été fermée!

Si vous avez donné votre vie à Jésus, vous avez le Saint-Esprit en vous, même si vous ne recevez au départ que les arrhes de l'Esprit «dans vos cœurs» (II Cor. 1.22). Ces arrhes-là sont bien plus fortes que toutes les armées de Satan réunies!

Vous êtes, de surcroît, par l'esprit, assis avec le Père dans les lieux célestes. Vous disposez, par la prière, par la foi, et grâce à l'amour de Dieu et à sa tendresse pour chacun de ses enfants, d'une puissance dont vous n'avez qu'une idée très limitée. Sous réserve de prier et d'avoir la foi. Sous réserve aussi de demeurer en Jésus, c'est-à-dire d'être en communion intime avec Lui chaque jour. Alors vous n'aurez rien à craindre. Alors vous ferez des exploits. Alors le monde des ténèbres s'enfuira loin de vous, car vous saurez comment lui résister.

En lisant ce livre, gardez en mémoire que les anges de Dieu sont probablement deux fois plus nombreux que les démons (Apoc. 12.4). Que le Père, le Fils et le Saint-Esprit sont omniprésents. Il est dit que Jésus remplit tout l'univers, ou toutes choses, selon les traductions (Eph. 4.10) Ce n'est pas le cas de Satan qui n'a même pas le don d'ubiquité, mais qui se déplace, par contre, à la vitesse de la lumière (Luc 10.18). N'oubliez pas non plus que si les démons peuvent occuper votre pensée et tenter de la manipuler, vous avez aussi le libre contrôle de vos pensées (II Cor. 10.4). Seul Dieu peut lire au plus profond de vous-mêmes (Héb. 4.13).

Gardons, en toutes choses, un juste équilibre. Notre sanctification et notre libération ne dépendent pas du passage d'un évangéliste, d'un prophète, d'un pasteur ou d'un autre serviteur exerçant un ministère accompagné de charismes puissants, mais de notre communion quotidienne avec Jésus et de notre amour pour Dieu. C'est Lui qui, en temps utile, nous guidera vers des serviteurs équipés de dons qu'ils mettront en œuvre pour notre bénéfice. .

Beaucoup de gens courent de séminaires en séminaires, ne voulant pas manquer un événement chrétien. Ce n'est pas une mauvaise chose en soi. Mais c'est inutile s'il n'y a pas de fruits par la suite. Si le Seigneur guérit aujourd'hui son Église de manière surnaturelle, ce n'est pas pour qu'elle se sente à la récréation au milieu de manifestations qui libèrent la joie et brisent les inhibitions et les raideurs religieuses. C'est parce qu'il est urgent d'aller chercher les perdus et de les conduire à Jésus. Les temps sont terriblement courts et nous pouvons avoir très vite des comptes à rendre à Dieu pour toutes ces âmes blessées et assoiffées que nous croisons autour de nous et près desquelles nous passons souvent avec indifférence.

Ce livre veut donc être une aide pour ceux qui désirent obtenir une pleine guérison de leur vie pour mieux servir le Seigneur, et aller, comme l'ordre nous en a été donné par Jésus, faire de toutes les nations des disciples.

Chapitre 1

La gravité du problème

«Le Nouveau Testament emploie environ trente-cinq fois le mot: «diable» et mille trois cent soixante huit fois celui de Dieu. Je pense qu'il y a là une sagesse à observer, bien que la règle ne soit pas absolue. Le problème de beaucoup de chrétiens est qu'ils ont un grand diable et un petit Dieu: ils sont toujours en train de discerner des mauvais esprits, de ressentir des oppressions, d'être sous des attaques, ils s'attendent à ce que le diable soit partout et il finit par l'être, selon leur foi.» (Carlo Brugnoli dans «Porteurs de vie».)

Nous avons un grand Dieu. Mais beaucoup ne commencent vraiment à appréhender la plénitude de cette réalité que lorsqu'ils ne sont plus tirés en arrière par le diable. Nous vivons dans un monde que nous lui avons livré, et nous avons des combats à mener. L'Apocalypse répète, comme un leitmotiv: «A celui qui vaincra». Nous ne sommes pas dans une guerre d'opérette, car «le diable est descendu vers nous avec une grande colère». Ce n'est pas le diable que nous devons vaincre – il est déjà vaincu! –, mais les malfaisances que le diable peut répandre grâce au péché grandissant de l'humanité. Ceux qui savent se battre, et qui, avec Dieu, font des exploits, connaissent des joies surnaturelles. Leurs sentiments de gratitude et d'adoration pour Dieu balaient tout enlisement dans un train-train religieux.

J'adhère à ce que dit Carlo Brugnoli. Je ne suis pas une théologienne et ce livre n'est pas une sorte de proclamation obsessionnelle destinée à laisser entendre que Satan serait omniprésent. Seul

Dieu est omniprésent. Mais ce monde, que nous le voulions ou non, est déchu. Il l'est de plus en plus, s'enfonçant à une vitesse accélérée dans le mal, dans l'égoïsme, et dans la perversion sous toutes ses formes, païennes ou religieuses.

Certains arrivent au Seigneur dans un état de délabrement interne épouvantable. Trop souvent, dans les Eglises, on pratique la méthode Coué: «Tu es une nouvelle créature. Les choses anciennes sont passées, toutes choses sont devenues nouvelles...» Un bon moyen de ne pas s'occuper des âmes estropiées. Parfois on finit par se lasser de devoir prier sans cesse pour les mêmes personnes. Pas toujours à tort d'ailleurs. Mais certains ont connu des carences affectives dramatiques dans leur enfance, parfois associées à des incestes ou des abus sexuels. D'autres ont subi des sévices physiques. La plupart sont entrés ensuite dans une spirale d'échecs sentimentaux, de fuite dans les drogues ou l'alcool et se sont livrés à des avortements, parce qu'ils méprisaient la vie. Certains ont cherché un remède à leur angoisse à travers l'occultisme. Par rage, d'autres ont conclu des pactes avec Satan.

Ce que l'on retrouve chez tous, quelque forme qu'ait pris leur rébellion, c'est de la propre justice, de l'amertume, des haines et des comportements vengeurs. Penser que de telles destinées vont être guéries par un tour de passe-passe et quelques pieuses prières est utopique.

La Parole de Dieu précise que nous sommes transformés de «gloire en gloire», parce que nous sommes peu malléables. Avec quelle tendresse, quelle délicatesse, et quelle patience le Père parvient à nous transformer!

Les chrétiens ne font pas toujours la distinction entre la conversion qui lave l'homme de ses péchés, et les conséquences inéluctables des anciens péchés, commis non seulement par l'intéressé, mais par ses ancêtres. Ils ont entraîné des malédictions, des maladies, de fâcheuses habitudes et des infestations démoniaques. Nous avons besoin, quand nous arrivons au Seigneur, de l'aide d'aînés, car Dieu a choisi de faire avancer son Royaume avec nous, et les uns par les autres. Le Seigneur nous demande de pleurer avec ceux qui pleurent, pas de les renvoyer avec une pirouette verbale. Encourager un perpétuel apitoiement sur soi est sans aucun doute malsain, mais certains ont désespérément besoin de l'écoute et de l'aide de leurs frères en Christ. Le nier dénote une incompréhension de ce qu'est le corps de Christ: «Si un membre souffre, tous les membres souffrent avec lui. Si un membre est honoré, tous les membres se réjouissent avec lui» (I Cor. 12.26).

Dans l'Eglise, trop de personnes jalousent et critiquent ceux qui sont honorés. Les mêmes passent au large de ceux qui souffrent. Personne n'est à l'abri de tels comportements. Parfois, nous nous sentons plus saints que les malheureux qui n'arrivent pas à sortir de leurs tourments, et nous nous en écartons. Les cœurs brisés ont souvent l'impression de devoir se livrer à un corps à corps solitaire avec le diable, au lieu d'être incorporés dans une armée soudée en Christ.

Stationner ou combattre

Ce livre est destiné à ceux qui, comme moi, ont dû affronter un choix inexorable: prendre les armes pour conquérir leur liberté, ou stationner dans une vie spirituelle torpillée par les entraves. A ceux aussi qui ne comprennent pas, alors qu'ils font des efforts, et qu'ils en ont le désir sincère, pourquoi la paix et le repos promis par Jésus leur échappent et pourquoi les dons spirituels semblent toujours être pour les autres.

A ceux, enfin, qui ont réalisé que l'ordre donné par Jésus: «Chassez les démons...» est impératif pour chaque chrétien, et non réservé à une élite d'exorcistes «pro», ou de serviteurs de Dieu nantis d'une carte de visite à rallonge, même si dans ce domaine, comme dans tous ceux où l'on fait appel à la puissance de Dieu, l'expérience se révèle précieuse. Mais c'est la foi dans le nom de Jésus qui compte. Cette foi augmente lorsqu'on la met en action et que l'on en voit les fruits.

Pour que Christ puisse grandir en nous, nous devons coopérer à Son œuvre d'émondation, car notre Seigneur est un gentleman qui ne nous viole pas, et qui agit au rythme propre à chacun. Aujourd'hui, une puissante onction se répand dans les Eglises. On l'a appelée la «bénédiction de Toronto», ou «le vin nouveau», mais elle avait démarré bien auparavant dans d'autres pays, notamment en Argentine. C'est une action surnaturelle de guérison du corps de Christ. Car l'Eglise est malade, et si elle est malade, c'est que beaucoup de ses membres le sont. Beaucoup de chrétiens traînent de vieilles blessures de l'âme, ou gardent des forteresses de pensées mensongères, émanant du monde. Les esprits de contrôle sévissent dans bien des assemblées, parce que des responsables, par manque de guérison intérieure, ont toujours la crainte d'être dépassés par les événements (ou par d'autres chrétiens!) et finissent par mettre le Saint-Esprit dans des casiers étiquetés. Ils placent un joug sur les brebis en pensant les protéger, alors que c'est eux qui sont remplis par la crainte de mal faire. Bien des chrétiens éprouvent le besoin de juger et de critiquer leurs frères en Christ ou leurs pasteurs, confondant jugement et discernement. Certains ont des ambitions personnelles secrètes ou affichées. D'autres ne parviennent pas à se débarasser de vieilles culpabilités, entretenues parfois volontairement parce qu'on les confond avec l'humilité[1].

Sans compter les amas d'orgueil, d'individualisme et d'égocentrisme dont le monde occidental est imprégné au-delà de toute mesure, et qui sévissent d'une manière tragique même chez les chrétiens, tant ces comportements sont considérés comme conforme à la norme.

L'Eglise occidentale est encore sans grande puissance. Elle a trop souvent fabriqué des croyants passifs au lieu de faire des disciples prêts à renoncer à tout, y compris à leurs loisirs, à leur sécurité, à leur confort, à leur réputation et à leurs héritages, pour aller proclamer la Vérité et enfoncer les portes de fer de l'incrédulité par la puissance de l'Esprit. Nous avons des cœurs de pierre, trop indifférents au spectacle de ceux qui se perdent autour de nous. Un cœur que seul Jésus peut changer, si nous sommes prêts à être brisés et à faire taire notre ego, cet ego qui cherche toujours à nous convaincre que nous en faisons bien assez comme cela. Semblables à Laodicée, beaucoup d'assemblées se sont longtemps crues riches, enrichies, et n'avoir besoin de rien. Elles ont à acheter du collyre du Seigneur pour réaliser qu'elles ne remplissent pas le rôle que Jésus attend d'elles. Un rôle qui pourra s'accomplir quand un peuple de Dieu revêtu de la puissance d'en Haut se lèvera.

[1] C'est une forme perverse d'orgueil, que j'ai appelée le syndrome de Caïn: «Mon tort est trop grand pour être porté» (Gen. 4.13). Méconnaissance de la miséricorde de Dieu et négation par avance de ce qu'allait faire le Fils de Dieu. Si je ne me crois pas pardonnable, c'est parce que je me situe dans une classe à part, au-dessus du vulgum pecus!

Je me réjouis de voir qu'un réveil s'amorce partout. Les choses sont en train de changer. Alléluia! Nous entrons dans des temps de fournaise. L'ennemi va se servir de tous nos points faibles. Le Seigneur Jésus nous a avertis que les derniers temps seraient difficiles pour ses enfants, et que les justes se sauveraient difficilement. Tenons-en compte, afin de redoubler de vigilance.

Le réveil arrive, car le Seigneur agit selon sa Parole. Les chrétiens retrouvent des cœurs d'enfants, des émotions authentiques, et une forte sensibilité au Saint-Esprit. Il agit pour que le monde reconnaisse les «vrais» chrétiens, pas seulement à leur assiduité aux réunions, ou à leurs connaissances bibliques, ou à leurs bonnes œuvres, ou à leur sourire du dimanche matin, mais, selon Sa volonté, grâce à l'amour qu'ils témoigneront les uns pour les autres et pas uniquement pour leur bande de copains. Ils le démontreront par leurs œuvres, non celles qui épatent la galerie et ne servent qu'à la gloire de l'homme, mais celles qui font plier le genou des incrédules, parce que la puissance du Père est manifestée.Jésus agit au sein de son Eglise pour que le monde puisse dire de nouveau d'elle: «Voilà les hommes qui ont bouleversé le monde» (Actes 17.6)

C'est dans l'intercession que la puissance miraculeuse de Dieu se manifeste le mieux, surtout si nous avons reçu des «entrailles de miséricorde». Pour guérir les âmes, plus encore que les corps, nous avons besoin de miracles. Qui d'autre que Dieu peut visiter notre passé et transformer les choses anciennes, jusqu'à ce qu'elles disparaissent et n'aliènent plus notre présent. L'enfant blessé continue à réagir dans l'adulte, tant qu'il n'a pas été apporté définitivement à la Croix. L'ancien gamin rejeté qui, trente ans plus tard, a un comportement de solitaire parce qu'il a toujours peur du rejet, doit être guéri par le Seigneur dans les racines de sa personnalité.Nous parlerons dans ce livre de délivrances, mais aussi de la guérison de nos vies. Quand nous acceptons Jésus comme Sauveur et Seigneur, nous lui donnons généralement notre existence à venir. Nous devons aussi lui donner notre vie passée, pour qu'il fasse le ménage. Lorsque délivrances et guérisons ont été effectuées, il reste l'étape sans doute la plus importante: prendre la victoire que Jésus a remportée pour nous à la Croix, et la garder. Cela passe par la mort à soi-même, une mort qui ne s'acquiert pas par notre bonne volonté, ou de pieuses incantations, mais à travers les épreuves et les persécutions. Bref, tout ce que nous aimerions éviter, parce que ça rabote douloureusement, entre autres notre amour-propre qui est une forme d'orgueil particulièrement tenace.

> *C'est par beaucoup de tribulations qu'il nous faut entrer dans le royaume de Dieu.*
>
> *Actes 14.22*

Alors nous pouvons vraiment devenir des chrétiens à part entière, parce que notre esprit régénéré a définitivement pris le pas sur la chair. A l'instar de Paul, nous pourrons dire: «Mais dans toutes ces choses, nous sommes plus que vainqueurs par celui qui nous a aimés» (Rom. 8.37), ou: «Ce n'est plus moi qui vis, c'est Christ qui vit en moi» (Gal. 2.20).

Chapitre 2

Le leurre

Beaucoup d'Eglises, mais aussi des enseignants d'écoles bibliques et de facultés de théologie évangéliques, affirment que les chrétiens nés-de-nouveau ne peuvent avoir de démons. Satan se donne beaucoup de mal pour nous le faire croire, et ainsi garder ses captifs. Puisqu'il n'est pas recommandé de délivrer des inconvertis[1], vers qui les disciples doivent-ils se tourner pour obéir à l'ordre de Jésus de chasser les démons? (Mat. 10.1, Marc 16.17, etc). Pourquoi Jésus se donnait-Il la peine de chasser les démons de ceux qui venaient spontanément vers Lui, si son enseignement – et quel enseignement en direct! – suffisait?

Existerait-il une catégorie de demi-chrétiens? Ou est-ce à la seconde même de la conversion qu'il se produirait une délivrance spontanée? En ce cas, comme cela se passe souvent, on verrait des manifestations bruyantes au moment où les personnes donnent leur

[1] Selon Mat. 12.45, chasser des esprits impurs d'une personne dont la «maison» reste vide, car non remplie par le Saint-Esprit, c'est exposer le malheureux à ce que ces esprits reviennent avec, chacun, sept autres esprits plus méchants qu'eux. Jésus n'a pas présenté cela comme une exception, mais comme la règle générale, terminant en Mat. 12 par: «Il en sera de même pour cette génération méchante.»
Face aux inconvertis, par contre, nous pouvons lier certains esprits, comme l'incrédulité ou la violence. Pourtant, dans certains cas, le Saint-Esprit peut nous pousser à libérer des inconvertis, ne serait-ce que pour dissiper leur aveuglement. Un frère en Christ m'a raconté comment le Seigneur l'avait poussé à chasser un esprit de folie d'un homme lié par une camisole de force dans un hôpital psychiatrique. Ensuite cet homme s'est converti.

cœur à Jésus, ce qui pourrait faire fuir ceux qui, au même moment, avaient l'intention d'en faire autant. La sagesse de Dieu, heureusement, n'est pas la nôtre!

Quatre grandes raisons ont fait que, sur les centaines de milliers d'Hébreux que Dieu avait arrachés à l'Egypte (qui symbolise le monde), et qui avaient passé la mer Rouge (une figure du baptême), seuls deux, Josué et Caleb, sont entrés dans le royaume promis, tous les autres périssant dans le désert au milieu des scorpions et des serpents brûlants. Ces choses ont été écrites pour servir aux chrétiens d'avertissement. Paul le rappelle en I Cor. 10.11. Ces quatre raisons sont:

1. Les murmures, critiques ou rébellion à l'égard des chefs nommés par Dieu ou à l'égard de Dieu Lui-même.
2. L'idolâtrie du veau d'or, un retour aux pratiques religieuses importées d'Egypte. On peut y associer le culte de Mammon, une idolâtrie de l'argent qui enchaîne bien des chrétiens qui n'en ont pas toujours conscience.
3. La convoitise: les Hébreux regrettaient certains avantages matériels de l'Egypte, telles les cailles au lieu de la manne donnée par Dieu. De même, certains chrétiens regrettent parfois des «libertés» ou «avantages» qu'ils avaient avant leur conversion, en oubliant l'esclavage et l'oppression du monde.
4. Ils ont craint d'affronter les ennemis, convaincus que les géants étaient beaucoup plus puissants qu'eux (Nomb. 13.33). Des dizaines d'années plus tard, la génération qui se décidera à prendre les armes apprendra que ces géants tremblaient de peur devant eux, car ils avaient appris à craindre le Dieu des Hébreux (Josué 2.9).

Aujourd'hui le peuple chrétien se garde de dire, à cause des déclarations de Jésus, que les démons sont des géants qu'il faut éviter d'affronter. Pourtant beaucoup de chrétiens, même parmi les responsables spirituels, ont peur des démons. Pour ne pas avoir à entrer dans un combat que Jésus a ordonné de mener, ils préfèrent affirmer que les chrétiens ne peuvent avoir de démons. Certains rejettent même ceux qui pratiquent les délivrances, comme s'ils étaient des sorciers dangereux. Jésus l'a prophétisé:

> *S'ils ont appelé le maître de maison de Beelzébul, à combien plus forte raison appelleront-ils ainsi les gens de sa maison!*
> *Mat. 10.25*

C'était précisément alors qu'il chassait les démons que Jésus avait été traité de Beelzébul par les religieux de son temps (Marc 3.22).

Lors de la délivrance des démoniaques du cimetière, **tous** les gens du pays, au lieu de se réjouir, ont supplié Jésus de partir (Mat. 8.34). Ils étaient paniqués par ce surnaturel qu'ils ne connaissaient pas, et ils étaient probablement influencés par les démons qui étaient en eux et qui devaient mourir de peur que Jésus les envoie dans l'abîme, comme leurs confrères entrés dans les porcs!

Même les juifs, qui savaient que le Messie attendu libérerait les captifs et guérirait les malades, étaient parfois saisis de peur lorsqu'ils étaient confrontés à la puissance de guérison de Jésus (Mat. 9.8). Ils rendaient tout de même gloire à Dieu, au lieu de supplier Jésus de partir! Ils ont pourtant fini par le rejeter et l'assassiner, sous la poussée de leurs dignitaires religieux.

De nos jours, les choses n'ont guère changé, et bien des chrétiens ne savent vers qui se tourner pour recevoir la délivrance. Ceux qui la pratiquent sont parfois rejetés au sein de leur Eglise, ou considérés comme étant dangereux. Je le sais: j'en ai fait l'expérience!

Un patron qui ne se substitue pas à ses subordonnés

Lorsque Jésus nous transmet un pouvoir, Il nous demande de l'exercer. Un bon patron, lorsqu'il confie des tâches à des subordonnés, ne les exerce pas à leur place.

Lors de la multiplication des pains, Jésus a ordonné: «Donnez-leur **vous-mêmes** à manger» (Mat. 14.16). Trois évangélistes ont rapporté cette phrase, tant elle est importante. Le pain symbolise aussi la nourriture spirituelle.

A Cana, Jésus demande aux serviteurs de remplir d'eau les jarres vides. Rien n'aurait empêché le Seigneur de les remplir directement de vin: c'était le même miracle. Mais il voulait que les serviteurs fassent leur part, dans la foi. «Faites ce qu'Il vous dira», leur avait dit Marie. Jésus nous a **ordonné** de chasser les démons. Il a déclaré qu'un des signes qui accompagneraient ceux qui croiraient en Lui serait: «En mon nom, ils chasseront les démons» (Marc 16.15). Les miracles, c'est Lui qui les accomplit, mais notre participation est indispensable, car cela fait partie du plan de Dieu pour nous apprendre à vaincre et nous préparer à régner avec Lui. Pas de place sur le trône pour les timorés.

Lorsque Saul, sur le chemin de Damas, a demandé à Jésus: «Que veux-tu que je fasse?», Jésus lui a répondu: «Entre dans la ville, et **on te dira** tout ce que tu dois faire» (Actes 9.6). Jésus avait chargé ses serviteurs de transmettre sa Parole. Il n'allait pas se substituer à eux. C'est un humble disciple, Ananias, qui va obtenir la guérison de la cécité de Saul, et lui imposer les mains pour qu'il soit rempli du Saint-Esprit. Ensuite, Ananias le baptise d'eau. D'autres obscurs disciples de Damas l'évangélisent en quelques jours, et **aussitôt** Paul se met à prêcher (Actes 9.17 à 20). Le Seigneur peut se servir de frères en Christ anonymes et effacés pour réaliser des actes qui auront des conséquences immenses.

La première tâche qu'Il a confiée à ses douze disciples puis aux 70, c'est la délivrance. Elle n'est pas citée dans les dons spirituels en I Cor. 12, parce qu'il s'agit d'un ministère[1] qui peut être exercé par tout chrétien.

Déliez-le...

Lorsque Jésus a ressuscité Lazare, Il a prié. Mais ensuite, Il a demandé aux disciples de délier eux-mêmes Lazare. Qu'est-ce qui était le plus facile pour Jésus? Ressusciter un mort ou faire tomber des bandelettes de tissus? Lorsque nous sortons de la mort spirituelle et commençons à marcher, nous avons encore les membres entravés par de multiples liens. Si nous continuons ainsi, nous ne cesserons de trébucher et de tomber. Nous avons besoin d'entendre: «Déliez-le et laissez-le aller!». C'est le rôle que Jésus confère à ses disciples. Lui a fait une part infiniment plus grande, celle de nous faire passer de la mort à la vie, en nous convainquant de péché, de jugement et de justice, grâce au Saint-Esprit.

[1] Même si la délivrance n'est pas l'un des cinq ministères présentés par Paul en Ephésiens 4.11, le terme «ministère» veut simplement dire «service». Dans une acception plus élargie, on peut donc dire de tous ceux qui se mettent au service de Dieu et de leurs frères qu'ils exercent un ministère. A temps partiel ou à plein temps.

Pourtant, ceux qui viennent de vivre une nouvelle naissance, n'entendent pas toujours des responsables dire: «Déliez-le». Ils repartent à leur place avec leurs entraves. Quoi d'étonnant ensuite si ces Eglises ronronnent dans un train-train religieux: elles sont pleines d'handicapés spirituels qui clopinent tant bien que mal!

Chasser les démons, répétons-le, est le premier pouvoir que le Messie a transmis à ses disciples, et ce, bien avant la Pentecôte, tant c'était essentiel. Ce rôle est primordial, non seulement pour libérer les captifs, mais pour que les témoins, chrétiens ou non chrétiens, prennent conscience de la réalité du monde spirituel. Tant de gens pensent que le diable n'existe pas, et qu'il s'agit d'une fable!

Si Dieu permet de spectaculaires manifestations en public lors des délivrances, c'est pour que les gens appréhendent la tangibilité de ces présences destructrices. On s'empresse parfois d'emmener les démonisés loin des regards, de peur d'effaroucher les nouveaux venus. Je pense que c'est dommage, sauf si les manifestations perturbent trop longtemps la réunion. J'ai reçu la révélation de l'existence du monde des ténèbres la première fois que j'ai assisté à une délivrance, et ma vie chrétienne en a été radicalement modifiée. J'ai réalisé à quoi j'avais été arrachée, après m'être livrée à l'occultisme durant vingt-cinq ans, ouvrant ainsi la porte aux puissances démoniaques. Cela m'avait conduite à des dépressions, à des tentatives de suicide, à des malédictions sans nombre et à la ruine. A l'heure de ma rencontre avec le Seigneur, tout avenir pour moi était bouché et j'étais au bord de la mort. Le rôle des démons dans mes errances et mes malheurs passés m'est apparu dans sa sinistre réalité. Par la suite, j'ai reçu de nombreuses délivrances. Mon amour pour Christ a pris du poids, car j'ai mieux appréhendé tout ce qu'Il avait fait pour moi à la Croix.

J'ai eu l'occasion de constater que l'absence de l'exercice de ministère de délivrance maintenait certains chrétiens dans la misère, dans le chômage chronique, et dans des problèmes graves. La présence d'esprits méchants semble voler les bénédictions promises par Dieu.

Je ne tiens pas à entrer dans une polémique stérile qui divise certaines Eglises. Je veux attirer l'attention sur le fait qu'en affirmant que les chrétiens ne peuvent avoir de démons, on prend une lourde responsabilité: celle de ne pas obéir au Seigneur (ce qui est aussi grave que la divination! I Sam. 15.23), qui nous enjoint de chasser les démons, et non de laisser de nombreuses personnes dans des liens parfois dramatiques, qu'elles camouflent tant bien que mal en se culpabilisant. Je citerai le cas de Gina, une chrétienne née-de-nouveau et baptisée du Saint-Esprit depuis sept ans, qui éprouvait des pulsions incontrôlables de meurtre sur son fils Paul. Convaincue par ses pasteurs successifs qu'elle était forcément libérée, elle cachait sa honte et se débattait seule dans cette oppression inavouable. Lors d'une séance de délivrance, j'ai entendu une voix haineuse sortir de sa bouche et lancer: «Je veux tuer Paul»! Quelques minutes plus tard, elle était débarrassée d'un esprit d'infanticide!

Dans ce livre, je vais partager en partie ma propre expérience. Par grâce, le Seigneur m'a montré, tant pour moi que pour de multiples personnes, à quel point nous étions encore des captifs. Il m'a appris à me servir de l'autorité qu'Il nous a donnée pour expulser les esprits méchants. Il n'est pas de plus grande joie que de voir les transformations qui en découlent.

La bonne Parole ne suffit pas toujours...

Si la repentance et le pardon contraignaient tous les démons à sortir, pourquoi Jésus se donnait-Il la peine de chasser les démons des multitudes qui venaient à Lui? S'ils s'approchaient, c'est qu'ils croyaient en lui. Tous, ou presque tous avaient reçu le baptême de repentance administré par Jean-Baptiste (Actes 13.24). Si cela suffisait, Jésus aurait dû se contenter de prêcher la bonne nouvelle du Royaume et de parfaire l'enseignement de ses disciples. Idem pour les apôtres après la Pentecôte.

> *L'Evangile ne vous a pas été prêché en paroles seulement, mais avec puissance, avec l'Esprit-Saint, et avec une pleine persuasion.*
>
> *I Thess. 1.5*

Jacques enjoint les chrétiens à «nettoyer leurs cœurs, âmes partagées» (Jacq. 4.8). Partagées entre qui et qui? Pierre parle du baptême «qui vous sauve, et **par lequel on ne se débarrasse pas de la souillure de la chair**...» (I Pierre 3.21).

Partout où il y a souillure, les démons sont dans leur élément. Pierre a précisé: «la chair». Nous verrons l'importance de cette précision. Dans sa deuxième épître (ch. 1), après avoir énuméré les fruits progressifs de la sanctification: la foi, la vertu, la connaissance, la maîtrise de soi, la patience, la piété, l'amitié fraternelle et l'amour, Pierre déclare: «Celui en qui ces choses ne sont point est aveugle, il a les yeux fermés, **il a mis en oubli la purification de ses anciens péchés**». On fait parfois la confusion entre le pardon global reçu lors de la conversion, et la purification de chaque péché, dont beaucoup resteront enfouis dans notre mémoire si nous ne demandons pas au Saint-Esprit de nous sonder. Il le fera petit à petit. Nous ne pourrions pas porter d'un coup le regard sur toutes nos abominations passées. J'ai questionné un jour une de mes amies, convertie depuis deux ans et brûlante pour le Seigneur, pour savoir si elle avait consulté des guérisseurs avant sa conversion. «Absolument pas!», s'écrie-t-elle, ajoutant juste après: «Oh! Si! Une fois, pour une bricole». Le lendemain, elle me raconte qu'elle avait été prise le soir même de douleurs dans divers endroits du corps, et que chaque fois cela lui avait rappelé une visite chez un guérisseur pour des «bricoles» ayant touché ces parties de son corps. En tout sept consultations, qu'elle avait oubliées! Ou plutôt que Satan lui avait fait oublier, afin de garder ses droits. Après une réelle repentance et une prière d'autorité, les démons ont été contraints de partir. Alléluia!

Sans ce combat, il est probable que, tôt ou tard, des maladies beaucoup plus graves que ces «bricoles» se seraient déclarées. J'ai vu des cas tragiques chez des personnes conduites chez des guérisseurs parfois vingt ans ou trente ans auparavant par des parents qui croyaient ainsi faire preuve d'amour! De banales verrues, par exemple, avaient donné place des années plus tard à de monstrueux psoriasis. Si les gens font rarement le rapprochement entre des maladies présentes et d'anciennes pratiques, c'est qu'ils ne comprennent pas que dans le monde spirituel, le temps n'édulcore pas les risques. Certaines malédictions rapportées dans la Bible se sont réalisées des centaines d'années plus tard!

Mon peuple est détruit, parce qu'il lui manque la connaissance.

Osée 4.6

Les baux à long terme des démons!

Certains démons offrent une redoutable résistance pour ne pas lâcher leurs demeures corporelles, surtout s'ils y résident depuis longtemps. Divers épisodes des Evangiles le démontrent. Soit les démons supplient Jésus de ne pas les perdre «avant le temps», soit ils demandent la permission d'investir des porcs plutôt que de devoir aller dans les «lieux arides». Il est courant, lors des délivrances, d'entendre: «Je ne veux pas partir d'ici!», ou «Il m'appartient depuis toujours». En Marc 5.10, la légion prie instamment Jésus de ne pas les envoyer hors du pays. Ils ont même une préférence pour certains lieux géographiques! Notons que cet épisode s'est situé lors de la seule incursion de Jésus hors d'Israël, donc en pays païen, raison pour laquelle il y avait des troupeaux de porcs dans le voisinnage. On comprend pourquoi les démons s'y sentaient plus à l'aise!

Pour les démons, être dans un corps, c'est trouver du repos (Mat. 12.43.). Tant que la nature de l'homme est en harmonie avec la nature d'un démon, ce dernier se sent confortablement installé et se garde bien de manifester sa présence. Il se contentera de distiller les mauvaises tentations dans les pensées de son hôte, provoquant des actes regrettables si la personne cède. Celle-ci les attribuera à son caractère, à son éducation, ou en accusera ses parents, les circonstances ou la société.

La bataille sur deux fronts

La bataille commence lorsqu'un être se convertit et veut obéir à Dieu, donc lutter contre sa chair. Tant que des démons sont présents, ils vont multiplier les sollicitations.

Ce qui ne veut pas dire qu'un chrétien libéré est à l'abri des attaques sataniques! C'est après son baptême d'eau, puis quarante jours de jeûne que Jésus a été confronté à un des plus redoutables pièges de Satan, qui lui proposait tous les royaumes de la terre. Jésus a résisté. Satan s'est éloigné, dans l'attente d'un moment plus propice. Le moment plus propice a été Gethsémané. Le combat de Jésus, entre la tentation de prier Dieu pour qu'Il «éloigne cette coupe», et accepter la souffrance, l'humiliation une des morts les plus cruelles que l'homme ait jamais inventées, et surtout le fait de devoir être coupé un temps du Père céleste en portant tout le péché de la terre, a été si intense que des veines ont éclaté. A ce moment-là, Jésus a «résisté jusqu'au sang». Si Jésus a dû résister jusqu'au sang contre un ennemi extérieur, qu'en est-il pour ceux qui sont habités de l'intérieur? Il est des combats au-dessus de nos forces, et qui requièrent de l'aide. C'est la loi d'amour de Dieu qui veut que nous priions les uns pour les autres en nous servant de l'épée de la Parole et du tout-puissant nom de Jésus.

Prenons l'exemple d'alcooliques arrivant à Jésus. Certains, par grâce, seront délivrés instantanément. D'autres non. Le rôle des frères en Christ est-il de leur faire un sermon en les poussant à s'inscrire aux «Alcooliques Anonymes»[1], ou de prier?

Dans l'exemple des alcooliques, on ne parle que de ce qui se voit, l'extérieur de la coupe d'un individu, la conséquence visible d'un vécu et d'héritages spirituels invisibles. Dans l'intérieur de la coupe, il y a des zones d'ombre. Notre âme est un puits dont nous appréhendons mal la profondeur. Elle est pleine d'abysses secrètes, que seul le Saint-Esprit peut visiter. Ces abysses sont souvent investies par des hôtes indésirables. L'âme ne peut être complètement purifiée que lorsque tout a été mis à la lumière. C'est parfois long, surtout quand nous arrivons tardivement au Seigneur. Nous ne sommes pas toujours prêts à revivre certains événements qui ont entraîné des souffrances et des hontes horribles, alors que nous nous sommes acharnés des années durant à les effacer de notre mémoire. Le souvenir est comme enkysté, environné d'un halo de mensonges qui le rendent supportable. C'est le cas, entre autres, de l'inceste. Il faut d'abord déblayer le terrain autour, par petites touches, avant que le bistouri divin puisse percer l'abcès et le nettoyer.

> *Lorsque ton œil est en mauvais état, ton corps est dans les ténèbres.*
>
> *Luc 11.34b*

[1] Ce qui ne signifie pas qu'il faut rejeter systématiquement le recours à des organismes qui ont fait leur preuve. Certaines institutions laïques font montre de plus de compétence et de compassion que certains chrétiens!: «Car les enfants de ce siècle sont plus avisés à l'égard de leurs semblables que ne le sont les enfants de lumière» (Luc 16.8b).

L'œil, en l'occurrence, c'est l'œil du cœur, celui qui accepte de s'ouvrir pour que l'Esprit sonde notre âme. Certains yeux spirituels sont en mauvais état, entachés de rancunes ou d'endurcissement.

Soulignons la précision de Jésus: il n'a parlé que du corps qui pouvait toujours être dans les ténèbres. Les ténèbres sont le domaine de Satan. Nous verrons au prochain chapitre que les lieux d'accès de Satan, chez un chrétien, sont délimités.

Le jeu de cache-cache

Certains démons peuvent se camoufler très longtemps. Ils savent que des nouveaux convertis sont souvent très ouverts à la délivrance, parce qu'ils ont une perception encore fraîche de l'immense grâce qu'ils viennent de recevoir, et qu'ils se souviennent de l'état de péché dans lequel ils pataugeaient. Ensuite, le chrétien a plus de mal à admettre qu'il peut être encore habité. Alors, les «vieux» démons peuvent recommencer à opérer. D'anciens liens ou mauvaises habitudes réapparaissent. Des angoisses ou dépressions resurgissent. Leurs victimes se mettent à douter de leur salut, et parfois deviennent rétrogrades, pensant qu'elles n'étaient pas dignes de l'amour de Dieu.

Certaines Eglises n'ont pas d'opinion claire sur la nécessité de la délivrance. Le résultat, c'est qu'on aborde rarement ce sujet. Ce qui ne veut pas dire qu'elles n'exercent pas ce charisme, mais elles le font, en quelque sorte, contraintes par le Saint-Esprit, lorsque des manifestations se produisent en public.

D'autres Eglises prennent cette tâche très au sérieux et l'exercent systématiquement sur tout nouveau venu. Elles ont des équipes de «nettoyage spirituel», pour répondre aux besoins qui sont, partout, de plus en plus grands, tant les gens qui viennent au Seigneur ont presque tous été en contact avec l'occultisme, se sont livrés à des avortements, ou ont vécu un passé difficile.

Ce sont souvent des assemblées en forte croissance, parce que les chrétiens y sont libres et apportent à l'extérieur un témoignage puissant. Mais aussi parce que des chrétiens d'autres Eglises, reconnaissants d'y avoir été délivrés, décident de les rejoindre! Si les transferts d'une Eglise à l'autre ne sont pas souhaitables, on ne peut blâmer certains d'aller là où se trouve la vie, là où se trouve l'amour, et là où l'Evangile est non seulement prêché, mais mis en pratique!

Cela dit, nous verrons que certaines délivrances sont prématurées, s'il n'y a pas un accompagnement de guérison de l'âme, et une volonté farouche de la personne de sortir de certains liens.

La corrélation péché-démon

Jésus chassait **tous** les démons, et guérissait **tous** les malades, sauf lorsqu'il se heurtait à l'incrédulité. Démons et maladies sont souvent liés dans la Parole. Les maladies physiques ne sont rien en regard de certaines maladies morales, invisibles pour les tiers.

Jésus a proclamé: «Si le Fils vous affranchit, vous serez réellement libres». Il avait commencé par: «Vous connaîtrez la **vérité**, et la vérité vous affranchira» (Jean 8.32 et 36). Entre ces deux phrases, Jésus a déclaré: «Quiconque se livre au péché est **esclave du péché**», introduisant une corrélation directe entre tout péché non immédiatement confessé et abandonné, et la sanction qui est d'être dominé par l'Ennemi. En Romains 6.16, Paul répète les paroles de Jésus: «Celui qui obéit au péché est esclave du péché». Satan en profite pour utiliser son droit d'occupation. Notons que Paul fait une distinction entre les «péchés hors du corps» et «les péchés contre son propre corps» (I Cor. 6.18), tel l'adultère, suggérant qu'il est des degrés de gravité dans le péché, ce qui doit influer automatiquement sur les droits que nous donnons à l'ennemi. Il y a plus grave: les abominations, telles les pratiques occultes citées en Deut. 18.10, dont Esaïe 19.3 déclare qu'elles nous livrent à «des seigneurs durs et à un roi cruel». Le roi cruel, Satan, ne lâche pas facilement ses proies.

Le manque de pardon contraint Dieu, selon Sa Parole, à nous livrer à des «bourreaux» (Mat. 18.34 et 35). D'où, très souvent, des maladies physiques ou morales éprouvantes. Fausses doctrines, religiosité, goût du pouvoir religieux doivent aussi être des tapis rouges pour accueillir complaisamment les esprits impurs. Jean-Baptiste traite pharisiens et sadducéens de «races de vipères» (Mat. 3.7). Dans la bouche de Jésus, les pharisiens et scribes ont droit à la même appellation (Mat. 12.34). Parfois, Il insiste: «Serpents, races de vipères (Mat.23.33). Charmants adjectifs qui laissent supposer qu'ils pouvaient avoir des démons. Jésus leur dit ailleurs qu'ils ont pour père le diable.

La norme, c'est le besoin de délivrance

Certes, confession, repentance, et prière libèrent. «Confessez donc vos péchés les uns aux autres, et priez les uns pour les autres, afin que vous soyez guéris. La prière **agissante** du juste est d'une grande efficacité» (Jacq. 5.16). Ce verset doit être pris dans sa totalité, car il montre que l'action comporte confession, prière et mise en application de la Parole, dès que l'Ennemi est démasqué. Un soir, un démon s'est manifesté chez une chrétienne pour qui je priais. Au bout d'une heure de combat, je n'avais abouti à rien, et j'ai demandé à cette personne s'il y avait quelque chose dans son passé qu'elle avait caché. Elle s'est écriée: «Je n'ai jamais confessé que j'avais subi un avortement». Ensuite, le démon a été contraint de sortir rapidement.

J'ai constaté que chaque fois qu'on faisait du surplace dans une délivrance, il valait mieux stopper et poser certaines questions. Il apparaît toujours, soit des manques de pardon, soit des péchés non avoués, soit des non-pardons à soi-même, soit le tout. Tant que Satan détient des droits légaux, il n'a aucune raison de lâcher prise.

Quand Jacques demande de prier les uns pour les autres afin d'être guéris, il ne parle pas que de la guérison des corps. Les fractures de l'âme sont beaucoup plus graves, et plus indélébiles que les fractures physiques. Elles peuvent recevoir une aide terrestre, mais elles ne peuvent en aucun cas se passer du grand chirurgien céleste, Jésus, qui est venu «guérir les cœurs brisés... donner une huile de joie au lieu du deuil, un diadème au lieu de la cendre, un vêtement de louange au lieu d'un esprit abattu» (Es. 61.1 et 3).

Lorsque nous donnons notre cœur à Jésus, ce cœur est encore charnel et «vendu au péché». Bien des chrétiens chantent: «Brise-moi, façonne-moi», tout en escomptant que Dieu ne les prendra pas au mot! J'avoue préférer modifier les mots et chanter: «Libère-moi, façonne-moi», espérant quelque tour de passe-passe céleste qui me muerait du jour au lendemain en un personnage pur et angélique. Je dois reconnaître que cela n'a jamais fonctionné, car la délivrance n'escamote en aucun cas le difficile et long chemin de la sanctification. Mais elle peut l'aider.

La force de Satan est de donner à certains la crainte d'avouer qu'ils ne sont pas libérés. Dédramatisons le problème. Nous sommes nés pécheurs, pollués au départ par un héritage parental, et nous en avons rajouté de notre cru tout au long de notre existence sans Christ. Et même après, puisque nous continuons souvent à pécher, et ne le confessons pas toujours!

Le monde entier est sous la puissance du malin.
I Jean 5.19

Si beaucoup de fausses idées courent sur le sujet, c'est parce que, dans l'imaginaire populaire, quelqu'un de démonisé est un agité, avec des comportements très anormaux. Cela ne se produit que dans des cas de lourde démonisation, et parce que des chocs émotifs ou des stress font perdre tout contrôle à la personne. Rappelons que Jésus a expliqué que les démons ne trouvaient de repos nulle part ailleurs que dans leurs «maisons», c'est-à-dire les demeures corporelles (Mat. 12.43). Le REPOS implique l'immobilité! Par exemple, un démon de mensonge est en vacances chez un menteur, ou quelqu'un qui vit dans l'illusion. Si cet homme se met à se repentir chaque fois qu'il se surprend à jouer avec la vérité, le lieu de repos du démon se transforme en habitation hostile, et des attaques virulentes se produisent. C'est le moment de chasser le démon, pour peu qu'on ait discerné sa présence. Sinon, le découragement peut s'installer.

La délivrance doit venir à point nommé. Certaines sont prématurées. J'ai fait des erreurs dans ce domaine, ce qui m'a valu quelques retours de manivelle. Mais je n'ai jamais regretté d'exercer ce ministère. Ce n'est pas parce que l'on fait des bourdes que l'on doit s'arrêter. Nous apprenons souvent plus par nos échecs que par nos réussites. Ma vraie récompense, c'est de revoir certaines personnes pour lesquelles j'ai combattu utilement, et d'en voir les fruits.

Délivrer ceux qui sauront garder la délivrance

Dieu œuvre en Son temps, sous réserve que Ses enfants collaborent. L'entêtement doctrinal est le plus pervers des pièges inventés par Satan à l'usage des Eglises. Il infeste une grande partie de la chrétienté, semant divisions et transformant le Corps de Christ en un champ de bataille. «Nous ne connaissons qu'en partie» a dit Paul. L'important, ce n'est pas de savoir qui a tort ou qui a raison, mais d'obéir à Dieu et de libérer ceux qui ont besoin de l'être. Gaston Ramseyer disait, dans sa sagesse et sa simplicité: «Quelqu'un est délivré... quand il est délivré». Il est dommage que si peu de chrétiens aient reçu le précieux don de discernement des esprits, peut-être parce que peu le demandent au Père, faute d'en avoir compris la portée.

La première chose que je demande aux gens qui s'avancent pour une délivrance, c'est s'ils ont déjà donné leur cœur au Seigneur. Sinon, je refuse le combat. J'ai entendu dans un séminaire trois «ténors» de la délivrance, qui exerçaient ce ministère depuis plus de vingt ans, expliquer qu'ils ne s'occupaient que de chrétiens baptisés dans l'Esprit: ils sont plus coopératifs, et, les démons, nettement plus instables à force d'être bombardés par ces boulets de canon que sont les louanges en langues! Et surtout, le fait d'appartenir au Seigneur depuis un certain temps a apporté, le plus souvent, des renoncements à certains comportements, des pardons, et des guérisons intérieures, étapes préalables souvent indispensables avant qu'une délivrance efficace puisse être effectuée.

Certains responsables spirituels, lorsqu'ils assistent à des délivrances, affirment que ces apparentes expulsions ne sont que des manifestations extérieures mensongères, provoquées par Satan pour nous leurrer. Ce qui leur permet de garder leur certitude que les chrétiens n'ont aucun besoin de délivrance. Pourtant, la Bible ne suggère même pas une telle éventualité, mais écrit par contre à vingt-deux reprises dans le Nouveau Testament que les démons **sortaient** d'une ou de plusieurs personnes.

> *Ayant des yeux, ne voyez-vous pas? Ayant des oreilles, n'entendez-vous pas?*
>
> *Marc 8.18*

D'autres prétendent que si certains ont encore des démons après des années de conversion, c'est qu'ils ne sont pas de «vrais» chrétiens. Affirmation facile et mensongère. On est «né de nouveau», donc chrétien, dès que l'on a accepté Jésus pour Sauveur et Seigneur. Même si l'on garde encore des liens ramenés du passé. Beaucoup de ces soi-disant «faux chrétiens» finissent par courir les évangélistes de passage, parce que leur problème n'est pas pris au sérieux dans leur assemblée. Ou ils s'adressent en secret à d'autres Eglises, ce qui met ces dernières dans l'embarras: elles ont assez à faire avec leurs propres brebis et ne tiennent pas à se mettre en porte-à-faux avec les Eglises sœurs. Elles savent aussi qu'un suivi est la plupart du temps nécessaire pour que les gens gardent la délivrance, suivi qu'elles ne peuvent exercer.

Oser dire la vérité, dans l'amour

Certains pasteurs conseillent de ne pas dire aux chrétiens qu'ils peuvent avoir d'indésirables habitants, de peur de les blesser. Prudence regrettable: beaucoup d'Eglises traditionnelles, pour les mêmes raisons, ne parlent même plus du péché pour ne pas «froisser» leurs ouailles, et en font ainsi «des fils de la géhenne», faute de les conduire à la repentance. Paul, comme Jésus et Pierre, ne mâchait pas ses mots, estimant plus urgent de sauver, délivrer et guérir que de ménager les susceptibilités. Si vous dites à une fillette qui se gratte qu'elle a peut-être des poux, elle a toutes chances d'en être vexée et de lancer rageusement: «Ce n'est pas vrai!» Cela ne change rien au fait qu'elle devra être soignée, si elle veut être débarrassée des parasites. Mais il n'est pas interdit de le lui suggérer avec ménagement, en expliquant qu'elle a attrapé ces bestioles à l'école et que toutes ses copines doivent en avoir.

On peut «choper ces bestioles» par des comportements qui paraissent tout à fait légitimes, compte tenu des circonstances. Combien de personnes, par exemple, continuent après le décès d'un proche, et sous l'empire de la douleur, à s'adresser à ce proche comme s'il était encore présent, parfois via une vieille photo, dans l'espérance d'une réponse venant de l'au-delà? Il s'agit pourtant d'une évocation de mort, traitée dans la Bible d'abomination, et qui livre «à un maître cruel»... (Es. 19.3).

Une femme de pasteur, chrétienne depuis une trentaine d'années, m'a raconté comment, alors qu'elle et son mari créaient une Eglise, elle s'était sentie découragée par la lourdeur de la tâche qui l'attendait, d'autant qu'elle attendait son quatrième enfant. Elle avait souhaité, entre autres, n'avoir plus à exercer «momentanément» son don de prophétie, qui lui donnait un surcroît d'activité et de fatigue.

Depuis, et cela faisait cinq ans, elle n'était jamais arrivée à se libérer de sa lassitude, accomplissant tout par devoir et sans joie. Quant au don de prophétie, il semblait avoir définitivement disparu.

Je lui ai proposé de demander pardon au Seigneur d'avoir accepté ce découragement, et d'avoir rejeté un don divin. Ce qu'elle a fait aussitôt. Le Saint-Esprit m'a soufflé; «esprit d'accablement». J'ai chassé cet esprit qui est sorti sans grande résistance.

J'ai su plus tard par son mari qu'elle était transformée, et que cela se répercutait sur toute l'Eglise. Elle avait aussi retrouvé son don de prophétie. Merci Seigneur, ta Parole est une lampe à nos pieds.

L'art et la manière de dire les choses

Le problème n'est pas dans le fait d'annoncer à quelqu'un qu'il a peut-être un démon. C'est dans la manière de le dire, en démontrant que certains actes impulsifs, répétitifs, et non à la gloire de Dieu, ont sans doute leurs sources dans d'anciennes souffrances, dans un passé erratique, ou dans des actes refoulés dans l'inconscient. Si c'est fait par amour, et dans l'intention d'aider une personne prête à l'accepter, la réaction de l'intéressé est du soulagement: il apprend qu'il y a un remède à ses maux. Si nous pensons que la personne risque de mal réagir, quelle que soit notre certitude, abstenons-nous. Dieu agira en son temps, surtout si nous prions pour ces personnes! Nul ne peut délivrer quelqu'un qui ne veut pas l'être. C'est d'ailleurs certainement pour nous éviter des impairs regrettables que le Saint-Esprit, lorsqu'Il veut que nous entrions dans le combat, contraint les démons à se manifester publiquement, ce qui arrive souvent lorsque l'onction est puissante, ou lorsque l'on impose les mains aux gens. Et surtout lorsque l'on est dans un lieu non récalcitrant à la pratique d'un tel ministère. C'est grâce à ces circonstances que certains réalisent qu'ils ont besoin de délivrance, et s'y prêtent sans opposition: ils sentent physiquement la présence des esprits, une présence qui soudain les terrifie et leur répugne.

> *Dieu m'a appris à regarder aucun homme comme souillé et impur.*
>
> *Actes 10.28*

C'est l'apôtre Pierre qui fait cette déclaration. Il n'a pas spécifié «à aucun homme», mais «d'aucun homme». Même si nous avons la conviction qu'un frère est habité, ne le clamons pas sur les toits. Cela risque de nous revenir en boomerang après avoir fait beaucoup de dégâts.

Si notre motivation, dans la délivrance, se réduit à l'émerveillement du pouvoir et de l'autorité que Dieu nous a donnés sur le monde satanique, nous pouvons commettre des maladresses irréversibles. Lorsque les soixante-dix reviennent tout joyeux en s'exclamant: «Les démons mêmes nous sont soumis en ton nom», Jésus leur dit: «Je vous ai donné le pouvoir de marcher sur les scorpions et les serpents, et sur toute la puissance de l'ennemi; et rien ne pourra vous nuire. **Cependant, ne vous réjouissez pas** de ce que les esprits vous sont soumis; mais réjouissez-vous de ce que vos noms sont inscrits dans les cieux».

Nous devons avoir les yeux fixés sur Christ, et non sur les démons! Et dans notre frère, c'est Christ que nous devons voir, pas les squatters de sa chair.

Il existe, paraît-il, un esprit spécifique chargé de focaliser notre attention sur le monde démoniaque! Pendant ce temps, nous cessons d'avoir les yeux sur Christ et sur la beauté de son Royaume, ce que Satan redoute le plus. Sans vigilance, le candidat au ministère de délivrance risque d'avoir rapidement besoin de délivrance!

Si Dieu nous mandate, Il créera les circonstances pour que notre frère vienne de lui-même demander de l'aide, ou Il mettra en lumière des choses cachées à l'heure où le Père le juge utile. Un dimanche, alors que je comptais faire une partie de Scrabble avec une bonne copine après le culte, je me suis retrouvée deux heures durant en train de chasser une quantité de démons: le Saint-Esprit rappellait à cette amie des choses qu'elle n'avait jamais confessées, soit parce qu'elle les avait oubliées, soit parce qu'elle n'avait osé les avouer à personne. Il s'agissait de pratiques lourdes, touchant à la mort et au satanisme, qui avaient donné des droits royaux à l'ennemi de nos âmes. A l'heure de Dieu, nous aurons toujours le Saint-Esprit comme partenaire. Et quel partenaire! Jésus a affirmé que c'était par le Saint-Esprit qu'Il chassait les démons. Notre devoir consiste à nous servir au moment propice de la puissance monumentale du Nom de Jésus. Les Evangiles précisent que Jésus chassait les démons «par le doigt de Dieu» (Luc 11), donc l'autorité du Père, «par le Saint-Esprit» (Mat. 12.28) et «Par sa parole» (Mat. 8.16.). Jésus est la Parole. C'est toute la Trinité qui est en action dans la délivrance. Normal que les démons soient contraints de plier bagage! Jésus Lui-même, lors de la tentation au désert, s'est servi de versets bibliques pour décourager Satan. Dans la délivrance, une riche connaissance de la Bible est indispensable.

J'ai reçu, par grâce, des délivrances deux ans après ma conversion, dans une Eglise qui savait appeler un chat un chat! Certes, sur le moment (et pour notre plus grand bien!) ça caresse notre orgueil à rebrousse-poil. Mais quelle joie ensuite! Tous ceux qui pratiquent la délivrance savent la reconnaissance formidable[1] de ceux qui ont été enfin libérés, après avoir souvent dû taire les oppressions dont ils étaient victimes, ou des «faiblesses» qu'ils ne parvenaient pas à surmonter.

Par grâce et par compassion, le Saint-Esprit pallie souvent nos carences. Les chrétiens qui ont une communion intime avec le Seigneur, finissent, à la longue, par être débarrassés de bien peu sympathiques occupants! Parfois parce qu'ils sont au bénéfice du passage d'un évangéliste exerçant ce charisme. Parfois parce qu'ils pratiquent une autodélivrance. Parfois spontanément, car Dieu est bon, et qu'Il honore sa Parole en «délivrant l'âme de ses serviteurs»!: Quand on a complètement crucifié la chair, l'espace est devenu intenable pour les démons. Ils n'ont plus rien à quoi s'accrocher quand tous les péchés ont été mis à la lumière et quand la personne a une telle haine du péché qu'elle se repent aussitôt dès qu'elle se surprend à en commettre un.

[1] Hélas! Pas toujours. J'ai constaté la véracité de la parabole des dix lépreux guéris, dont un seul, un étranger au peuple de Dieu, était revenu pour remercier le Seigneur Jésus (Luc 17.18). C'est fou ce que certains oublient vite ce que le Seigneur a fait pour eux, peut-être parce qu'ils ont une honte rétrospective de ce qu'ils étaient. Je n'ai pas honte d'avoir été libérée de dizaines et de dizaines de démons. C'était normal, compte tenu de ma vie passée. Et je n'ai pas honte de cette vie passée, parce que j'ai été pardonnée, blanchie, et que ces péchés ont été définitivement oubliés par Dieu.

Quand on revient de loin

Pour les êtres qui ont été victimes de rejets parentaux dans leur enfance, d'abus sexuels, et surtout d'incestes, pour ceux qui viennent de l'Islam ou de l'hindouïsme, ou qui ont été mêlés à des actes d'occultisme, en particulier de sorcellerie ou de satanisme, volontairement ou involontairement[1], la libération est presque toujours longue et difficile. Ce ne sont pas des «petits» démons qu'il faut forcer à partir, mais des princes de Satan, accompagnés de légions d'esprits impurs. Généralement l'esprit maître, le plus coriace, est délogé en dernier. Il est presque plus facile de délivrer des personnes qui viennent d'un passé occulte que celles qui ont eu une enfance douloureuse. Il y a chez les secondes des amas de colères rentrées, de haines cachées. Ces personnes, pour survivre, ont souvent de véritables amnésies sur les épisodes trop douloureux de leur passé.

Les délivrances sont souvent longues, également pour les gens qui reviennent de l'islam, tant cette religion est associée à quantité de pratiques et de traditions issues tout droit de la sorcellerie. Citons un cas que j'ai vécu de près. S..., précieuse auxiliaire d'un pasteur, ancienne musulmane. Après sa conversion, plusieurs démons avaient été chassés et elle n'avait plus aucun trouble du comportement, sauf de désagréables trous de mémoire et, parfois, des passages dépressifs. Alors que je séjournais chez elle, j'ai fait un rêve bizarre où il était question d'œuf et de crâne. Durant le petit déjeuner, S... me raconte que lorsqu'elle avait seize ans, sa mère l'avait conduite chez une femme marabout pour être guérie de méchants symptômes. La «maraboute» avait annoncé qu'elle allait lier la sorcellerie qui habitait S... dans le **crâne** d'un mort. Elle s'était lancée dans des incantations en manipulant un **œuf** apporté par S... et sorti de son frigidaire le matin même. Ensuite, elle avait fait briser cet œuf par S... qui avait découvert, avec un profond malaise, qu'à la place du jaune se trouvait un bout de tissu d'une robe qu'elle portait à l'âge de six ans!

[1] Que de parents conduisent leurs enfants chez un marabout, ou vouent leur bébé à des esprits «protecteurs» dans certains pays, ou les consacrent à Marie! Dans ce cas, ils les vouent de fait à la puissance démoniaque de la «reine du ciel» (Jér. 44.6 à 11). Les prières aux saints morts et à Marie sont du spiritisme chrétien, puisque l'on s'adresse à des morts. Elles entraînent des conséquences tout aussi fâcheuses que l'évocation des morts chez les spirites!

J'ai sursauté; Il y avait un rapport évident entre ce récit et mon rêve. Nous avons téléphoné au pasteur de S..., lui rapportant ma vision nocturne. Il nous a raconté que dans les séances de délivrance précédentes, lui-même avait reçu la vision, d'abord d'un cimetière, puis d'une tombe. Cette fois-ci, le Saint-Esprit nous révélait que c'était à un mort qu'elle avait été liée! Le lendemain, après un rude combat en deux temps, parsemé de violentes manifestations, S... était libérée. Alléluia! Et merci au Seigneur pour ce rêve.

Dans mon livre «L'occultisme, la spiritualité qui tue», j'ai cité quelques autres cas similaires.

Un train de démons peut en cacher un autre! Parfois il faut recommencer, parce que les entrées n'ont pas été fermées: les démons reviennent. Il faut du temps avant que l'homme nouveau ait complètement remplacé le vieil homme.

> *Mes enfants, pour qui j'éprouve de nouveau les douleurs de l'enfantement, jusqu'à ce que Christ soit formé en vous...*
>
> *Gal. 4.19*

Parfois ce ne sont pas seulement les entrées qui sont à réparer, mais toute la muraille qui est à reconstruire. Un des fruits de l'Esprit, qui n'est pas, de loin, le premier acquis, c'est la maîtrise de soi. Le manque de maîtrise de soi est toujours un signe de blessures encore ouvertes, de colères cachées, de problèmes intérieurs non réglés. Autant de grandes brèches dans nos murailles:

> *Comme une ville* ***forcée et sans murailles,*** *ainsi est l'homme qui n'est pas maître de lui-même.*
>
> *Prov. 25.28*

S'il n'est personne pour s'engager dans le combat avec détermination, mais aussi avec sagesse – certaines délivrances déclenchent des mouvements violents et requièrent une équipe! –, la victime risque de rester dans ses liens très longtemps. Cela donne, comme le dirait une de mes amies, des chrétiens «yoyo», un jour joyeux, un jour abattus. Certains se découragent et quittent définitivement l'Eglise.

Je reçois beaucoup de courrier de personnes désespérées, chrétiennes depuis des années, qui, parce que leur Eglise ne pratique pas la délivrance, ne savent vers qui se tourner. Leurs lettres sont souvent pathétiques. Je lance un cri vers les responsables spirituels concernés: ne prenons pas le risque de devoir, devant Dieu, en rendre des comptes.

Ils pansent à la légère la blessure de la fille de mon peuple.
Paix, paix, disent-ils, et il n'y a point de paix.

Jér. 8.11

Chapitre 3

Qu'en dit la Bible?

L'argument le plus fréquent pour appuyer le fait que les chrétiens ne peuvent avoir des démons est que ni les Actes, ni les épîtres n'en mentionnent la possibilité ou des cas précis[1]. Jésus ne chassait donc pas les démons parmi les chrétiens, mais seulement parmi les juifs et les païens. De même les apôtres ou les soixante-dix disciples.

Judas était-il ou non chrétien? Il suivait le Christ depuis plus de trois ans, et avait tout abandonné pour Lui. On trouve rarement meilleure définition pour un chrétien! D'ailleurs Pierre lui-même dit de Judas, en Actes 1, qu'il avait part au même ministère qu'eux, et Jésus, rappelons-le, avait affirmé à ses premiers disciples que leur

[1] Elle ne dit rien, non plus, qui déclare le contraire! Remarquons que les juifs, étaient, depuis deux millénaires, le peuple de Dieu et l'héritier de la première Alliance. Si l'on prétend que la protection des chrétiens est «automatique», Dieu aurait été bien injuste de ne pas donner au premier des peuples dans son cœur, celui «dont le salut devait venir» (Jean 4.22), le même privilège. Rappelons le cas de Saül, le premier roi d'Israël, qui avait reçu l'onction. Bien qu'il soit régulièrement agité par des mauvais esprits (I Sam. 16.14), il ne lui en arrivait pas moins de prophétiser (I Sam. 10.10), ce qui démontre que l'on peut avoir à la fois le Saint-Esprit et des démons...

nom était inscrit dans les cieux (Luc 10.20). Ils étaient donc déjà sauvés, mais Judas a perdu ensuite ce salut[1].

Jésus a dit à Pierre: «Et toi, quand tu seras revenu (ou converti), affermis tes frères» (Luc 22.32). Jésus fait allusion au fait que Pierre, en le reniant trois fois, va repartir dans le monde. Il faudra donc qu'il se tourne de nouveau vers Lui. Les rétrogrades, cela existait déjà! Judas a aussi été rétrograde, mais, après sa trahison, il n'est pas revenu vers Jésus pour se faire pardonner. Il est allé se pendre.

Certes, il semble que les apôtres n'aient reçu la première effusion de l'Esprit qu'après la résurrection (Jean 20.22). Mais si Jésus Lui-même chassait les démons par le Saint-Esprit, les apôtres et les disciples, a fortiori, l'avaient aussi pour partenaire dans leurs missions, même si c'était à titre temporaire, ce qui n'est pas prouvé. Jean-Baptiste, dès le sein de sa mère, était rempli du Saint-Esprit (Luc 1.15). Ce que les 120 ont reçu à la Pentecôte, c'est le feu de l'Esprit, s'accompagnant de dons spirituels puissants. Il y a des degrés dans notre relation avec le Saint-Esprit. Si Jean-Baptiste était rempli du Saint-Esprit dans le ventre d'Elisabeth, Jésus, né du Saint-Esprit, devait l'être encore bien davantage dans le ventre de Marie! Ce qui n'a pas empêché de nouvelles effusions plus puissantes pour le Messie. Après son baptême d'eau, le Saint-Esprit est descendu sur Lui sous forme de colombe. La Parole dit qu'Il fut alors «rempli du Saint-Esprit» (Luc 4.1). Il y a donc eu un puissant renouvellement. Après son jeûne, Jésus est «revêtu de la puissance de l'Esprit». C'est cette puissance de l'Esprit, manifestée sous forme de langues de feu, que les apôtres ont reçue à la Pentecôte, pour qu'ils puissent œuvrer dans une tout autre dimension. Jésus, pour commencer son Ministère, a aussi eu besoin de ce feu de l'Esprit.

[1] Beaucoup d'églises prônent que le salut est acquis une fois pour toutes. Oui, sous réserve de rester «dans le Seigneur». Dans la Parabole du semeur, Jésus a démontré qu'on pouvait perdre ce salut, qui n'était acquis que lorsqu'on portait du fruit. La lettre aux Hébreux 12.14) dit: «Recherchez la paix et la sanctification sans laquelle **nul ne verra le Seigneur**». On pourrait citer de nombreux autres textes allant dans le même sens, tels Mat. 7.21-23 et I Cor. 13.1-3. Citons encore celui-ci «Et si le juste est sauvé difficilement, que deviendra celui qui est impie ou pécheur?» (I Pierre 4.18). Certains risquent d'avoir une terrible désillusion lors de l'enlèvement de l'Eglise. C'est d'ailleurs ce que rappelle la parabole des dix vierges, ou la parabole des noces. Pour la situation de Judas, voir la suite du texte.

Judas faisait partie des douze premiers qui avaient reçu l'effusion et l'autorité de Christ pour chasser les démons et guérir les malades. Mais parce qu'il était lié par la cupidité (pour que Jésus puisse l'en délivrer, il aurait fallu que Judas confesse ce péché et s'en repente), il a ouvert grand la porte à Satan lui-même. La Bible dit expressément que le diable est **entré en lui.**

Pierre s'est fait traiter de Satan par Jésus, parce qu'il émettait le souhait que Jésus ne soit pas mis à mort (Mat. 16.21). Cela choque parfois les chrétiens. N'était-ce pas une preuve d'amour pour son Seigneur de la part de Pierre? Aux yeux de Jésus, cet amour «charnel» qui allait à l'encontre de la volonté de Dieu était satanique. On peut ergoter sur le fait que Jésus a utilisé symboliquement le nom de Satan. Je n'y crois pas du tout. Je pense que Pierre, par ses «pensées charnelles», avait donné accès à Satan, qui parlait par sa bouche. Etait-il à ce moment-là démonisé ou son esprit était-il seulement sous influence satanique? En tout cas, c'est bien en plantant ses yeux dans les yeux de Pierre que Jésus a lancé: «Arrière de moi, Satan». Et non à une entité invisible se promenant à quelques mètres de là!

Pourrait-il être vraisemblable que Jésus ait transmis le pouvoir de chasser les démons à ses disciples alors qu'ils n'étaient pas chrétiens, parce qu'ils ne le deviendraient qu'après la Pentecôte? Evidemment non. Lorsque les disciples viennent dénoncer un homme qui chasse les démons au nom de Jésus, en se vantant de l'en avoir empêché, le Messie leur démontre qu'ils ont tort (Marc 9.40). Certes, le nom de chrétien n'a été donné qu'ensuite. Mais l'essentiel est d'être un disciple! Tous ceux qui suivaient Jésus répondaient à tous les critères que nous retenons aujourd'hui pour déterminer que des êtres sont nés de nouveau. Ils étaient même plus que cela, et beaucoup plus que beaucoup de ceux qui fréquentent assidûment les églises réveillées d'aujourd'hui: ils étaient des disciples entièrement consacrés à Christ. Non seulement, ils avaient cru, s'étaient repentis et s'étaient fait volontairement baptiser, mais ils avaient accepté de renoncer à eux-mêmes, quittant tout pour suivre Jésus.

Avant d'envoyer les soixante-dix, Jésus leur déclare: «Celui qui vous écoute m'écoute, et celui qui vous rejette rejette celui qui m'a envoyé» (Luc 10.16). Donc ils avaient le Saint-Esprit en eux, puisque leurs paroles étaient déjà la Parole de Dieu.

Rappelons que c'était bien parmi ceux qui venaient à Lui que Jésus chassait les démons. Il s'agissait donc déjà de chrétiens, ou de personnes très près de le devenir.

Même le démoniaque gadaréen, avant sa délivrance, a fait la démarche volontaire de venir à Jésus (voir ci-après). La seule exception concernait des enfants. Mais c'étaient les parents qui avaient prié Jésus, et donc qui avaient cru en Lui. Avoir foi en Jésus comme étant le Messie attendu et le confesser de sa bouche, comme c'était le cas chaque fois[1], c'était déjà être converti.

Mettons à bas l'affirmation que les gens ne pouvaient être sauvés qu'après la mort et la résurrection de Jésus. Jésus, avant la crucifixion, avait déclaré à ses disciples que leur nom était inscrit dans les cieux (Luc 10.20). Jésus n'a pas dit au brigand cloué à ses côtés: «Dans trois jours, quand je serai ressuscité, je t'emmènerai avec moi dans le paradis. Ou: «Après la Pentecôte, alors que je me serai élevé vers mon Père, tu seras sauvé». Mais **«Aujourd'hui même,** tu seras avec moi dans le Paradis» (Luc 23.43). Cette précision du Seigneur n'est certes pas un hasard, et les sept Paroles qu'Il a prononcées sur la croix sont toutes d'un poids immense.

Enfin, pour tordre le cou à l'affirmation que les disciples ne sont devenus chrétiens qu'à la Pentecôte, il suffit de relire la prière sacerdotale de Jésus en Jean 17. Jésus déclare, entre autres: «Aucun d'eux ne s'est perdu, sauf le fils de perdition... Ils ne sont pas du monde comme moi je ne suis pas du monde... Je leur ai donné la gloire que tu m'as donnée...» Jésus parle de quelque chose de déjà acquis, pas de quelque chose qui va se produire. Quand il a annoncé qu'il était avantageux pour eux que Jésus s'en aille, ce n'était pas pour expliquer que c'était là la condition de leur salut, mais pour qu'ils soient consolés (Jean 16.7) et sanctifiés par la vérité (Jean 17.17). Consolés non seulement de la mort de Jésus, mais guéris au plus profond de leur âme de tous les stress passés qui aliénaient encore leur comportement, les poussant tous par exemple à être lâches et à fuir lors de l'arrestation de leur maître, alors qu'ils allaient faire preuve ensuite d'un merveilleux courage face à la persécution et à la mort.

[1] Citons par exemple Mat. 9.18, ou 8.[illegible], ou 8.8-9 où Jésus dira avec admiration à un officier romain, donc un incroyant selon les Juifs: «Vraiment, je vous l'assure, chez personne, en Israël, je n'ai trouvé une telle foi.» (v. 10).

Satan et ses acolytes

Nous citerons certains textes des Ecritures qui mettent en scène des chrétiens manifestement démonisés. Rappelons le verset: «Le monde **entier** est sous la puissance du malin» (I Jean 1.19). Tout ce qui, en nous, est encore charnel est sous la puissance du malin, «un voleur qui ne vient que pour dérober, égorger et détruire» (Jean 10.10). Ce texte s'inscrit dans un passage consacré aux bergers «mercenaires», qui sont entrés dans le ministère par goût du rang social, du pouvoir ou de la sécurité financière, ou qui se sont laissés harponner au fil des ans par de tels sentiments. Jésus les assimile au destructeur, donc à quelqu'un qui s'est mis consciemment ou inconsciemment au service de Satan. Pas étonnant qu'ils «abandonnent les brebis dès qu'ils voient venir le loup, et prennent la fuite» (Jean 10.12). De connivence avec lui, comment pourraient-ils le chasser?

Satan est nommé le prince de ce monde, l'accusateur, le calomniateur (diable), le père du mensonge, le dieu de ce siècle, le tentateur, le destructeur. Il peut se déguiser en ange de lumière. Il ne reste pas inactif, car il hait l'homme. En Apocalypse, il a son trône en plein milieu de certaines églises (2.13), ou il y tord l'enseignement par un de ses acolytes: l'esprit de Jézabel (2.20). Il entraîne, entre autres, l'intégrisme religieux qui veut dominer ou accaparer les pouvoirs terrestres et s'arroge le droit de tuer ceux qui ne font pas partie du même cénacle religieux (Jézabel tuait les prophètes de Dieu). Comprenons bien ce qu'est l'esprit de Jézabel sur une Eglise. Jézabel veut dire: «sans cohabitation». Il provoque indépendance et insoumission. Cet esprit se trouve dans chaque Eglise où l'un des conducteurs, au lieu d'être le «serviteur de tous» (Mat. 23.11), cherche à se faire «appeler directeur» (Mat. 23.10). C'est la prise de contrôle d'un pouvoir qui ne se partage pas. L'autorité de Christ se manifeste dans l'humilité et la douceur. Les Hébreux avaient accepté l'autorité de David, petit berger insignifiant, parce qu'il s'appuyait sur Dieu. Les Eglises primitives avaient accepté l'autorité de Paul, alors qu'il était petit de taille et non imposant, alors qu'il était affligé d'une maladie qui le rendait – il le dit lui-même – repoussant (Gal. 4.14). Elles l'avaient accueilli parce qu'il ne marchait pas par la chair, mais par le Saint-Esprit. Tous ces hommes étaient des appelés de Dieu. Quand des ministères se qualifient tout seuls, il faut bien qu'ils compensent par la force et l'autoritarisme l'onction qu'ils n'ont pas reçue.

Un évangéliste a dit que partout où se crée une Eglise, Satan implante sa chapelle. Il ne peut le faire que par ceux qu'il tient encore sous son joug. Sa meilleure arme, c'est l'esprit de Jézabel, car elle est subtile. Mais il en a bien d'autres, entre autres Mammon, et surtout l'orgueil, le légalisme et l'esprit religieux...

Il est dit dans l'Apocalypse que le diable jettera quelques-uns «d'entre vous» en prison (2.10). Il peut s'agir, bien sûr, de geôles avec des barreaux, mais aussi d'une prison spirituelle. Certains faux frères peuvent être assimilés à «ceux qui se disent juifs mais ne le sont pas», dont nous parle le même passage. Il est dit d'eux qu'ils sont «une synagogue de Satan». Dans une synagogue, il peut y avoir beaucoup de monde!

Ne jouons pas sur les mots

Quelques-uns avancent que si on s'est donné à Christ, on ne peut être possédé par le diable. Je suis entièrement d'accord! Un chrétien ne peut en effet être «possédé». Ce terme impliquerait que l'on ne s'appartient plus et qu'une puissance démoniaque domine notre volonté. L'homme, même non chrétien, a toujours son libre arbitre: Dieu y veille. Il n'est donc pas «possédé».

Soyons nets: des présences démoniaques ne suppriment en rien la responsabilité de l'homme face au péché. Dieu a dit que nulle épreuve, ou nulle tentation, n'était au-dessus de nos forces, et qu'il avait préparé à chacun les moyens de s'en sortir (I Cor. 10.13). Si Adam et Eve ont été si lourdement condamnés, c'est moins pour avoir désobéi à Dieu que parce qu'ils n'ont pas voulu se repentir de leur faute quand Dieu leur a posé la question: «As-tu mangé de l'arbre..?» Chacun d'entre eux a tenté de transmettre la responsabilité à un tiers: Adam sur Eve, et Eve sur le serpent. C'était vrai, mais ils oubliaient qu'ils avaient la capacité de refuser la tentation.

La Parole montre que des êtres, même envahis de démons, conservent un certain degré d'autonomie. Prenons le cas du démoniaque campé en Marc 5. Cet homme vit au milieu des tombes. Des esprits si puissants l'investissent qu'il peut briser les solides chaînes et les fers dans lesquels des tiers charitables essaient de l'immobiliser, pour l'empêcher de se meurtrir avec des pierres. Il ne supporte aucun vêtement, puisque les gens s'étonneront ensuite de le trouver vêtu. C'est un fou furieux, de ceux qu'on enferme aujourd'hui dans les asiles avec une camisole matérielle ou chimique. Les milliers de démons qui sont en lui (ils vont investir 2000 pourceaux) ne doivent pas avoir la moindre envie d'être confrontés au Fils de Dieu, au risque d'être expédiés dans les lieux arides. Ils doivent donc déployer toutes leurs ressources machiavéliques pour empêcher leur captif d'approcher le Messie. Et pourtant, c'est ce captif **qui vient au-devant** de Jésus (v. 2)

Même chose en Matthieu 8.28. Les deux démoniaques, «si redoutables que personne n'osait passer par là», sortent volontairement des tombeaux, et **viennent à la rencontre de Jésus.**

Non! personne n'est possédé, mais on peut abriter quantité d'êtres impurs. En réalité, le terme «possédé» n'existe pas dans le texte original grec, qui parle de démonisation (daimonizomai). Chouraqui a une traduction plus juste et parle de gens «contaminés par un souffle», là où d'autres traducteurs disent «possédés». Le souffle correspond au mot grec pneuma, qui signifie «esprit». Les chefs religieux de l'époque, qui haïssaient Jésus et devaient le prendre pour le pire des démoniaques, ne le traitaient pourtant pas de possédé! Ils se contentaient d'affirmer qu'Il avait un démon. Ils avaient donc bien assimilé le fait que les démons étaient des squatters, mais ne possédaient jamais en entier une personne.

En Actes 8.7, là où les Bibles courantes écrivent «Des esprits impurs sortirent de plusieurs **démoniaques** en poussant de grands cris», Chouraqui traduit: «Beaucoup étaient saisis par les souffles contaminés, qui sortaient d'eux en criant d'une voix forte».

Il est pathétique de constater qu'au sein du corps du Christ, des Eglises s'entre-déchirent à cause de doctrines fondées sur des traductions approximatives! La lettre tue...

C'est le diable qui est dérangé, pas le Saint-Esprit

Le troisième argument, le plus fréquent, c'est que le Saint-Esprit ne peut cohabiter avec le diable. Il est pourtant omniprésent dans un monde «tout entier sous la domination du diable»! De fait, si la cohabition est difficile, c'est pour les démons qu'elle l'est, là où l'Esprit souffle. D'où pour les chrétiens, des combats, des souffrances, et des «passages à vide». Si l on s'appuie sur un tel argument, on pourrait se demander comment le Saint-Esprit peut cohabiter avec la maladie, qui n'est pas de Dieu mais qui est un fruit de la déchéance humaine (Deut. 28.27-28), dénotant la plupart du temps une activité démoniaque (Actes 10.38). L'ombre de Pierre ou le mouchoir de Paul ne guérissaient pas que les non-chrétiens. Les malades sont nombreux aujourd'hui dans le monde chrétien! En 1Cor 11, Paul établit une corrélation entre bien des maladies ou des morts prématurées parmi les chrétiens, et un comportement spirituel inadéquat.

Mais ce n'est pas la seule raison des maladies chez les chrétiens. Paul lui-même traînait une infection chronique. Dieu lui avait «mis un ange de Satan pour le souffleter et l'empêcher de s'enorgueillir» (I Cor. 12.7), passage démontrant encore l'imbrication Satan et maladie, avec la permission de Dieu «dont les yeux sont trop purs pour voir le mal» (Hab. 1.13). Mal, Malin et maladies ont la même racine. Paul souligne qu'on lui a **mis** une écharde **dans la chair, un ange de Satan.** Ce n'était pas une écharde faite de bois: les médecins auraient sans doute pu la lui enlever. Il est clairement écrit que cette écharde était «un ange de Satan». Il est probable qu'il ne s'agissait pas d'une maladie physique – ça n'a jamais empêché l'orgueil –, mais sans doute d'une faiblesse qui humiliait Paul, parce qu'il ne parvenait pas à s'en débarrasser. Dieu a jugé bon, pour son apôtre, de ne pas le débarasser de cette écharde. C'était moins grave que le risque d'orgueil.

Cela n'empêchait pas Paul d'être rempli du Saint-Esprit, qui ne fuyait pas la proximité de ce démon. Car les ténèbres ne peuvent envahir la lumière. C'est le contraire, sauf quand «elles ne la recoivent point». Dieu se rit de ses ennemis! Paul a précisé: «dans la chair». Notons-le, car c'est un point important. Nous y reviendrons.

Si la cohabitation est difficile, ce n'est pas parce que le Saint-Esprit est dérangé par la présence des démons. Rien, dans Sa pureté, ne peut l'atteindre. Sinon, Il se retirerait de ce monde gangréné jusqu'à la moelle et rempli d'esprits impurs et méchants. Lorsqu'Il se retire, ce n'est pas parce que les démons l'ont attristé, mais à cause des hommes qui l'attristent par leur attitude de cœur. Dans le livre de Job, Satan se présente devant Dieu au milieu des fils de Dieu: Dieu ne le jette pas dehors manu militari, choqué! Il discute avec Satan et agrée en partie sa demande. Car Satan ne peut altérer Sa paix: le diable est déjà jugé et c'est un vaincu en sursis qui sert, bien malgré lui, les plans de Dieu. En Zacharie 3, Satan se tient devant l'ange de l'Eternel (Jésus). Il ne fait pas fuir l'ange, qui lui dit tranquillement: «Que l'Eternel te réprime». Dans le désert Satan aussi se présente devant Jésus, et peut même le toucher puisqu'il le transporte en haut d'une montagne! Et si Satan peut réclamer à Dieu de cribler Pierre comme du froment, c'est encore parce qu'il a pu se présenter devant Dieu et lui parler: il n'a pas le don de l'ubiquité. Bientôt, par contre, il va être «jeté sur terre» avec le tiers de ses anges (Apoc. 12.10). Mais, à ce stade, l'Eglise composée des vierges sages aura sans doute été enlevée (Apoc. 12.5).

Les démons peuvent ressentir un malaise épouvantable dans les moments où leur hôte est fortement visité par l'Esprit. D'où de rageuses manifestations, qui jettent parfois les captifs au sol avec de grands cris. Certains se mettent à onduler comme des serpents, ou poussent de bizarres cris d'animaux!

La place du Saint-Esprit

Où le Saint-Esprit réside-t-Il en nous? Certes, il veut prendre toute la place. C'est une des clés de la sanctification par laquelle on offre «tous ses membres à Christ». Dans l'épître aux Thessaloniciens, Paul dit que chacun doit savoir «posséder son corps dans la sainteté...» (I Thess. 4.4), puis il ajoute: «Que le Dieu de paix vous sanctifie lui-même **tout entiers,** et que tout votre être, **corps, âme et esprit,** soit conservé irréprochable...» (I Thess. 5.23). S'il souligne ces trois parties bien distinctes de notre être, ce n'est pas anodin.

Les athées ne font pas de distinction entre âme et esprit, parce que leur esprit est comme mort. Quand on touche à l'occultisme, notre esprit devient pour Satan un canal d'expression au service du monde des ténèbres, et, par des pouvoirs surnaturels démoniaques, un instrument de destruction et de malédiction.

Lors de la nouvelle naissance, l'esprit est régénéré. Dieu est Esprit. Seul notre esprit, parce qu'il a repris vie grâce à Jésus, peut être en communion avec le Père. Dieu fait de nous son temple, tandis que notre esprit est «assis dans les lieux célestes» avec Christ (et avec son Saint-Esprit qui est omniprésent). En Galates 3.3, l'apôtre

Paul montre la différence entre «marcher par l'Esprit» et «marcher par la chair». Si notre esprit est dans le sanctuaire de Dieu, le diable ne peut plus l'atteindre. Mais il peut toujours sévir au niveau de notre corps et de notre âme, restés sur terre, sous sa puissance. Et dans l'esprit des chrétiens qui ne demeurent pas en Jésus.

En Hébreux 6.6, la Parole nous met en garde: nous pouvons retomber définitivement de ces lieux célestes. La phrase la plus significative montre qu'il s'agit de quelque chose d'exceptionnel. Nous ne sommes alors même plus accessibles à une nouvelle repentance. Cela est corroboré en Hébreux 10.26-29.

Le corps n'est que poussière, même si c'est une pure merveille de Dieu. Le corps a été semé corruptible et animal, pour ressusciter un jour, à l'image de Christ, incorruptible et spirituel (I Cor. 15.44). L'âme (souvent appelée «cœur» dans la Bible) est le siège de la pensée, de la volonté, des émotions, de la mémoire et de l'intelligence. Elle est pleine de méandres et de profondeurs insondables. Corps et âme, lorsqu'ils cèdent à la convoitise ou à des pulsions qui ne viennent pas de Dieu, recouvrent ce que la Bible appelle «la chair», siège du péché et de la corruption. En Apocalypse 2.23, Dieu précise: «Je suis celui qui sonde les reins (corps) et les cœurs (âmes)». Il n'a pas à sonder les esprits des vrais chrétiens, puisque nos esprits sont déjà en pleine lumière dans le ciel.

«La corruption n'hérite pas l'incorruptibilité», écrit Paul (I Cor. 15.50), ajoutant en Galates que ce que l'on récolte de la chair, c'est la corruption (6.8). Le Saint-Esprit étant incorruptible, notre chair ne peut donc en hériter. C'est pour cela qu'elle doit être crucifiée sans merci. Jésus Lui-même a déclaré: «La chair ne sert de rien» (Jean 6.63) Nos pensées doivent devenir «captives» de Christ. Quant au corps, il faut «l'assujettir durement et le traiter sévèrement» (I Cor. 9.27).

Certains péchés ouvrent aux esprits impurs la porte de la chair; de plus graves, comme le manque de pardon ou la haine, ouvrent les portes de l'âme: ce sont des SIDA spirituels, qui entraînent souvent des maladies physiques. Les «abominations» ouvrent la porte à de mauvais esprits. C'est pour cela que Dieu prononce tant de mises en garde contre les pratiques occultes qui sont une contrefaçon de pouvoirs divins, et qui donnent à Satan des droits exorbitants. C'est en utilisant l'esprit humain infesté par ses subordonnés que Satan va octroyer des pouvoirs étranges qui fascinent le monde, type divination, magnétisme, voyages astraux, transmission de pensée, lévitation, magie. Lorsque le Saint-Esprit occupe notre esprit, de tout autres dons surnaturels s'y développent, pour apporter, cette fois, guérison, discernement, connaissance, miracles... L'homme régénéré devient une bénédiction pour ses frères.

Les «abominations» sont si graves que Dieu les assimile à de la haine contre Lui. Elles entraînent des conséquences maléfiques (et des infestations démoniaques) sur quatre générations (Ex. 20.5).

Pourquoi Dieu a-t-Il mentionné «trois à quatre générations»? Parce que trois, voire quatre générations adultes peuvent coexister dans une même famille. La première peut voir les conséquences de ses actes sur ses descendants et se repentir. Dans l'autre sens, la dernière génération peut se convertir, être délivrée des conséquences du péché des pères, et prêcher la bonne nouvelle à ceux qui vivent encore. Ainsi toute la famille a une chance d'être sauvée.

Le plan de Dieu est parfait, car c'est souvent au sein de la détresse, et à cause de cette détresse même, que la majorité des personnes lâchent leur orgueil de vie et se tournent vers Christ. Quand on obéit à Dieu, ce n'est pas trois ou quatre générations qui en bénéficient derrière nous, mais mille! (Ex. 34.7).

Nous aurons l'occasion dans le chapitre «les souillures du temple» de développer le parallèle entre le Temple de l'Ancien Testament, et le temple du Saint-Esprit que nous devenons par la grâce de Jésus. Pour avoir participé à de nombreuses délivrances, je crois pouvoir affirmer que les lieux physiques de résidence les plus courants des démons, ce sont l'estomac, le foie, les ovaires, les intestins, les coronaires, la gorge, les membres, la colonne vertébrale, les yeux, les oreilles. Job explique que le méchant «est saisi au piège par le talon, et le filet s'empare de lui» (18.9). Dieu n'a accordé à Satan qu'un espace restreint en nous, et une entrée «à ras de terre». C'est généralement par la bouche que les démons sortent, peut-être parce qu'ils sont entrés par là. Mais ce n'est pas toujours le cas.

Un verset de l'A.T. peut nous interpeller dans sa formulation, car il évoque davantage «l'écharde dans la chair» de Paul, plutôt que des ennemis de chair et de sang:

Mais si vous ne chassez pas devant vous les habitants du pays, ceux d'entre eux que vous laisserez seront comme des épines dans vos yeux et des aiguillons dans vos côtés.

Nomb. 33.55

Paul écrivait, environ vingt ans après sa spectaculaire conversion, en parlant du mal: «Et maintenant, **ce n'est plus moi qui le fais, mais c'est le péché qui habite en moi. Ce qui est bon,** je le sais **n'habite** pas en moi, c'est-à-dire **dans ma chair**... Et si je fais ce que je ne veux pas, ce n'est plus moi qui le fais, c'est le péché qui **habite** en moi... mais je vois dans mes membres une autre loi qui lutte contre la loi de mon entendement, et qui **me rend captif** de la loi du péché qui est dans mes membres» Rom. 7.18, 20, 23.

On peut en déduire que le Saint-Esprit étant bon, il n'habite pas, a priori, dans la chair!

Précisons pour ceux qui l'ignorent que le siège de notre esprit n'est pas notre cerveau, amas de matière, et siège de notre mémoire, de notre intelligence, de notre volonté et de nos émotions. Le cerveau est l'instrument d'expression de notre âme. Dieu qui est Esprit prend d'abord lieu dans notre esprit et y amène la vie.

Cela éclaire Hébreux 4.12: pour que le Saint-Esprit n'ait pas à cohabiter avec des occupants indésirables, la tranchante Parole de Dieu, celle que nous recevons lorsque nous arrivons à Christ, «sépare âme et esprit, jointures et moelle» comme le voile du temple séparait le lieu saint du Saint des saints.

Sinon, l'âme pourrait continuer à dominer l'esprit par ses émotions, cédant à toutes les tentations, et continuer à être, comme le dit Paul, «des petits enfants flottant à tout vent de doctrine, emportés par la tromperie des hommes...» (Eph 4.14). Nous nous laissons, même en temps que chrétiens, si facilement dominer par la chair!

Des «arrhes», pour une occupation progressive

En II Cor. 1.22, il est affirmé que, dans un premier temps, nous ne recevons que les «arrhes de l'Esprit **dans nos cœurs**». Des cœurs qu'il ı ous faut ensuite élargir (II Cor. 6.13) pour que le Saint-Esprit prenne plus de place.

Dans l'A.T., nous avons une explication de la raison pour laquelle nous ne sommes pas délivrés instantanément lorsque nous arrivons à Christ:

> *Je ne les (les ennemis) chasserai pas en* ***une seule année*** *loin de ta face, de peur que* ***le pays ne devienne un désert et que les les bêtes des champs ne se multiplient contre toi.*** *Je les chasserai* ***peu à peu*** *loin de ta face, jusqu'à ce que tu augmentes en nombre et que du puisse prendre possession du pays.*
>
> *Ex. 23.29-30*

Cela rejoint la parabole de Jésus sur la maison que l'on laisse vide, balayée et ornée, et où l'esprit impur peut revenir avec sept esprits plus méchants que lui, des «animaux sauvages» qui se multiplient. Si nous étions délivrés à l'instant de notre conversion, notre temple intérieur serait dans un état désolé parce qu'encore insuffisamment rempli de l'effusion de l'Esprit, de l'amour de Dieu, de l'amour du prochain, de connaissance de la Parole et d'obéissance à cette même Parole. Nous risquerions de voir les «animaux sauvages» se multiplier en nous.

Des hommes d'Eglise ont comparé l'évolution de l'être qui arrive à Christ aux sept jours de la création. Au commencement, notre âme est une sorte de chaos, mais le Saint-Esprit se meut «au-dessus». Dès le premier jour, Dieu dit: «Que la lumière soit». Son premier acte est de séparer les ténèbres de la lumière. Ensuite, la vie va abonder. Mais ce n'est qu'à la fin que l'homme est formé à l'image de Dieu, et qu'il est apte à dominer tous les animaux et tous les reptiles de la terre. Alors Dieu peut dire: «C'est très bon» et se reposer. Car son œuvre est achevée.

L'imbrication péchés-démons-chair

Examinons dans le passage de Paul cité plus haut les termes utilisés pour le péché: habite, lutte, rend captif... Ce sont les mêmes que ceux utilisés ailleurs pour les esprits impurs. Dans la Genèse on parle du péché **tapi** à notre porte. Exactement comme si le péché, dans ces passages, était considéré comme doté d'une volonté propre, et qu'il guettait le moment où on lui ouvrirait la porte, ce qui est le cas des esprits démoniaques. Jacques parle des «passions qui combattent **dans nos membres**» (4.1). Là encore, il y a personnalisation de passions qui semblent dotées d'une volonté consciente.

Péchés et démons sont indissociables. Le Psaume 40 établit une relation directe entre malheurs, péchés, et besoin de délivrance:

Car des maux sans nombre m'environnent;
Les châtiments de mes iniquités m'atteignent,
Et je ne puis en supporter la vue;
Ils sont plus nombreux que les cheveux de ma tête.
Veuille me délivrer, Ô Eternel (v. 12-13).

Deutéronome 28, énumérant les malédictions envoyées par Dieu contre ceux qui lui désobéissent, parle d'une nation dont on ne comprend pas la langue et qui fondra «comme un vautour», qui n'aura «ni respect pour le vieillard, ni pitié pour l'adolescent» (v. 49-50), qui assiégera le pécheur jusqu'à ce que tombent les hautes et fortes murailles dans lesquelles il avait placé sa confiance.

Tu seras tous les jours dépouillé, opprimé, et il n'y aura personne pour venir à ton secours (v. 29b).

Les ennemis de chair et de sang de l'A.T. préfiguraient les esprits impurs que nous avons à combattre aujourd'hui. Ces récits, «ombre des choses à venir», peuvent être extrapolés dans notre quotidien. Ils racontent, tour à tour, les victoires du peuple de Dieu, et ses défaites chaque fois qu'il retombait dans certains péchés, notamment l'idolâtrie. Durant l'exil babylonien, c'est tout le territoire conquis qu'ils ont perdu durant soixante-dix ans. Et ensuite, durant 1900 ans, faute d'avoir reconnu en Jésus le Sauveur promis.

Jamais dans l'A.T. il n'est dit qu'Israël a perdu des batailles parce que l'ennemi était plus nombreux ou plus puissant que lui. Mais toujours lorsqu'il désobéissait à Dieu. Par contre, quand il était dans la repentance et qu'il criait à Dieu, il pouvait obtenir des victoires absolument époustouflantes avec des armées ressemblant parfois à «deux maigres petits troupeaux de chèvres» face à des centaines de milliers de soldats bien mieux équipés que lui.

Nous aussi nous devons conquérir notre terre promise, en boutant dehors l'ennemi.

Dieu dit en I Rois 8.46, par la bouche de Salomon: «Quand ils pécheront contre toi, car il n'y a point d'homme qui ne pèche, quand tu seras irrité contre eux et que tu les livreras à l'ennemi...»

Heureusement que Dieu ne nous livre à l'ennemi que lorsqu'Il est irrité. Il l'est par des péchés répétés et non confessés dans un réel repentir. Ouf! Ça limite nettement la casse, et cela non parce que Dieu tolère des «petits» péchés, mais parce qu'Il est infiniment miséricordieux et lent à la colère.

Par contre, certains péchés relevant de la prostitution spirituelle, donc d'une insulte directe au Créateur, entraînent des liens immédiats. Lorsque Manassé place dans le temple une statue, la mesure de rétorsion est fulgurante. Dieu lance contre lui des ennemis, qui le font prisonnier et l'enchaînent (II Chron. 33. 7-12). Dieu est bon: Manassé s'humiliant «profondément» devant Lui, Il le délivre. Ce sont les chefs du roi de Tyr qui lient Manassé. Le roi de Tyr, en Ezéchiel 28.12-19 est assimilé à Satan.

Des péchés répétés et graves, individuels ou familiaux, ouvrent une entrée pour des «hommes forts», princes de Satan qui drainent avec eux des ribambelles d'autres esprits.

> *Le méchant est pris dans ses propres iniquités, il est* ***saisi par les liens de son péché.***
>
> *Prov. 5.22*

Dans le Nouveau Testament il nous est ordonné de «résister au diable» (I Pierre 5.9), ce qui implique une attaque venant de l'extérieur. Mais aussi de ne pas lui donner «accès» (Eph. 4.27). Un accès, c'est une porte d'entrée. La Bible pèse chaque mot. La traduction littérale est: «Ne donnez pas de place au diable» (ou «de lieu»). Ce texte s'inscrit dans un passage concernant la colère. Jacques, en 3.14-15, qualifie la jalousie amère, l'esprit de dispute et la tendance à se glorifier de «sagesse terrestre, charnelle, diabolique». C'est à cause d'une réaction charnelle que Pierre s'est vu appeler Satan par Christ. Si la colère, la cupidité, la jalousie, la critique et l'orgueil donnent des droits d'entrée au prince des démons ou à ses proches lieutenants, a fortiori en est-il de même, et bien davantage, pour des «abominations» comme l'occultisme, la sorcellerie, la haine, le meurtre, l'avortement, l'homosexualité, etc..!

La colère en elle-même n'est pas toujours un péché. Même Jésus a été pris de saintes colères, notamment en chassant les marchands du temple. Ce qui est grave, c'est de conserver un esprit de colère, en ne pardonnant pas à son frère. C'est pourquoi Paul a précisé: «Que le soleil ne se couche pas sur votre colère». C'est comme un délai qui est accordé à nos émotions lorsqu'elles sont justifiées. Ensuite, l'ennemi va profiter de la nuit pour prendre ses quartiers!

Satan contraint malgré lui de servir Dieu

Jésus a utilisé des expressions qui peuvent nous faire réfléchir: «(Le prince de ce monde) **n'a rien en moi**» (Jean 14.30). Jésus ne se démarquait-Il pas ainsi du restant du monde, parce que Lui-même n'était pas du monde? Ce qui voudrait dire que Satan a quelque chose, ou beaucoup, dans chaque homme, sauf ceux qui ont atteint la «stature parfaite de Christ».

Un ou plusieurs lieux? Jésus a déclaré à ses apôtres, alors qu'ils venaient de se soupçonner les uns les autres d'être le futur traître, puis s'étaient livrés à une crise d'orgueil, se disputant pour savoir lequel d'entre eux était le plus grand: «Satan vous a réclamés pour vous cribler comme du froment» (Luc 22.31). Cribler a deux sens: passer au crible, qui signifie séparer ce qui est bon de ce qui ne l'est pas. Après ce criblage, Satan devait pouvoir s'approprier tout ce qui n'était pas bon, jusqu'à faire défaillir leur foi! C'est pour éviter que la foi de Pierre ne défaille que Jésus a intercédé, pas pour qu'il ne soit pas passé au crible: c'était une nécessité pour laminer l'orgueil de l'apôtre.

L'autre sens, c'est percer de multiples trous, par un mitraillage. De quoi Satan peut-il nous mitrailler, si ce n'est de démons qui, comme des plombs, pénètrent la chair? Heureusement que nous sommes aussi entourés d'anges gardiens, qui obéissent à la voix de Dieu.

Jésus n'a pas prié pour empêcher Satan d'agir. Un seul mot de sa part aurait fait fuir le diable, car Dieu aurait envoyé des légions d'anges. Répétons-le: Dieu a tout sous son contrôle, y compris les démons, contraints bien malgré eux de servir Ses plans. Pierre, peu après, va effectivement être criblé. Lui qui s'était toujours montré le plus courageux, jusqu'à la témérité, va renier Jésus à trois reprises, saisi par une couardise contraire à sa nature. N'avait-il pas, quelques heures plus tôt, pris son épée et tranché l'oreille d'un soldat pour défendre son Maître, ce qui aurait dû normalement entraîner son arrestation et sans doute son exécution si Jésus-Christ n'avait pas guéri immédiatement l'homme? Là, il tremble devant une simple servante. En écho à ses trois reniements, Jésus, après sa résurrection, lui demandera à trois reprises: «Pierre, m'aimes-tu?». Ses trois réponses, timides, mais tout de même affirmatives ont dû lui apporter une libération de la culpabilité et de la honte qui le rongeaient, car il a réalisé la profondeur du pardon et de l'amour de Dieu, qui ne dépendaient pas de ce qu'il était, mais de ce que Jésus avait fait. Son orgueil définitivement brisé, l'apôtre allait bientôt être apte à recevoir les dons de puissance que Dieu avait préparés pour lui. Le caractère fanfaron de Pierre était une zone de ténèbres où Satan aurait eu tout loisir d'agir.

En Luc 11, Jésus dit que celui qui a «la lumière en lui», donc qui a reçu le Saint-Esprit, peut néanmoins avoir des parties de son corps dans les ténèbres:

> *Prends donc garde que la lumière qui est en toi ne soit ténèbres. Si donc* ***tout ton corps*** *est éclairé,* ***n'ayant aucune partie dans les ténèbres,*** *il sera entièrement éclairé, comme lorsqu'une lampe t'éclaire de sa lumière (v. 35-36).*

La lampe, c'est le Saint-Esprit. Encore faut-il accepter qu'elle nous sonde dans les moindres recoins.

Le champ de bataille de l'âme chrétienne

Le plus grand combat que le chrétien ait à mener est celui de la chair. Cela inclut ses pensées et ses émotions charnelles, tout droit issues de l'arbre de la connaissance du bien et du mal. Si ceux qui sont encore fils du diable parviennent, dans un équilibre précaire, à vivre en symbiose avec leur âme et leur corps, cédant à toutes leurs convoitises pour peu qu'ils en aient les moyens, pour le chrétien, âme et corps sont des terrains de conflits permanents contre leur esprit désormais soumis au Saint-Esprit C'est un vrai champ de bataille dont le chrétien sortira vaincu ou vainqueur, ayant longtemps à combattre contre ce tyran qu'est le «vieil homme».

> *Car la chair a des désirs contraires à ceux de l'Esprit, et l'Esprit en a de contraires à ceux de la chair;* ***ils sont opposés entre eux****, afin que vous ne fassiez point ce que vous voudriez.*
>
> *Gal. 5.17*

Satan ne cesse d'attiser les désirs et passions de notre nature adamique, pour contrecarrer les desseins de Dieu; des desseins d'amour, de paix et de liberté complète, qui ne peuvent s'accomplir que lorsque la chair a été crucifiée, à un prix parfois élevé. Beaucoup, en chemin, baissent les bras, laissant l'ennemi poursuivre son œuvre dans «la chair de corruption». Parmi eux, nombre d'entre eux doivent affronter, non pas un simple conflit, mais une véritable guerre. J'ai été confrontée à plusieurs reprises à des personnes qui avaient été consacrées à Satan à leur naissance! Inexorablement, par la suite, elles avaient été attirées vers l'occultisme comme par un aimant et s'étaient souvent retrouvées dans des sectes sataniques. Il faut briser ces pactes et chasser toutes les puissances démoniaques, ce qui se fait généralement en plusieurs temps.

Sans entrer dans des exemples aussi dramatiques, citons les cas de drogués ou d'homosexuels: si certains reçoivent une libération immédiate et miraculeuse, il en est qui, bien que nés de nouveau, mettent parfois des années à s'en sortir, en devant affronter la honte, la souffrance, la solitude et souvent le rejet des frères. Ceux qui les côtoient doivent se demander s'ils ont fait tout ce qui était en leur pouvoir. Encore faut-il que l'intéressé demande de l'aide. Car il est des liens dont les gens n'aiment pas parler.

S'ils n'en parlent pas, c'est souvent par peur d'être jugés. Hélas! Cette crainte n'est pas toujours infondée. Indiscrétions, critiques et jugements lapidaires courent les églises. Une des meilleures preuves que le peuple de Dieu a besoin de guérison. Car, pour l'apôtre Paul, ceux qui ont la critique facile sont précisémment ceux qui ont le plus besoin de sanctification:

> *Ô homme, qui que tu sois, toi qui juges, tu es donc inexcusable; car en jugeant les autres, tu te condamnes toi-même, puisque toi qui juges, tu fais les mêmes choses.*
>
> *Rom. 2.1*

Je connais un ex-homosexuel qui mène un combat harassant contre ses pulsions. Comme il manifeste encore certains signes extérieurs de ses anciennes attirances, telle son attitude maniérée, il s'est fait expulser de plusieurs églises. Son histoire? Un père qui l'a cassé, et une mère qui l'a élevé comme une fille. Sa guérison aurait été grandement facilitée si les frères lui avaient témoigné de l'amour et de la patience. Car lui veut s'en sortir.

Un jour le Seigneur m'a donné d'assister à une prodigieuse transformation. Sous l'onction de l'Esprit, un homme était tombé au sol. Il y est resté deux heures et demie, saisi par moments de manifestations de rires. A d'autres, il semblait comme mort. A un moment, il s'est mis à pousser de grands cris, et, comprenant qu'il se produisait une délivrance, nous avons intercédé pour lui. La puissance de Dieu à l'œuvre dans cet homme était impressionnante, même si nous ne comprenions pas ce qui se passait.

Quand il est sorti de ce qui avait ressemblé à un coma, nous l'avons interrogé. La première évidence, c'était que sa voix avait mué! Auparavant, elle avait des accents suraigüs. A présent c'était une voix d'homme grave et profonde. Nous avons appris par lui qu'il avait été homosexuel par le passé, et que, depuis qu'il était chrétien, il luttait de toutes ses forces contre ses pulsions. Mais, à cause d'elles, il rejetait les responsabilités auxquelles Dieu l'appelait. Cet homme, à qui l'ennemi avait volé sa masculinité, a connu ce jour-là une métamorphose, et lâché un terrible fardeau qui aliénait son existence en lézardant son âme d'une honte secrète qui l'étouffait.

Chaque fois que nous nous surprenons à émettre un jugement méchant[1] sur un frère, nous devrions nous précipiter au pied de la Croix, en disant à Jésus: «Sonde-moi». Nous risquons d'être désagréablement surpris. En psychologie, il est bien connu que les défauts que nous détectons le mieux chez les autres, ce sont ceux que nous avons en commun avec eux! Même s'ils ne se traduisent pas forcément par le même comportement. Par exemple, l'orgueilleux discernera immédiatement la fausse humilité chez l'autre, alors que le véritable amour «excuse tout, croit tout, espère tout, supporte tout» (I Cor. 13.7).

[1] Généralement nous nous en justifions d'une pirouette, en parlant de discernement.

Le terme «inexcusable» ou «sans excuse» est très fort puisque c'est, via Jésus ou les apôtres, une condamnation sans retour. Il n'est utilisé qu'à trois reprises dans la Bible (Jean 15.22; Rom. 1.20; Rom. 2.1): les deux premières fois, pour les gens qui ont entendu l'Evangile, qui connaissent Dieu, et qui n'en commettent pas moins délibérément certaines horreurs comme les perversions diverses décrites en Romains 1. La troisième fois, c'est pour ceux qui les jugent (et donc les condamnent dans leur cœur).

Ces condamnations, qui nous incitent à nous croire supérieurs, camouflent de la propre justice, de l'orgueil, et un endurcissement du cœur bien plus grave, finalement, que les pires faiblesses des autres. C'est le levain des pharisiens, qui ont nettoyé l'extérieur de la coupe pour paraître justes aux yeux des hommes et à leur propres yeux, mais dont le cœur est profondément méchant, sous une apparence de serviabilité et de gentillesse.

Ces pharisiens dont je parle, c'est nous-mêmes, car tous, par moments, nous avons la prétention de nous ériger en juges en nous croyant lucides. Faisons le tri, dans notre jugement, entre la condamnation et le discernement. La première relève du manque d'amour pour un prochain qui nous est peut-être antipathique, ou qui nous a irrité. Le discernement nous porte à prier dans le bon sens pour des frères. Parfois nous aurons à les redresser avec douceur, en leur annonçant que certains de leurs défauts leur ferment l'accès à des bénédictions et font d'eux-mêmes leur pire ennemi. Il faut savoir dire des vérités difficiles, voire blessantes, dont les gens n'avaient parfois même pas conscience, pour leur permettre d'être transformés (Prov. 27.5-6 et 28.23).

Je me souviens ainsi avoir déclaré à une femme qu'aucun pasteur de la ville n'avait osé envoyer bouler alors qu'elle les harcelait de longs coups de téléphone pour gémir sur ses problèmes et ses tristes états d'âmes: «Vous manifestez beaucoup d'égoïsme, car vous dérangez ces pasteurs et leurs épouses en les appelant à n'importe quelle heure, sans même vous soucier de leur fatigue. Et vous faites preuve d'orgueil, car votre seul sujet d'intérêt c'est vous-même». Dur à dire, non? Elle a été choquée sur le moment, mais m'a avoué reconnaître qu'elle cultivait l'apitoiement sur soi et que toute sa famille en pâtissait. Elle souffrait, entre autres, parce que ses enfants la rejetaient, certainement en grande partie à cause de ses plaintes incessantes. J'ignore quels ont été les fruits de cet entretien, mais j'espère qu'il s'est produit de vrais changements pour elle et pour les siens. A l'heure où je corrige ces lignes, je peux annoncer une nouvelle merveilleuse. J'ai revu cette femme, métarmorphosée, qui m'a appris que le choc qu'elle avait reçu ce jour-là, l'avait conduite à la repentance, puis à une rapide guérison. Merci Jésus! J'avoue qu'il est plus facile de dire certaines choses lorsqu'on est seulement de passage et que l'on n'a aucun contentieux personnel avec la personne à laquelle on s'adresse. Même ainsi, ce n'est pas facile. Il est si simple d'esquiver l'épreuve, et de nommer discrétion ou délicatesse ce qui n'est, en fait, que de la lâcheté. Bien des pasteurs ou leurs épouses, craignant de réagir à leur agacement et non par amour, se font ainsi piéger par des «casse-pieds» qui n'ont eux, aucun amour pour eux, comptant qu'avec le temps le Seigneur va faire son œuvre. C'est parfois vrai, mais pas toujours.

Je remercie le Seigneur parce qu'Il m'a entourée de vrais amis: des frères et sœurs en Christ qui savent me dire franchement quand je déraille et que je fais ou dis des choses qui ne sont pas à la gloire de Dieu. Ça m'aide à me remettre en question, parce je sais qu'ils me reprennent par amour, et qu'ils y sont conduits par le Saint-Esprit.

Ils m'arrive aussi d'entendre des choses très désagréables de gens qui ne m'aiment pas. Il peut y avoir dedans des vérités dont je dois tenir compte. Ou des mensonges que je dois pardonner. Comme me l'a fait remarquer un de mes amis (un vrai ami): «Si tu es blessée par ce qu'un chrétien dit de toi, tu dois t'en repentir. Soit c'est vrai, et c'est ton orgueil qui est blessé; soit c'est faux et c'est sans importance: c'est lui qui a un problème, alors bénis-le!»

Je venais, justement, d'être blessée par une lettre d'une méchanceté inouïe, pleine d'insultes, de la part de quelqu'un que j'estimais beaucoup. Cela m'a permis de comprendre quelque chose en profondeur. Lorsque d'authentiques chrétiens deviennent méchants, en se croyant justes, c'est parce qu'on a touché à une de leurs idoles. Nous en avons souvent, sans nous en rendre compte. Si vous vous mettez en rogne et que vous réagissez avec violence (physique ou verbale) quand on touche (en paroles) à votre pasteur, à votre

Eglise, à vos enfants ou n'importe quoi d'autre, réfléchissez au fait que vous en avez peut-être fait des idoles. Ou ce que l'on vous dit est juste, et vous pourrez en tenir compte pour prier et agir. Ou c'est faux: qu'en avez-vous à faire?

C'est ainsi que j'ai débusqué quelques idoles de ma vie dont je n'avais pas conscience. Nos idoles sont des miroirs de nous-mêmes, parce que nous nous identifions à elles. Derrière ces paravents, c'est nous-mêmes que nous idolâtrons. Merci pour cette méchante lettre, qui m'a conduite, indirectement, vers une prise de conscience et une repentance salutaire!

Les forteresses mensongères

Après une délivrance, un suivi spirituel est précieux pour éradiquer les causes qui ont provoqué des liens. Prenons l'exemple de la cupidité. C'est tellement difficile à avouer que la plupart de ceux qui en sont atteints (et Dieu sait qu'ils sont nombreux!) en sont inconscients. Ils s'estimeront «prévoyants», «sages gestionnaires», «soucieux de laisser du bien à leurs enfants après leur mort». Il doivent d'abord prendre conscience que leur comportement dénote soit une peur du lendemain qui est un grave manque de foi, soit de l'amour de l'argent, «racine de tous les maux», soit une association de sa propre valeur, et donc de celle des tiers, au montant de son salaire ou de son compte en banque.

Ensuite, il faut mettre à jour les causes. Très souvent, on trouvera une enfance marquée par les privations, ou passée dans une famille où beaucoup de conversations étaient axées autour de l'argent. Parfois, ils ont subi des remarques parentales du style: «Tu n'arriveras jamais à rien». Le goût de l'argent est souvent une compensation à des carences affectives. Dans notre société de consommation aux concepts tordus, la possession de biens et d'argent est la preuve d'une réussite de vie. C'est un véritable lavage de cerveau qu'il faut opérer, par la prière et un enseignement en profondeur de tout ce que Dieu a dit sur ce sujet. La Parole de Dieu ne revient pas sans effet. Ça n'empêchera pas de chasser, en temps voulu, le démon de la cupidité.[1]

[1] Lire «Mammon, l'agrippe-sous», du même auteur, chez RDF éditions.

Les entrées ne peuvent être fermées que si la repentance est véritable. Nous avons une connaissance de nous-mêmes si erronée, et si encombrée de forteresses de pensées mensongères, que seul le Saint-Esprit peut nous donner une conviction de péché. Prenons un exemple: nous pouvons être convaincus d'être d'un naturel timide ou réservé, alors que, suite à des blessures, nous avons peur de nous livrer par nos confidences, et que nous entretenons une certaine méfiance vis-à-vis de notre prochain. Ce peut être le fruit d'un orgueil sournois, qui nous pousse à préférer nous mettre à part, ou à présenter un masque d'humilité qui nous trompe nous-mêmes. Ou encore, il s'agit de crainte des hommes. Qui d'autre que le Saint-Esprit peut nous montrer la vérité, surtout si nous avons entretenu depuis toujours l'idée que nous étions timides et que nous avons entendu de nombreuses personnes de notre entourage nous le répéter?

La timidité chez un enfant de Dieu est un péché, puisqu'elle est contraire à la Parole (II Tim. 1.7). Nous devons nous en repentir, et nous délier des jugements exercés tant par nous-mêmes que par d'autres, et souvent «confessés» de la bouche, comme des malédictions.

J'ai ainsi une amie qui avait reçu de Dieu un formidable don de discernement des esprits. Quand on priait pour quelqu'un dans l'Eglise, elle «voyait» très souvent quels démons tenaient la personne. Au lieu de venir le dire confidentiellement, ce qui aurait grandement facilité la tâche du serviteur de Dieu, elle restait à sa place, car le jour où elle s'était découvert ce don et en avait parlé à une sœur de l'Eglise, proche d'elle, celle-ci lui avait lancé: «C'est encore un truc pour te mettre en avant!»... Ce qui l'avait clouée sur place. Il a fallu la délier de cette accusation stupide, mais qu'elle aussi se repente d'y avoir cru, d'avoir eu peur d'être mal jugée ou jalousée, et d'avoir ainsi des mois durant privé certains de bénédictions et de délivrances. Car quand Dieu donne un don, c'est pour qu'il soit mis à la disposition de son peuple.

Le Saint-Esprit ne nous viole jamais. Si nous ne lui demandons pas régulièrement de nous sonder et de transformer notre vision sur nous-mêmes, nous garderons nos forteresses de pensées... et leurs habitants!

Car toute forteresse mensongère est un lieu occupé par des démons. Dans l'Ancien Testament, les forteresses abritaient des ennemis, qu'il fallait «dévouer par interdit», c'est-à-dire détruire.

Dieu nous demande d'abattre nos forteresses, pour nous réfugier dans SA forteresse.

Garder la délivrance

N'oublions jamais la puissance de la proclamation: les gens doivent renoncer à haute voix, aux péchés, les leurs ou ceux de leurs ancêtres. Avec, bien entendu, une volonté réelle de ne plus y revenir: on ne badine pas avec sa propre parole, sans risquer de rudes retours de flamme: «Demeurez donc fermes, et ne vous laissez pas mettre de nouveau sous le joug de la servitude», ordonne l'apôtre Paul (Gal. 5.1b), sous-entendant ainsi que l'on peut redevenir des captifs du diable si on lui tend la perche.

Paul nous donne sa recette pour garder la délivrance: «Que tout ce qui est vrai, tout ce qui est honorable, tout ce qui est juste, tout ce qui est pur, tout ce qui est aimable, tout ce qui mérite l'approbation, ce qui est vertueux et digne de louange, soit l'objet de vos pensées» (Phil. 4.8).

Nous reparlerons de l'importance de ce texte dans un chapitre consacré au combat des pensées.

En II Cor. 29.3, avant que les sacrificateurs sortent toutes les impuretés du temple, Ezéchias fait réparer les portes d'entrée. Fermer les entrées n'est pas toujours facile. Beaucoup rechutent, ou ont du mal à se débarrasser de certains liens. Ne les culpabilisons pas, mais aidons-les à recevoir encore et encore le pardon du Seigneur, «jusqu'à sept fois soixante-dix fois». Beaucoup hésiteront à redemander une délivrance, alors que «c'était déjà fait». Nous sommes en fin de compte très ignorants de ce qui se passe dans l'invisible.

Les rechutes proviennent du fait qu'on ne transforme pas d'un coup un être dont la personnalité a été broyée, et qui n'a pas encore trouvé sa nouvelle identité en Christ. La guérison de l'âme implique une écoute pleine de compassion et une prière ciblée. C'est ce qui est pratiqué dans la relation d'aide, dont nous parlerons.

Certaines personnes auraient besoin de changer radicalement d'environnement pour changer d'habitudes, ce qui n'est pas toujours faisable. Beaucoup ont été longuement captifs de l'Ennemi dans le passé. Comme les Hébreux, qui avaient été esclaves 400 ans en Egypte avant que Dieu leur suscite en Moïse un libérateur, 40 ans ont été nécessaires pour que ce peuple puisse entrer dans le royaume promis. Moïse avait dû, lui aussi, passer quarante ans dans le désert pour devenir, d'impétueux qu'il était[1], un «homme fort patient» (Nomb. 12.3). D'orgueilleux qu'il était probablement après avoir été élevé à la cour de Pharaon et y avoir reçu de grands honneurs (Ex. 11.3), il s'était transformé en «homme très humble, plus que tout autre homme sur la terre» (Nomb. 12.3)[2]. Quel fabuleux compliment de la part de Dieu!

Par extrapolation, celui qui a été quarante ans sous le joug de l'Ennemi n'a-t-il pas besoin de plusieurs années pour être purgé de certaines habitudes? C'est d'une telle évidence que, spontanément, les chrétiens remplis de l'Esprit conseillent aux jeunes convertis de ne pas polariser leur attention sur certains liens qui rendent ces derniers malheureux. Ils savent que le Seigneur fera, en son temps, son œuvre. L'œuvre de Dieu ne s'arrête jamais, car son objectif est de nous rendre semblables à Christ. Nous en sommes tous si loin! Sans doute aurions-nous besoin, comme Moïse, de quarante ans d'humiliation dans le désert après notre conversion. Heureusement que le Seigneur ne demande pas cela à tous! Mais peut-être à certains, qui sont aptes à le supporter, et qui œuvrent dans le dénuement dans de lointaines contrées, amenant des foules à Jésus, accomplissant prodiges et miracles, à l'abri du dangereux star-system d'Eglises occidentales... américanisées.

Même après quarante ans de vie chrétienne, sans doute a-t-on encore et toujours à lutter contre la chair.

Un désert plein d'embûches

En I Cor. 10.1, Paul fait un parallèle entre le passage de la mer Rouge, et le baptême. Ensuite il montre que, comme les Hébreux

[1] Son long exil était dû au fait que «son sang n'avait fait qu'un tour» lorsqu'il avait vu un Egyptien frapper un Hébreu, et qu'il avait voulu accomplir sa propre justice en envoyant l'Egyptien ad patres.

[2] Selon les traductions, Nomb. 12.3 est traduit par, «fort doux», «fort patient», ou «fort humble». Les trois qualités sont intrinsèquement liées et n'existent pas l'une sans l'autre.

par la suite, les chrétiens peuvent avoir de mauvais désirs, se livrer à la débauche, avoir des idoles, et murmurer contre Dieu au risque de «périr par l'exterminateur» (v. 10).

Le parallèle doit être fait jusqu'au bout. Après ce «baptême» de la mer Rouge, les Hébreux ont eu à chasser les ennemis devant eux, à lutter contre les morsures de serpents, et à se purifier de leurs idoles. A deux reprises, ils ont cru pouvoir pactiser avec des populations locales, et emprunter la «voie royale» pour accéder au royaume promis (Nomb. 20.17 et 21.22). Mais il n'y a pas de compromis avec l'ennemi qui puisse ouvrir sans combat la porte du royaume: ils ont dû faire de larges détours en empruntant des chemins caillouteux. La plupart sont morts dans le désert, pas à cause des ennemis, mais à cause de leur incrédulité.

Pourtant, dès le départ, les Hébreux avaient été arrachés de l'Egypte (qui symbolise le monde) et de l'emprise de Pharaon, qui en était le roi. Nous aussi, nous sommes arrachés du monde, et de la puissance de Satan dès que nous acceptons Jésus comme Sauveur et Seigneur (Actes 26.18). Nous n'en avons pas moins à combattre de nombreux ennemis, et, en premier lieu, notre propre incrédulité.

C'est parce qu'ils ont eu peur d'affronter l'ennemi que les Hébreux ont séjourné quarante ans dans le désert. En voyant les géants, les éclaireurs hébreux, pour justifier leur refus de combattre, avaient fait le commentaire suivant: «Nous étions à nos yeux et **aux leurs** comme des sauterelles» (Nomb. 13.33). Des années après, Rahab leur démontrera à quel point leur perception était erronée: «L'Eternel, je le sais, vous a donné ce pays. La terreur que vous nous inspirez nous a saisis, et tous les habitants du pays tremblent devant vous» (Josué 2.8). Cela rappelle singulièrement la remarque de Jacques: «Tu crois qu'il y a un seul Dieu, et tu fais bien. Les démons le croient aussi, et ils tremblent» (2.19). Ils tremblent devant Jésus en nous, craignant qu'on les démasque et qu'on les contraigne à partir. Mais bien des chrétiens tremblent devant les démons, parce qu'ils se sentent, devant eux, comme des sauterelles!

> *Mettez en pratique la Parole et ne vous bornez pas à l'écoutez en vous trompant vous-mêmes par de faux raisonnements.*
>
> *Jacq. 1.22*

Le Psaume 106 résume la part que Dieu veut accomplir lorsqu'Il nous fait sortir d'Egypte, et la part qui nous échoit. Ce Psaume répète: «Ils ne détruisirent point les peuples que l'Eternel leur avait ordonné de détruire» (v. 34). Le verset 42 exprime les conséquences d'une telle négligence: «Leurs ennemis les opprimèrent, et ils furent humiliés sous leur puissance». Dieu parle de Son peuple, celui qu'Il a sauvé et arraché de la main de Pharaon. Bien des chrétiens sont opprimés par des démons, et humiliés sous leur puissance, faute de les avoir chassés hardiment. Ils préfèrent, comme les Hébreux, tolérer les ennemis et faire des compromis. Soyons justes: ils les tolèrent souvent car ils ignorent leur invisible présence.

Nous avons un merveilleux fil à plomb dans la Parole pour vérifier si nous sommes libérés. En Galates 5.19, Paul énumère les **fruits de la chair**: débauche, impureté, dérèglement, idolâtrie, magie, rivalités, querelles, jalousies, animosités, disputes, divisions, sectes, envie, ivrognerie, excès de table et les choses semblables.

Il énumère ensuite les **fruits de l'Esprit**: l'amour, la joie, la paix, la patience, la bonté, la bienveillance, la foi, la douceur, la maîtrise de soi.

Si nous pouvons nous ranger, d'un bout à l'autre, dans la seconde catégorie, c'est que le Saint-Esprit a pris en nous toute la place! Regardons donc dans notre rétroviseur pour voir la trace que nous laissons derrière nous!

Citons, dans la Parole, le cas de chrétiens manifestement démonisés: Simon le magicien s'était converti et fait baptiser quand Pierre l'a accusé d'être «dans les liens de l'iniquité». Paul, lui, livre des chrétiens à Satan à cause de leur inconduite! (I Cor. 5.5, I Tim. 1.20). La servante qui suit les apôtres en Actes 16.16 était-elle chrétienne? Elle proclame «qu'ils annoncent la voie du salut». Donc elle croit à Jésus et elle le confesse à haute voix, ce qui est, somme toute, la définition de base donnée dans la Parole pour déterminer que quelqu'un a reçu le salut (Rom. 10.9-10). Elle peut être chrétienne et dire en même temps la bonne aventure? Oui, tant qu'elle n'a pas été enseignée sur ce sujet. Elle écoute les apôtres depuis peu. D'ailleurs, ceux qui se convertissent mettent souvent du temps à faire le tri entre les mensonges du monde et la vérité de Dieu. J'ai mis des mois à réaliser que la théorie de la réincarnation, à laquelle je m'accrochais depuis des années en pensant que je rattrapperais dans ma vie future les erreurs que j'avais accumulées dans celle-ci, était un mensonge diabolique. La servante d'Actes 16, elle, a reçu un enseignement radical: Paul a chassé un esprit de python, et son «don» s'est aussitôt envolé!

J'ai eu à plusieurs reprises à chasser des démons de médiumnité sur des chrétiens. Souvent convaincus qu'ils ont un don de prophétie, ils se répandent parmi leurs frères en leur prodiguant les «révélations» qu'ils déclarent avoir reçues de Dieu. Certaines s'avèrent justes, ce qui donne confiance. Jusqu'au moment où ils vont communiquer un message que le frère prendra pour argent comptant, et qui le conduira dans une voie désastreuse.

En I Rois 2.22, un esprit se présente devant Dieu et déclare: «Je serai un esprit de mensonge dans la bouche de ses prophètes». S'il est dans la bouche, c'est qu'il est **entré** dans les prophètes! Il est vrai qu'il s'agit de prophètes de Baal. Mais il existe dans les Eglises bien des faux prophètes qui se croient authentiques.

Ce passage montre Dieu se servant, pour servir ses plans, d'un esprit démoniaque, qui se propose de séduire Achab et de faire mentir ses prophètes. Tout est régi par Dieu, y compris «le méchant qui a été créé pour le jour du malheur» (Prov. 16.4).

Dieu déclare en Deutéronome 13.1 qu'il peut circuler de fausses prophéties qui **se réalisent**. Car les fausses prophéties fonctionnent comme des malédictions: «La vie et la mort sont au pouvoir de la langue» (Prov. 18.21). Dieu nous demande de sonder les esprits. Il nous met à l'épreuve via les faux prophètes pour «savoir si on aime Dieu de tout son cœur et de toute son âme» (Deut. 13.3). La soif de connaître son avenir en recherchant les prophéties est souvent un signe de manque de confiance en Dieu.

L'accomplissement de la loi d'amour

Une des grandes révélations apportées par Jésus dans son ministère est en Matthieu 5. Jésus annule, entre autres, la loi du talion «Œil pour œil, dent pour dent», pour la remplacer par une autre: «Vous avez appris qu'il a été dit: tu aimeras ton frère et tu haïras ton ennemi. Mais moi je vous dis: aimez vos ennemis, bénissez ceux qui vous maudissent, faites du bien à ceux qui vous haïssent, et priez pour ceux qui vous maltraitent et qui vous persécutent, afin que vous soyez fils de votre Père qui est dans les cieux» (Mat. 5.43). Il vient pourtant d'affirmer que pas un iota de la loi, ni un trait de la lettre, ne doit être changé. Il sait que nos défauts, nos faiblesses et nos péchés ne font pas partie intégrante de créatures à l'image de Dieu, mais proviennent de notre nature adamique. Jamais Jésus ne nous a demandé d'aimer les péchés et les défauts de nos ennemis, mais il nous ordonne de reprendre nos frères avec douceur et de combattre les démons, comme le rappelle Paul en Ephésiens 6.12. Il est plus facile d'aimer ceux qui nous ont fait du mal lorsque nous savons que leurs exactions ont été commises à l'instigation d'esprits mauvais qui les manipulent, même s'ils ont leur part de responsabilité. Une responsabilité un peu édulcorée par leur aveuglement: «Pardonne-leur, car **ils ne savent pas** ce qu'ils font».

Le commandement de Jésus d'aimer nos ennemis, en contradiction apparente avec la loi mosaïque, ne pouvait être apporté qu'en un temps où s'instaurait la conscience de l'existence de myriades de démons (la Bible n'en parle que très peu avant), et de leur activité sournoise, parce que le Messie apportait en même temps la solution: le pouvoir de les chasser en Son nom.

Auparavant, chacun devait vivre avec. Ceux qui survolent les Ecritures sont souvent offusqués par la boucherie humaine que présentent bien des récits de l'Ancien Testament. Encore plus que Dieu ait encouragé son peuple à exterminer les ennemis de chair. Pour Dieu, notre existence terrestre n'est qu'une vapeur, face à l'éternité qu'Il nous propose. Il sait que plus elle se prolonge dans le péché, plus elle devient un monceau de souffrances, même si l'être humain s'auto-illusionne, espérant jusqu'au bout des jours meilleurs et se livrant entretemps à de multiples activités étourdissantes pour ne pas penser à l'échéance inéluctable: la mort et le jugement. La terre a été maudite, et en être arraché est une délivrance.

Dans le monde païen d'aujourd'hui, personne n'a le discernement de ces démons, et chacun juge donc son prochain sans aménité. Cela n'empêche pas les païens d'utiliser des adjectifs comme démoniaque, diabolique, infernal, satanique, à tout bout de champ, les banalisant jusqu'à leur donner une connotation flatteuse! Ils ne savent pas qu'ils recouvrent une réalité tragique. Mais contrairement aux «ignorants de l'Ancien Testament, s'ils persistent dans le rejet de Dieu, alors qu'ils ont entendu proclamer l'Evangile, ils ne bénéficieront pas du «temps de la patience», durant lequel Dieu avait «laissé impunis les péchés commis auparavant» (Rom. 3.25). Car, entretemps, Christ est mort pour eux.

> *Si je n'étais pas venu et que je ne leur aie point parlé, ils n'auraient pas de péché; mais maintenant ils n'ont aucune excuse pour leur péché.*
>
> *Jean 15.22*

Il est paradoxal que bien des chrétiens aient beaucoup de tolérance et d'amour pour les athées, car ils savent qu'ils souffrent «dans les liens du péché», mais ne pardonnent pas la moindre peccadille à leurs frères en Christ, contre lesquels ils ont souvent la dent dure. Cela va avec la conviction qu'ils devraient tous être parfaits, donc libérés des faiblesses de la chair, des blessures de l'âme, et de tous les démons qu'ils ont récoltés lors des errances passées. Quand je me suis convertie, je regardais tous les «vieux» chrétiens en ayant la conviction qu'ils étaient tous merveilleux. La première de mes désillusions a été de m'apercevoir qu'ils étaient loin d'être parfaits. La deuxième, ça a été de m'apercevoir que, moi aussi, j'étais loin d'être parfaite, et que c'était beaucoup plus long que je ne l'aurais cru au départ de se débarrasser du «vieil homme». Et que ça coûtait beaucoup, parce que nous avons le cou raide. Chaque fois que je me laisse aller à de l'autosatisfaction, le Seigneur se charge de me montrer, par «retour du courrier», mes tristes imperfections et la surdose d'orgueil qui reste encore à émonder.

Jésus nous a comparés à des brebis. Pas à la légère. La brebis est un animal fragile et un des plus stupides. Elle n'a aucun moyen de défense. Sans un bon berger qui prend soin d'elle avec vigilance et sans se relâcher, elle tombera dans des ravins, broutera son lopin de terre jusqu'à la racine et ensuite périra de faim, boira dans une mare polluée proche au lieu de chercher une source fraîche, suivra la brebis rebelle toujours prête à franchir la haie pour aller sur un terrain dangereux, etc. Dans un merveilleux livre: «Le Psaume 23» (1), Philippe Keller, ancien berger, explique qu'il est un autre grand danger pour une brebis: qu'elle se renverse sur le dos. Elle est incapable

(1) Editeurs de littérature biblique. Chaussée de Tubize 1420 Braine-l'Alleud. Belgique.

de se relever seule et s'asphyxie rapidement, si le berger ne la remet pas sur ses pattes. C'est dans cette position que les buzards peuvent l'attaquer. Une des causes de ce renversement, c'est une toison trop abondante: ça déséquilibre la bête. Il faut donc la tondre. Dans cette laine fourmillent tiques et parasites, qui peuvent la rendre malade ou la tuer.

Cette laine, c'est notre nature charnelle qu'il faut «tondre», sinon, elle est parasitée par les démons et, pesante, peut nous faire chuter. Ezéchiel, parlant du Temple des derniers temps et de ses sacrificateurs, déclare: «Ils n'auront sur eux rien qui soit en laine» (Ezéch. 44.1). Par contre, il est parfois mentionné de la laine blanche ou de la laine pure, pour ce qui a été sanctifié.

Philippe Keller explique comment, en été, les brebis sont assaillies par des essaims de mouches, qui déposent des larves dans leur nez. Les brebis souffrent et sont exaspérées au point d'en venir à se blesser, parfois même à se suicider. Pour éviter cela, les bergers oignent les têtes des bêtes d'un mélange à base d'huile. Dans le Psaume 23, David, ancien berger, s'écrie: «Tu oins d'huile ma tête». Nous aussi, nous avons besoin d'une onction renouvelée régulièrement pour ne pas être assaillis par les mouches que sont les soucis et les tracasseries que nous envoie l'Ennemi, qui peut même, si nous le laissons faire, déposer par certaines entrées ses «larves», esprits de crainte, d'amertume, de souffrance, d'exaspération, ou de suicide!

Chapitre 4

Les souillures du temple

L'Ancien Testament étant, comme le dit Colossiens 2.17, l'ombre des choses à venir, le Temple était donc une préfiguration du temple du Saint-Esprit que nous devenons après notre conversion, avec son parvis (corps), son lieu saint (âme) et son Saint des saints (esprit).

Le voile du temple séparait le lieu saint et le Saint des saints. Aucun être impur ne pouvait le franchir, sous peine d'être immédiatement foudroyé par la mort. Par contre, dans le parvis, il se promenait beaucoup de monde. En Néhémie 2 et en Ezéchiel 8, il est mentionné que le Temple avait une «porte du fumier», une porte «du dragon», une idole de la «jalousie», et qu'à l'intérieur des murs, au milieu de dessins de reptiles, il se tramait des abominations!

En Ezéchiel, parce que le temple était plein de souillures, le Saint-Esprit finit par sortir par paliers, et comme à regret. Dans le chapitre 43, Dieu en donne une explication lapidaire: «Ils mettaient leur seuil près de mon seuil, leurs poteaux près de mes poteaux, **et il n'y avait qu'un mur entre moi et eux**» (v. 28).

A l'intérieur de notre temple, il n'y a parfois qu'un «mur» entre le Saint-Esprit et des choses abominables. Si la purification n'intervient pas, le Saint-Esprit peut, à la longue, se retirer comme à regret. On connaît la tragique fin de l'ancien Temple: les ennemis l'ont envahi et l'ont détruit.

Dans la vision du futur Temple, Ezéchiel répète: «Et la gloire de l'Eternel remplissait la maison de l'Eternel» (43.5 et 44.4). Le Saint-Esprit veut prendre toute la place en nous, mais notre vieille nature traîne parfois avec elle des bagages encombrants!

En 2 Chroniques 29.16, les sacrificateurs entrent **à l'intérieur** de la maison de l'Eternel et en sortent **toutes les impuretés**. Ils commencent par les mettre dans le parvis. Ensuite, les Lévites prennent le relais et les emportent **dehors**, au torrent du Cédron. Cette précision a certainement une signification spirituelle. Le torrent du Cédron était en effet considéré comme un lieu impur, bordé d'une vallée aride. Endroit typique, dans le Nouveau Testament, pour les démons. Cette vallée, Jérémie l'appelle: «vallée des cadavres et de la cendre» (31.40). Ses flancs abrupts étaient en effet truffés de grottes transformées en sépulcres.

Dans ce texte, deux temps sont soulignés. En tant que sacrificateurs de notre propre temple, il nous revient d'apporter à la lumière, par la confession, les impuretés de notre âme. Mais ensuite nous pouvons avoir besoin de l'aide de «lévites» pour les emmener loin de nous, avec toute la population invisible qui s'y accrochait.

Les portes du temple

Un temple avait des entrées diverses. Nous avons mentionné la porte du fumier et celle du dragon. Ezéchiel parle d'une porte réservée au seul Dieu d'Israël: «Et l'Eternel me dit: cette porte sera fermée, elle ne s'ouvrira point et personne n'y passera; car l'Eternel, le Dieu d'Israël, est entré par là. Elle restera fermée.» (44.2). De son côté, Néhémie parle d'une porte spéciale: celle de «la source et de l'étang du roi», et ajoute: «Et il n'y avait point de place par où puisse passer la bête qui était sous moi» (2.14). Une remarque pleine de saveur, mais aussi de signification.

Il est permis de faire une extrapolation. Le temple de notre corps a aussi diverses portes par où les «bêtes» peuvent passer, pour entrer ou sortir. Mais le Saint-Esprit a une porte qui lui est réservée, par laquelle aucun démon ne peut se faufiler, et qui est fermée «dès qu'Il est entré par là». C'est son lieu propre, fermé par un voile ou un mur spirituel, et où aucun esprit impur ne peut pénétrer sans être immédiatement expulsé. Le grand sacrificateur, seul habilité à pénétrer dans le Saint des saints, y risquait la mort s'il n'était pas pur, raison pour laquelle on lui attachait des clochettes pour vérifier s'il était toujours vivant, et une corde pour le tirer à l'extérieur en cas de décès. Les démons ne doivent pas se risquer à entrer dans le Saint des saints de notre corps, lorsque Jésus y est installé! Car le «souverain sacrificateur» des chrétiens, c'est Jésus (Héb. 5.10).

Dès que la gloire de Dieu est sortie du Temple de Jérusalem, celui-ci a pu être détruit par Nebucadnetsar. Ce Temple a été détruit à deux reprises, la dernière fois par Titus, 40 ans après que Jésus l'ait prophétisé. Sous Antiochus Epiphane, le Temple fut profané: on y sacrifia des porcs et on le dédia à Zeus. Il fallut ensuite le purifier. Voici comment Jérémie parle de la destruction de Jérusalem (et du Temple) sous Nebucadnetsar.

> *Aucun habitant du monde n'aurait cru que l'adversaire, que l'ennemi entrerait dans les portes de Jérusalem.*
> *Voilà le fruit du péché de ses prophètes, des iniquités de ses sacrificateurs, qui ont répandu dans son sein le sang des justes. (Lament. 4.12-13.)*

Rappelons qu'il n'y a eu qu'un homme né juste et resté juste, Jésus, et que ce sont nos péchés qui ont répandu son sang. Le Temple de Dieu, dans le N.T., c'est nous! Dans ce temple, l'adversaire peut entrer à cause de nos iniquités, «même si nous n'y croyons pas».

En Apocalypse 11.1, il est ordonné à Jean de mesurer le temple. Jésus dit à l'apôtre «Mais le parvis extérieur du temple, laisse-le de côté, et ne le mesure pas, car il a été donné aux nations». Notre parvis extérieur, composé de tout ce qui est charnel, peut être piétiné par une population impure. Pas besoin de le mesurer: tout est à jeter dans le torrent du Cédron!

La restauration

Lorsque nous arrivons au Seigneur, notre temple est parfois dans un grand état de destruction. Il faut le restaurer. Quand Esdras entreprend de rebâtir le Temple, il lance une succession de somptueuses repentances, assorties de «jeûnes d'humiliation» et de purification. Le peuple doit se séparer d'épouses étrangères, ainsi que des enfants qui en sont issus. Esdras avertit: «Recommencerions-nous à violer tes commandements et à aller avec ces peuples abominables?» (Es. 9.14). La reconstruction ne se fait pas sans que l'ennemi intervienne: «... Ils firent cesser leurs travaux par violence et par force» (4.23)

Après l'avoir rebâti, il fallait fermer l'enceinte. Le livre de Néhémie est une mine d'or pour montrer comment l'ennemi s'y oppose. Tout y passe: moquerie, mensonge, traîtrise, ruse. Néhémie doit faire preuve d'un remarquable discernement et amener, lui aussi, le peuple à renoncer à certaines pratiques.

Comme Esdras, Néhémie est conduit à la repentance pour les péchés commis par les ancêtres et tout le peuple. Dans la reconstruction de notre temple, et l'édification de la muraille de protection, nous devons nous repentir de ce qu'ont fait nos pères, comme de nos propres fautes. Nous pouvons être amenés à nous séparer de pratiques impures, et de certaines relations qui pourraient nous maintenir dans de mauvaises habitudes.

En Néhémie 13.8, alors que la muraille du Temple a été achevée, et toutes les brèches fermées, on découvre qu'un ennemi a pu se glisser dans une chambre du parvis et y laisser ses «objets». Néhémie les fait jeter dehors. Notons que cet ennemi n'a pu entrer qu'avec la complicité d'un sacrificateur. Dans un temple rebâti, entouré d'une muraille dont les brèches ont été comblées, l'ennemi ne peut pénétrer qu'avec notre complicité, puisque nous sommes les sacrificateurs de ce temple. En Zacharie 3.6, Dieu dit à Josué que c'est par l'obéissance qu'il parviendra à gouverner la maison de Dieu et à **garder** les parvis, où il aura accès à «ceux qui s'y tiennent». Nous aussi, c'est par l'obéissance que nous pouvons gouverner notre temple et garder le parvis auquel les esprits impurs cherchent à avoir accès.

Quand Jésus est entré dans le temple lors de son arrivée triomphale à Jérusalem (Mat. 21.13), il a chassé les marchands, les accusant d'en faire une caverne de voleurs. Satan est assimilé au «voleur» (Jean 10.10)[1]. Pourtant ce temple allait peu après, devenir caduc, le

[1] Dans le même passage, Jésus a dit que certains n'entraient pas par la porte dans la bergerie, et qu'ils étaient des voleurs. Une remarque que l'on peut comprendre dans le sens d'un viol par les démons de la demeure corporelle que nous sommes. J'ai souvent entendu prêcher qu'il nous fallait être violents (pour Christ) parce que Jésus a dit: «Depuis le temps de Jean-Baptiste jusqu'à présent, le Royaume de Dieu est forcé, et ce sont les violents qui s'en emparent» (Mat. 11.12). Cette interprétation est possible, mais il en existe peut-être une autre. Car la Parole nous demande d'être doux et nulle part ailleurs il ne nous est dit que l'on devait forcer la porte du ciel, alors que le seul moyen de le faire, c'est par la foi, l'humilité et l'obéissance. Et pourquoi les mentions «depuis Jean-Baptiste» et «jusqu'à présent»? Dans le contexte, et avec cette précision temporelle, Jésus ne voulait-Il pas dire que les démons, pressentant l'arrivée de Jésus à cause du ministère de Jean-Baptiste, s'empressaient de «forcer» les futures «pierres vivantes» qui allaient s'insérer dans le Royaume? On constate souvent que c'est quelque temps avant leur conversion que les gens subissent le plus d'attaques et de tentations. Comme si les démons savaient d'avance ce qui allait advenir, sans doute parce que, à défaut de Jean-Baptiste pour «préparer le chemin», il y a une forte activité du Saint-Esprit et des anges autour de ceux que Jésus appelle.

temple de Dieu devenant désormais les chrétiens eux-mêmes. Jésus ne voulait-Il pas signaler que nous aurions à notre tour à nettoyer nos temples, et en chasser les voleurs? Remarquons la singulière autorité dont il a fait preuve, pour que les marchands s'enfuient sans se rebiffer. Une autorité qui venait d'en haut. Celle que le Saint-Esprit nous confère lorsque nous chassons les démons au nom de Jésus.

Il est probable que Jésus devait être de bonne stature et posséder une voix très puissante, pour pouvoir être entendu sans micro de foules de plusieurs milliers de personnes. Notre Seigneur n'était certainement pas un freluquet, même s'Il a choisi «de n'avoir ni prestance, ni beauté pour attirer le regard» (Es. 53 2).

Jamais Dieu n'a nettoyé le Temple dans le passé, sans que les hommes n'aient leur part à faire. C'étaient les responsables, généralement les rois d'Israël, qui en décidaient. Ensuite les sacrificateurs et Lévites en charge du Temple se mettaient à la tâche. Nous sommes en charge du nôtre...

Souvenons-nous de l'arche de l'alliance. Après la sortie d'Egypte, Dieu, que les cieux des cieux ne peuvent contenir, a accepté, en quelque sorte, de se mettre dans un coffre portable, pour être au milieu de son peuple. L'arche ne pouvait être approchée par des gens non purifiés, sous peine de mort instantanée. Elle était isolée sous une tente. Paul assimile notre corps à une tente. Lorsque nous venons à Christ, nous devenons une sorte de tente mobile, au sein de laquelle se trouve l'arche de Dieu, isolée de toute impureté. L'objectif final, après notre traversée du désert, est, à l'instar de David, de donner à Dieu une demeure stable. C'est lorsque Salomon a **achevé** la construction du Temple que la gloire de Dieu a rempli la maison, y compris les parvis.

La gloire de Dieu ne peut nous remplir que lorsque le Temple de Dieu en nous est achevé, et qu'il n'y a plus la moindre brèche.

Le tabernacle de David

Il est un autre temple, un lieu mystérieux, puisqu'il en est fait mention seulement à quelques reprises dans les Ecritures: le tabernacle de David. Il avait une spécificité: plus question de parvis, de lieu saint et de Saint des saints (II Sam. 6.17. et I Chron. 16.1).

Voici une prophétie pour la fin des temps, dans Amos:

En ce temps-là, je relèverai de sa chute le tabernacle de David[1]
J'en réparerai les brèches, j'en redresserai les ruines
Et je la rebâtirai comme elle était autrefois
Afin qu'ils possèdent le reste d'Edom et toutes les nations sur lesquelles mon nom a été invoqué
Dit l'Eternel qui accomplira ces choses... (9.11-12)

Cela ne concerne pas seulement le temple de pierres qui devait réapparaître un jour à Jérusalem, après la captivité babylonienne. Car Jacques, dans les Actes, reprend la citation d'Amos, avec de légères modifications: «Après cela, je reviendrai, et je relèverai de sa chute la tente de David (ou le tabernacle), j'en réparerai les ruines, et je la redresserai, afin que le reste des hommes cherchent le Seigneur, ainsi que toutes les nations sur lesquelles mon nom est invoqué, dit le Seigneur **qui fait ces choses**» (Actes 15.16-17). Le futur est devenu un présent, car, entretemps, celui qui devait guérir les cœurs brisés est venu et a tout accompli.

Nous savons laisser Dieu nous relever de notre chute lorsque nous venons à Christ. Mais collaborons-nous activement avec Lui pour réparer nos brèches, redresser nos ruines, et nous rebâtir? Ou pactisons-nous avec certains de nos défauts en étant convaincus que rien ne peut nous changer parce que «nous sommes comme ça. Point final!»?

Le tabernacle de David a existé quarante ans. 24 heures sur 24 les Lévites y chantaient des louanges. C'est à cette époque qu'ont été composés la majorité des psaumes (I Chron. 16.7). Durant cette période, David a obtenu victoires sur victoires, léguant à Salomon «le pacifique» un grand et glorieux royaume pacifié. Car la haute louange, celle qui transperce le ciel, permet de «lier les rois avec des chaînes de fer» (Ps 149). Tous les ennemis de l'époque avaient été réduits à l'impuissance. Mais pas détruits. Après les errances idolâtres de Salomon, ils sont revenus en force, Israël étant désormais très affaibli par ses divisions internes. Les ennemis, progressivement, ont repris tout le terrain perdu, pour parvenir, 400 ans

[1] Certaines traductions donnent «la maison de David». Ce qui ne change rien: nous sommes la maison du «Fils de David».

plus tard, à la capture d'Israël et à sa déportation, envahissant le pays et le transformant en désolation.

Le passage d'Amos cité ci-dessus est précédé d'une étrange remarque: «Car voici, je donnerai mes ordres, et je secouerai la maison d'Israël parmi les nations, comme on secoue avec le crible, sans qu'il tombe à terre un seul grain» (9.9). Ce texte s'applique bien sûr au peuple juif, et s'est accompli, littéralement hélas!, durant dix-neuf siècles. Mais il a son équivalence parmi le peuple de la nouvelle alliance. Avant de nous rebâtir, Dieu doit nous secouer et nous passer au crible, pour éliminer notre ivraie. Cela prend du temps, surtout si nous tombons dans certains pièges où Satan s'acharne à faire tomber les chrétiens, souvent avec succès. En particulier le légalisme qui n'est qu un badigeonnage religieux de l'arbre de la connaissance du bien et du mal. Un droit illégitime de juger l'autre qui se couvre d'un manteau de légitimité apparente, puisqu'il s'appuie sur les Ecritures. C'est ainsi que l'on rejette, et parfois que l'on assassine autrui au nom de Dieu, en croyant rendre service à Dieu (Jean 16.1). C'est de la sorcellerie religieuse, pas si dissemblable, somme toute, de ce que pratiquait l'inquisition, et qui se masque sous des vêtements de brebis. Je l'ai subie, comme beaucoup, et c'est douloureux, révoltant, et terriblement attristant pour le corps de Christ. On met sur le dos de quelqu'un une étiquette de faux frère, faux prophète, rebelle ou autres, on la répand, et, à partir de là, on se croit tout permis. Les chrétiens peuvent ainsi devenir d'une férocité effrayante à l'égard de certains frères en Christ, avec une conscience proprette et reluisante. Je l'ai vécu à mes dépens, et à plusieurs reprises. Mais c'est ainsi que j'ai compris à quel point mes jugements et mes propres critiques étaient un scandale. Que Dieu nous préserve! Car nul n'est à l'abri de glisser sur cette pente savonneuse. Il suffit de se croire le droit de juger, parce que l'on se pense un peu plus saint que l autre!

Les sept peuplades internes

En Juges 3.1 et 2, Dieu explique pourquoi Il n'a pas livré les nations ennemies aux mains de Josué, et pourquoi il les a laissées «en repos» à l'intérieur des frontières: «Ce fut uniquement pour que les générations des Israëlites connaissent et apprennent la guerre». Josué, rappelons-le, est une figure de Jésus, le grand Libérateur. La signification spirituelle des noms des sept nations n'est pas neutre. Je ne vais que la survoler. La plus grande partie était formée par des descendants de Canaan, une lignée maudite par Noé, ce qui rappelle qu'il est des héritages de malédiction. Canaan signifie: dépression. Beaucoup de chrétiens, au lieu d'être «toujours joyeux», connaissent des phases de dépressions et n'en comprennent pas la cause.

Une de mes amies, B..., épouse de pasteur, avait donné son cœur à Jésus à sept ans. Elle aurait toujours été par la suite une chrétienne consacrée. Pourtant, à l'adolescence, elle est tombée dans la dépression, puis cela s'est estompé. A 45 ans, durant un mois, elle a eu l'impression d'être inexistante. Un jour, elle reçoit au cours d'un culte une parole de connaissance: «Il y a ici une personne qui est dans une tombe, comme morte. Le Seigneur va l'en sortir». Dans les jours qui suivent, elle commence à revivre. Mais elle se pose des questions sur l'origine de ces troubles psychiques. Un an plus tard, elle se décide à aller voir un couple de serviteurs de Dieu qui ont un charisme de délivrance. Il a fallu près de huit heures de prière et d'écoute du Saint-Esprit pour découvrir la source des malaises psychologiques. Le Saint-Esprit a révélé, par visions successives, que dans la clinique où B... était née, une infirmière de nuit s'adonnait à des rites cabalistiques sur les bébés, les consacrant à des puissances occultes. B... avait été investie par un esprit de mort. La délivrance a été d'autant plus difficile qu'il s'agissait d'un esprit qui s'était tenu soigneusement caché depuis quarante-six ans. Généralement, plus les démons occupent depuis longtemps un corps, plus ils sont récalcitrants à sortir.

Dans les sept peuples ennemis, on trouve les Héthiens, dont le nom signifie «terreur», ce qui est parlant! Ou les Philistins: «errants», appelés aussi Kérétiens: «exécuteurs». Jébusiens veut dire: «foulés aux pieds». Bien des chrétiens montrent dans leur comportement les stigmates de rejets subis dans le passé, du racisme dont ils ont été victimes, ou de jugements dévalorisants de leur entourage. Une de mes amies, elle aussi femme de pasteur, s'était vue affublée par sa sœur d'un surnom très désobligeant, alors qu'elle souffrait déjà d'un manque d'amour de la part de sa mère. Alors que je priais pour elle, je reçus une vision d'un oiseau enfermé dans une cage. Ce n'est qu'un an plus tard que le Seigneur me révéla qu'elle avait un esprit d'inhibition, contraint de sortir quand nous lui en avons intimé l'ordre au nom de Jésus.

Pour pouvoir conquérir l'étape la plus importance, Jérusalem et la forteresse de Sion, c'était précisément les Jébusiens que David avait dû défaire (II Sam. 5.6). Quel symbole! Bien des chrétiens conservent des sentiments de culpabilité ou d'indignité et se privent ainsi de la joie d'accéder au trône de la grâce parce qu'ils ne combattent pas les esprits «jébusiens» qui les assaillent, ou que personne ne prend l'autorité pour les en libérer, après les avoir déliés de paroles de dénigrement trop souvent entendues, ou pire: parce qu'ils ont été des enfants martyrisés ou violés.

Amoréen – une race de géants – signifie «Montagnards». Ceci évoque une série de choses: à la fois la crainte de beaucoup de chrétiens devant les démons, ce qui les empêche de les combattre, à l'instar des Hébreux à qui cela avait valu de périr dans le désert. Cela suggère d'autres ennemis qui assaillent beaucoup de personnes: l'ambition, l'orgueil, le besoin de se retirer du monde, mais aussi les montagnes de problèmes que doivent affronter certains.

A travers les Sidoniens, c'est sans doute l'esprit de Jézabel qui est suggéré, présidant au goût du contrôle, aux fausses doctrines et aux ambitions personnelles qui créent les divisions. Nous aurons l'occasion de reparler de cet esprit qui a assassiné nombre d'Eglises en les transformant en cimetières spirituels.

Il y aurait beaucoup à découvrir en étudiant la manière dont ces peuples agissaient contre les Hébreux, ainsi que les idoles et dieux qu'ils servaient. Tous ces ennemis nous concernent. Faute d'une bonne connaissance du monde spirituel, qui permettrait aux chrétiens de mieux se battre, le corps du Christ ressemble souvent à une armée d'éclopés, impropre à se lever pour faire, selon l'ordre de Jésus, «de toutes les nations des disciples». Pour la plus grande satisfaction de Satan, qui sévit d'autant mieux dans le monde qu'il aveugle les gens sur ses agissements. Il sait si bien se déguiser en «ange de lumière»!

L'Eglise n'est pas seulement un cocon douillet

Nous sommes dans une guerre sans merci. Une guerre de fin des temps. L'Eglise doit apprendre à connaître et combattre ses ennemis internes. Quand elle aura appris la guerre, elle sera apte à combattre les ennemis externes, pour leur arracher des captifs en grand nombre. Un combat à l'échelle planétaire est en train de se profiler, pour que toutes les nations soient évangélisées comme Jésus l'a prophétisé. Actuellement, près de trois milliards de personnes n'ont pas entendu parler de Jésus, ou seulement comme d'une légende, ou d'un «petit Jésus» dont on parle à Noël pour faire ripaille.

Une église libérée et triomphante est une église dont tous les membres, les pierres vivantes, sont libres et guéris de leur passé. C'est par là que tout doit commencer.

Le but de Dieu, ce n'est pas de vaincre le diable: c'est déjà fait. C'est de nous rendre semblables à Christ, par la victoire sur la chair et de nous transformer en serviteurs efficaces pour aller chercher les perdus. Si nous avons fait nôtre cet objectif, Dieu nous ouvrira les bonnes portes et nous conduira dans une pleine libération, et une pleine guérison. Cela passe par quatre points, que nous allons développer:

- Repentance par la mise à la lumière des fautes passées. Ce qui implique un renoncement à certains comportements par la crucifixion de la chair.
- Guérison des blessures par expulsion des vieilles douleurs. La magnifique onction qui se répand aujourd'hui dans le monde y contribue largement.
- Destruction des forteresses de nos pensées par une remise en cause, à la lumière de la Bible, de toutes nos croyances, préjugés, et craintes erronées.
- Délivrance des esprits impurs par prise de l'autorité.

Durant ces quatre étapes, qui doivent être menées conjointement ou successivement selon ce que l'Esprit nous donne, nous pourrons être amenés à des pardons beaucoup plus profonds envers ceux qui nous ont causé des torts, par rapport à ceux que nous avons parfois donnés du bout des lèvres. Le rappel de nos réactions pécheresses aux stress passés ou présents démontre ce que nos bourreaux ont dû eux-mêmes subir pour devenir des bourreaux. Les vrais pardons, lorsque les injustices ont été considérables et répétées, ne peuvent se faire que par paliers. Car c'est colère rentrée après colère rentrée qu'il faut lâcher, ainsi que toute l'amertume accumulée.

Chapitre 5

Les attaques

Avant d'aborder le cœur du sujet, parlons des menées extérieures de Satan pour faire une mise au point. Car il s'agit de laisser Satan à sa vraie place: celle d'un vaincu plein de rage, qui s'agite, mais n'aboutit, au final, qu'à servir les plans de Dieu.

> *Jésus s'approcha et leur parla ainsi: **tout pouvoir m'a été donné dans le ciel et sur la terre.***
>
> *Mat. 28.18*

Beaucoup de chrétiens se répandent en disant qu'ils subissent des attaques du monde des ténèbres. Parfois même, avec une pointe de fierté, comme s'ils voulaient exprimer par là que ce qu'ils font est si important que l'ennemi met des troupes entières à leurs trousses. C'est d'ailleurs vrai, non parce que l'on est important, mais parce que nos prières, nos intercessions et nos louanges ont une efficacité terriblement destructrice pour le royaume de Satan. Une force dont peu de chrétiens ont réellement conscience.

Les attaques existent, mais il faut les distinguer des épreuves que Dieu permet, pour nous pousser à nous remettre en cause et à avancer. Il faut aussi les distinguer des conséquences de nos propres égarements. Si vous vous garez sur un passage clouté, inutile de crier à l'attaque si votre voiture est enlevée! Beaucoup de chrétiens sont d'un laxisme effarant et manquent de rigueur, se pensant au-dessus de certaines lois humaines contraignantes parce qu'ils ont Dieu avec eux. C'est vrai, mais Dieu nous demande aussi d'être fidèles dans les petites choses avant de nous en confier de grandes. Notre Père, malgré tout son amour, malgré le fait qu'il a annoncé qu'Il pourvoirait à tous nos besoins, ne nous sortira pas de la mouise si nous nous obstinons à ne vouloir faire aucun effort. Ce qui ne veut pas dire que les chrétiens dans la misère sont responsables de ce qui leur arrive: j'ai eu l'occasion de constater que le manque de délivrance entraînait chez certains la malédiction financière. Comme si les démons présents créaient un filet autour de la personne pour qu'elle ne reçoive pas les bénédictions promises.

«Rien ne pourra vous nuire», a dit Jésus, après avoir déclaré qu'il nous donnait le pouvoir de marcher sur toute la puissance de l'Ennemi. Pourtant, les premiers apôtres et disciples, en particulier Paul (II Cor. 11.23-28), en ont vu, si j'ose dire, de toutes les couleurs. Rappelons que les martyrs auront une place toute particulière dans le ciel (Apo. 6.9). Le mot «nuire» n'a pas le même sens pour nous que pour Dieu, qui considère le temps de notre existence sur terre comme une «vapeur». Nous associons souvent le mot «nuire» à la souffrance ou à l'injustice, alors que pour Dieu c'est la régression de notre foi ou notre endurcissement qui nous nuisent. Or il y a souvent attiédissement de la foi lorsque «tout baigne», tandis que dans les difficultés et la douleur, nos prières prennent du tonus.

Les vraies attaques sont en général sporadiques, destinées à nous décourager, en particulier lorsque nous sommes dans une mission. Mais le Seigneur est là pour qu'elles aient une portée limitée. Il a tout sous son contrôle et le diable ne peut agir qu'avec sa permission et dans les limites qui lui sont assignées (Job 2.6, I Rois 22.21-22). Aucune attaque ne survient sans but pédagogique de la part du Seigneur, ne serait-ce que pour nous rappeler la réalité du monde des ténèbres, et à quel point un chrétien rempli de l'Esprit, qui intercède et combat, dérange le diable. Un groupe de femmes avait reçu du Seigneur de se rendre à la source d'un fleuve européen, pour défaire la malédiction qu'y avait répandu un groupe de satanistes peu de temps auparavant. La veille de cette opération, l'une d'elle apprend que sa fille vient d'échapper miraculeusement à un dramatique accident de voiture. Son véhicule s'était encastré sous un camion, et elle aurait dû, normalement, être décapitée. Il s'était produit un fait incompréhensible: alors que, mécaniquement, c'était impossible, son siège s'était aplati sur le plancher. Elle n'avait même pas une égratignure!

Au lieu d'arrêter le groupe, cet incident l'a encouragé. Manifestement, l'ennemi était furieux de ce qu'elles allaient faire.

Dans ma première tournée en Suisse, au cours de laquelle j'ai eu l'occasion, au travers de nombreux médias grand public, de dénoncer les dangers de l'occultisme, j'ai vécu, trois jours d'affilée, d'étranges incidents. Premier jour: on m'attend à huit heures du matin dans une ville pour une heure d'émission de radio en direct. Nous prenons donc la route très tôt. Il fait nuit noire car nous sommes en janvier. Nous n'avons pas fait cent mètres qu'Elisabeth, qui conduit, s'écrie: «Les phares ne fonctionnent plus». C'est catastrophique. Impossible dans ces conditions de faire les soixante kilomètres qui nous séparent de notre destination.

Nous nous arrêtons. Elisabeth essaie de manipuler des boutons. Sans succès. Nous nous mettons à prier. Quelques minutes après, les phares se remettent en marche spontanément!

Deuxième jour. C'est Béatrice, cette fois, qui m'accompagne à Yverdon. Au retour, sur une route de montagne étroite bordée de ravins enneigés, ma conductrice lance soudain: «Sortons vite! La voiture va prendre feu». Elle stoppe brutalement, et nous voici dehors, par une nuit glaciale, tandis qu'une fumée âcre s'est mise à sortir du moteur avec un sinistre chuintement.

Je n'ai même pas le temps de me demander comment nous allons nous débrouiller sur cette route déserte, où peut-être plus personne ne passera à une heure aussi tardive, que nous voyons arriver en sens inverse une voiture qui s'arrête à notre hauteur, tandis que le conducteur s'écrie: «Que fais-tu là, Béatrice?». Des amis à elle, qui de surcroît, et comme par hasard, ont tout le matériel indispensable, y compris des cordes pour nous remorquer. Le Père avait tout prévu, et déjà pourvu. Et surtout, en envoyant à Béatrice le pressentiment que la voiture allait flamber alors que rien sur le tableau de bord ne donnait l'alerte, il nous avait permis de nous arrêter à temps.

Troisième jour: nous avions décidé de nous rendre dans un refuge de montagne. Un gros engin de neige nous y emmènera, les routes étant fermées. Béatrice et Elisabeth montent dans la cabine de pilotage, tandis que je grimpe à l'arrière. L'ascension commence. Rapidement, je sens qu'il se passe quelque chose d'anormal. Le moteur chauffe démesurément. Impossible d'avertir le chauffeur: le bruit de la machine est trop fort et il ne peut m'entendre.

Le moteur s'est mis à chuinter à l'instant même où nous arrivions devant la porte de l'hôtel, et le chauffeur a tout juste eu le temps de tout couper et d'arroser le moteur avant qu'il ne flambe!

Depuis, lorsque je reviens dans leur région, mes amies suisses font des supputations pour savoir avec quel véhicule elles vont me transporter!

Lors d'une tournée dans le sud de la France, qui allait être pleine de fruits, et pour moi l'occasion d'un grand nettoyage spirituel, les attaques se sont multipliées. La veille du départ, une méchante sciatique me cloue au lit. Je décide tout de même de partir. Par prudence, j'arrive une heure à l'avance à la gare. Il s'en est fallu d'un cheveu pour que je manque mon train: l'agence m'avait donné une mauvaise indication sur la gare de départ, et ce n'est que sur place que je m'en suis aperçue. Il m'a fallu traverser tout Paris, à toute vitesse, de la gare de Lyon à la gare Montparnasse, à une heure de circulation dense. Quant à ma sciatique, le Seigneur l'a guérie dans le train!

Ce n'était pas fini. Dès mon arrivée, je suis atteinte d'aphonie. Je devais parler dans dix assemblées d'affilée! Le Seigneur m'a donné chaque fois juste le filet de voix qu'il fallait. Ensuite, c'est une bronchite qui est tombée sur mes poumons, puis des crises de spasmophilie. Le tout a disparu, comme par enchantement, à l'instant même où j'ai pris le train du retour. J'étais, je l'avoue, assez contente de rentrer!

D'autant que d'autres personnes, parmi ceux qui organisaient mon périple, avaient aussi subi des attaques. Les deux enfants de l'un s'étaient retrouvés à l'hôpital le jour de la réunion, après s'être heurtés à vélo l'un contre l'autre! Alors que nous arrivions à Tarbes à deux véhicules, une des voitures tombe en panne au milieu d'une avenue. Féru de mécanique, le propriétaire examine le moteur: l'alternateur est fichu. Nous n'avons d'autre ressource que de faire des navettes pour transporter le matériel que la voiture contenait. Le propriétaire était dans tous ses états à l'idée d'avoir à abandonner son véhicule, alors que nous en aurions besoin pour faire les treize kilomètres de retour. Je parviens à l'apaiser en lui contant des exemples de voitures d'amis que le Seigneur a remis en marche, et lui promettant qu'après la réunion on priera.

C'est ce que nous faisons. Comme je lui ai affirmé que le Seigneur allait faire un miracle, je n'en mène pas large. Et si je me trompais? L'enjeu est d'importance car cet homme vient d'une Eglise peu réveillée et n'a pas encore pris toute la mesure de ce que signifie: «Il est le même, hier, aujourd'hui et éternellement». Alors que nous sommes assis dans sa voiture, louant Dieu et le priant d'agir, je propose: «Essayez de la mettre en marche». Dubitatif, il tourne sa clé... et la voiture démarre. Gloire à Jésus. La voiture a fait les treize kilomètres, et est retombée en panne, cette fois-ci définitivement... dans son jardin.

Tous les serviteurs de Dieu qui, comme moi, dénoncent avec vigueur l'occultisme et pratiquent les délivrances reçoivent des coups, parfois durs, du monde des ténèbres. Mais aucun, je le pense, ne l'a jamais regretté. L'un d'eux m'a dit un jour: «C'est un ministère où l'on n'a pas le droit à l'erreur». J'en fais, des erreurs, comme tout le monde! Et je reçois beaucoup de coups. Mais Dieu s'en sert pour me transformer. Il y a une telle joie à servir Dieu que ma seule vraie crainte est d'être un jour disqualifiée.

Dans tous ces exemples, il s'agissait d'attaques venant de l'extérieur. Bien des attaques n'ont lieu que parce que l'ennemi est aussi à l'intérieur. Dans un chapitre suivant, j'en conterai une qui s'est produite pour moi dans cette même tournée.

Lorsque l'on est dans un château fort – et nous sommes, par la grâce de Dieu, dans un château fort si nous demeurons en Jésus – il est facile de se préserver des ennemis qui nous assiègent du dehors. Mais si une troupe ennemie est dans la place, nous avons du mal à combattre sur les deux fronts.

La personne dont les deux enfants avaient été blessés connaissait de graves problèmes dans son couple, et n'avait pas songé à mettre sa famille sous le sang de Jésus. L'ennemi a utilisé ses droits.

Le complexe racial de G... permettait à l'ennemi de mettre sans cesse sur sa route des gens qui, par des paroles maladroites, envenimaient encore et encore son sentiment d'infériorité. Ainsi, une sœur en Christ, chez qui G... avait déjeuné peu de temps avant, lui lance: «Excuse-moi de ne pas t'avoir reconnue». G... a été abattue trois jours durant: cela ravivait en elle certains rejets racistes mal vécus. Tous les noirs, pour les blancs, ne se confondent-ils pas?

Il est une chose que j'ai dû apprendre en vivant l'opprobe plusieurs mois d'affilée à travers de méchantes médisances: on est blessé dans son amour-propre quand on a... de l'amour propre. Le besoin d'être bien considéré fait partie de notre vanité adamique. Quand on est injustement accusé et dénigré, c'est très pénible à supporter. Il est difficile de résister au besoin de se justifier de droite et de gauche, surtout auprès de ceux à l'estime desquels on tient. La vraie victoire, c'est de parvenir à lâcher cela, de ne plus se soucier de sa réputation, et de ne se préoccuper que de faire les œuvres préparées d'avance par Dieu.

C'est dans de telles circonstances que j'ai vraiment réalisé la portée des deux versets suivants:

Heureux serez-vous, lorsque les hommes vous haïront, lorsqu'on vous chassera, vous outragera, et qu'on rejettera votre nom comme infâme, à cause du Fils de l'homme...

Malheur lorsque tous les hommes diront du bien de vous, car c'est ainsi qu'agissaient leurs pères à l'égard des faux prophètes!

Luc 6.26

Notre identité en Christ n'est pas dans notre carte de visite professionnelle

Nous ne devons jamais perdre de vue que rien ne peut nous survenir qui n'ait été voulu par Dieu. Jésus a vaincu Satan à la Croix, et a mis toutes les dominations sous ses pieds. Certaines attaques ont l'avantage de nous éclairer. Des réactions disproportionnées face à des incidents mineurs peuvent révéler la présence de puissances démoniaques. Ainsi, le fait d'être démoli parce qu'un patron nous a fait une remarque désobligeante sur notre travail peut mettre en exergue une vieille blessure non guérie: un père jamais content de nos résultats scolaires.

Beaucoup de problèmes de santé peuvent avoir, nous l'avons dit, une source démoniaque. V... se plaignait de maux de foie et de ventre. Elle racontait des choses étranges, prétendant qu'un démon lui saisissait parfois la gorge la nuit. A tel point que son pasteur, comme moi, nous demandions si elle ne fabulait pas.

Un jour, durant la prière, M... qui se trouvait en face de V... déclare: «J'ai reçu une vision qui te concerne». Elle donne une description précise d'une femme. V... s'écrie: «C'est ma belle-mère!»

– Je l'ai vue telle une reine, trônant dans une assemblée qui m'a tout l'air d'une secte, avec une tunique marron portant une sorte d'écusson garni d'un soleil.

Huit jours avant, V... m'avait confié qu'elle rêvait souvent de personnes revêtues d'une tunique marron ornée d'un écusson!

De fil en aiguille, grâce à des visions successives, nous avons eu la certitude que cette belle-mère appartenait à une secte satanique et se livrait à certaines manipulations en vue de se débarrasser de V... dont elle avait capté l'héritage illégalement. C'était là la source des attaques physiques. La délivrance a été impressionnante, V... vomissant même du sang.

Il est des attaques vraiment terribles. Je connais deux cas de serviteurs de Dieu dont, la fille pour l'un, l'épouse pour l'autre, ont été tuées, à distance, par des satanistes.

Il ne faut pas prendre à la légère le monde spirituel. Ce n'est pas pour autant que nous devons le craindre, car, comme nous l'avons dit, Dieu contrôle tout. Mais Il nous demande aussi de prendre les armes et non pas de nous laisser malmener sans réagir.

Certaines attaques revêtent, heureusement, un caractère moins dramatique, mais n'en sont pas moins révélatrices. Bien des chrétiens aujourd'hui se retrouvent au chômage, ce qui n'est, pour personne, une épreuve agréable. Certains en profitent pour se lancer dans de nouvelles activités, tout en cherchant un autre poste et ils attendent patiemment que le Seigneur leur ouvre une porte, en se réjouissant d'avoir plus de temps libre à consacrer à Dieu. Chez d'autres vont se développer des stress divers. Les uns croiront qu'ils sont «finis»: manque de foi en Dieu; rejet d'eux-mêmes qui se camouflait dans une identification de leur valeur avec leur poste professionnel; peur de l'avenir masquée par une fuite en avant; effondrement psychologique parce que le manque de confiance en soi était compensé par la fierté de la réussite sociale. Chez d'autres vont émerger des esprits d'agressivité, l'alcoolisme, la paresse, ou du laisser-aller. Quelques-uns vont dégringoler dans le ruisseau. De fait, il s'agissait de faiblesses latentes, que l'épreuve a mises au jour.

La personne, au lieu de se remettre en cause et de se demander ce que Dieu veut lui montrer à travers le chômage, pourra justifier son stress en argumentant que c'est pour les études de ses enfants qu'elle s'inquiète, ou à cause des traites à payer. Le souci est contraire à la Parole de Dieu. Même s'il se couvre d'un manteau de légitimité, c'est un péché!

Si Dieu permet que l'on perde un emploi, c'était peut-être parce qu'il était dangereux pour notre évolution spirituelle. Certaines activités impliquent le mensonge. D'autres favorisent des choses prohibées par Dieu, telles la débauche, l'alcoolisme, la pornographie.

D'autrent absorbent tant de temps que l'on n'a plus de temps pour prier et lire la Bible. Beaucoup d'activités administratives, informatiques ou intellectuelles kidnappent la pensée au point d'empêcher le chrétien de «prier sans cesse».

Jésus avait un travail manuel, et la plupart des apôtres aussi. Dans la Bible, Dieu se montre fier du travail «de ses mains». Le dénigrement du travail manuel est d'origine satanique. Il a commencé avec la civilisation grecque, dont nous avons intégré les plus mauvais héritages, en particulier le culte de la beauté physique et ce qui va de pair: l'idolâtrie du sport et des sportifs. Autre héritage grec: l'idolâtrie de la science, et l'humanisme qui fait croire que l'homme progresse grâce à son intelligence propre, et qu'il parviendra, par sa bonne volonté, à instaurer un âge d'or.

La bénédiction n'est pas l'absence d'épreuves. Au contraire!

Dans le peuple de Dieu, on étale trop souvent un «cocorico» charismatique, et l'on prône un Evangile de prospérité. Ce qui conduit beaucoup à accuser celui qui est dans l'épreuve d'avoir commis quelque crime et d'être puni par Dieu. C'est ce qu'avaient fait les amis de Job: le monde n'a guère changé! La première réaction des disciples face à un aveugle de naissance a été de demander ce que ses parents avaient fait pour qu'il ait cette infirmité (Jean 9.2). Jésus répond que ce n'est pas à cause du péché qu'il est aveugle (nous sommes tous pécheurs!), mais pour que les œuvres de Dieu soient manifestées. Le Seigneur ne nous demande pas de porter un jugement, mais d'avoir de la compassion et d'agir. Quand Marthe et Marie se sont effondrées à cause de la mort de leur frère, Jésus a pleuré. Puis Il a ressuscité Lazare. Notons que ce n'est pas à cause de Lazare que Jésus a pleuré: Il savait ce qui allait advenir. Mais aucune souffrance ne lui est indifférente: Marie venait de tomber à ses pieds, et c'est sa douleur qui a brisé le cœur de Jésus (Jean 11.33).

Pleurez avec ceux qui pleurent.

Rom. 12.15

Notre Seigneur nous a prévenus que nous subirions des persécutions et des tribulations. Les apôtres recommandent d'avoir «une joie complète dans les épreuves qui nous adviennent» (Jacq. 1.2), ou de ne pas nous étonner d'être «dans la fournaise de l'épreuve» (I Pierre 4.12). C'est dans l'épreuve que notre foi est testée, et c'est dans l'épreuve qu'elle peut grandir. Pour que le «vieil homme» puisse mourir, il nous faut passer au laminoir. Cela prend du temps, et nous devons supporter beaucoup de coups douloureux avant d'être capables d'abdiquer dans notre ego, avant de lâcher notre propension à nous appuyer sur nos propres forces et à nous tourner vers les solutions qu'offre le monde. Si notre marche avec le Seigneur n'est qu'un parcours sur un lit de roses, nous pouvons nous poser de sérieuses questions sur l'authenticité de notre conversion. C'est ce qu'exprime la lettre aux Hébreux:

> *Si vous êtes exempts du châtiment auquel tous ont part, vous êtes donc des enfants illégitimes et non des fils (12.8).*

Chaque fois que nous passons par des moments difficiles, quels qu'ils soient, avant de crier à une méchante attaque de l'ennemi, ou de penser que Dieu nous a abandonnés parce que nous étions coupables de quelque trangression (qui n'en commet pas?), ou de contester avec Dieu en lui demandant des comptes, abandonnons-nous à Lui avec une totale confiance, même si nous avons l'impression qu'Il ne nous entend pas. Lors des deux tempêtes relatées dans les Evangiles, la première fois Jésus dormait dans le bateau; la seconde fois Il avait refusé de monter avec ses disciples. Il n'en gardait pas moins une parfaite maîtrise de la situation. Dans l'épreuve, rappelons-nous que Son amour n'a pas varié d'un iota à notre égard, et qu'Il est là, même s'Il semble dormir ou vaquer à d'autres occupations!

J'ai subi beaucoup d'épreuves depuis que j'appartiens au Seigneur. L'une des plus rudes a été une persécution de la part d'un couple chrétien. Comme ils refusaient de me parler, je ne comprenais pas la cause de leur comportement. Cela a progressivement pris un caractère obsessionnel. Ma pensée était sans cesse ramenée sur eux. Jusqu'au jour où le Seigneur m'a montré quelle était ma propre faute: j'avais laissé l'amertume s'accumuler, au lieu de combattre mes pensées de colère et de jugement au fur et à mesure qu'elles se présentaient. C'était, de fait, une sorte de rancune inconsciente contre Dieu, même si je m'efforçais de remercier le Seigneur pour l'épreuve, sachant «intellectuellement» qu'elle avait un but.

Ce jour-là, en me montrant à quel point je m'étais laissé voler ma paix, le Saint-Esprit m'a conduit dans une repentance qui m'a libérée de l'obsession. Cette leçon m'en a plus appris sur la tactique de l'Ennemi pour assaillir nos pensées, et sur les armes spirituelles que Dieu nous a données, que ne l'auraient fait dix ans de cours bibliques!

A la même période, une de mes amies subissait aussi une persécution, mais de la part de son mari non chrétien. Elle me reprochait parfois de trop parler de mon problème. Elle-même se targuait de ne plus penser à ce que son mari lui faisait subir dès qu'elle était loin de lui. Elle affirmait avoir mis une garde à sa bouche pour ne plus s'épancher auprès de tiers.

Jusqu'au jour où elle a pris conscience qu'en réalité, sous couvert de dominer ses pensées, elles ne faisait que les fuir et fuir son mari. Et qu'elle avait autant que moi une rancune inconsciente et un manque de pardon. Elle aussi a reçu le cadeau d'une repentance libératrice.

Les vraies attaques existent

Je voudrais tout de même faire remarquer que plus nous nous approchons des temps de la fin, plus les vraies attaques se multiplient. Le diable sait sa fin proche et il est particulièrement hargneux. Tous ceux qui sont en ligne de front pour servir le Seigneur s'en rendent compte. Les persécutions des frères se multiplient, car l'Eglise dans la chair est en train de se lever contre l'Eglise dans l'Esprit. Des divisions se créent dans des assemblées qui bougent, car beaucoup n'acceptent pas une nouvelle dimension de l'Esprit, qui dérange la routine et entraîne certaines manifestations. Bien des confusions ont lieu entre ce qui vient réellement de l'Esprit, et les contrefaçons du diable. Aucun réveil n'arrive sans secousses. Mais beaucoup, en voulant arracher l'ivraie prématurément, risquent aussi d'arracher le bon grain.

De fait, Dieu est en train de préparer son Epouse, et cela ne se fait pas sans choc, car le jugement commence par la maison de Dieu (I Pierre 4.17). Ce qui ne veut pas dire qu'il faut manquer de discernement: chaque fois qu'il y a une forte action du Saint-Esprit, l'Ennemi introduit ses contrefaçons. La recherche systématique des manifestations, chez certains, ne fait que dénoter le goût du spectaculaire et d'émotions fortes. Cela provient de la chair, et donne à Satan tout loisir de faire des dégâts en profondeur. Nous ne devons pas adorer l'autel, mais le Seigneur de l'autel, et le laisser agir comme bon lui semble, et avec confiance. Lorsque nous demandons le Saint-Esprit au Père, Il ne nous donne pas des pierres ou des serpents! (Luc 11.13). Mais dans certaines assemblées apparemment peu réveillées, quelquefois même non charismatiques, j'ai ressenti la même présence de Dieu, et parfois trouvé plus d'humilité et de douceur dans les rapports entre frères que dans des assemblées exubérantes!

Revenons aux attaques. Si nous ne devons pas les confondre avec les épreuves, elles existent. Personnellement, j'en ai vécu une terrible en août 95, qui m'a rendu deux mois quasiment infirme. A travers elle, Dieu, en merveilleux pédagogue, m'a appris de nombreuses choses, et m'a montré que cette attaque provenait entre autres du manque de couverture spirituelle que j'avais parfois dans le ministère de délivrance, du risque d'une certaine présomption, et d'une écoute insuffisante du Saint-Esprit dans les combats spirituels. Encore une leçon salutaire.

Chapitre 6

Qui peut chasser les démons, et quand?

Si certaines épreuves et attaques sont normales dans une vie chrétienne, d'autres ne le sont pas, et proviennent de manque de guérison et de délivrance. A nous de savoir faire le tri, avec l'aide du Saint-Esprit, et d'entrer dans le combat quand il est nécessaire. L'ordre et le pouvoir de chasser les démons a été conféré à tout disciple de Christ. Ce n'est pas pour autant que nous pouvons prendre autorité n'importe quand et n'importe comment. Nous devons suivre Jésus, et non le précéder! C'est en Christ que réside notre force, et c'est le Saint-Esprit qui nous accorde du discernement quand Il le veut. Sans la puissance de Dieu et sans discernement, nous battons l'air. Il est clair que certains, plus que d'autres, ont reçu l'onction pour exercer ce ministère. Dieu les y a formés.

Rappelons quelques grands principes. Jésus envoyait ses disciples deux à deux. Nous devons donc, normalement, être plusieurs pour opérer. Mais Dieu est souverain, et dans certaines circonstances peut nous nantir de Son autorité, même si nous sommes seuls. Mais il y aura souvent, même à notre insu, un soutien d'intercesseur. Je me souviens d'un cas précis. Brigitte avait vécu avec un sorcier-magnétiseur. Celui-ci lui appliquait des «massages» de sa spécialité. L'un d'eux l'avait projetée dans un voyage astral. Depuis, chaque fois qu'elle pénétrait dans sa chambre, une douleur vrillait entre ses omoplates, comme si on lui enfonçait un couteau. Elle ressentait une présence inquiétante dans la pièce. Elle avait à deux reprises aperçu un démon, et, plusieurs fois, elle avait été réveillée au milieu de la nuit alors que son matelas se soulevait tout seul!

Soutenue par un pasteur et accompagnée par une amie, Betty, nous avions chassé d'elle plusieurs esprits. Mais la présence démoniaque dans la chambre persistait. Un jour Brigitte vient chez moi. Nous prions. Au bout d'un moment, j'entends une petite voix intérieure murmurer: «Va avec la force que tu as». Je proteste: «Seigneur, je suis toute seule». J'entends la voix insister: «Va avec la force que tu as».

Je me lève donc et me dirige vers Brigitte. A cet instant, le téléphone sonne. C'est Betty, qui m'annonce: «Je n'ai rien de précis à te dire mais j'ai été poussée à t'appeler». En quelques mots, je la mets au courant. Dès que j'ai raccroché, elle est entrée dans un combat de prière en langue, m'expliquant ensuite qu'elle s'était sentie envahie d'une colère surnaturelle. J'apprendrai qu'à la même heure, le pasteur qui nous couvrait spirituellement, et qui était alors au volant de sa voiture, s'était aussi senti appelé à intercéder pour Brigitte.

Le combat a duré un quart d'heure. Apparemment, rien ne se produisait. Et pourtant, j'en suis sortie épuisée. Brigitte est repartie, mais peu après m'a téléphoné pour me dire ce qui s'était passé lorsqu'elle était rentrée chez elle. Elle s'était sentie poussée à aller dans sa chambre, et là elle s'était dirigée vers le coin où elle avait aperçu le démon. Puis, posant les mains sur le mur, elle avait crié: «Au nom de Jésus, je te chasse». Immédiatement, elle avait ressenti que la présence disparaissait. La chambre, comme elle-même, était enfin libérée. Alléluia!

Pourtant, Brigitte a fini par quitter l'Eglise et est repartie dans le monde. Il y avait une chose qu'elle n'avait pas voulu lâcher. Elle critiquait tout le monde, n'hésitant pas à dire au pasteur: «Comment pouvez-vous tolérer telle ou telle personne dans votre assemblée?». Ce qui démontre que des milliers de délivrances ne résoudront jamais des problèmes de comportement, si la personne n'est pas prête à se remettre en cause, et à «s'humilier sous la puissante main de Dieu». Car Dieu résiste aux orgueilleux.

Les conditions du combat

La couverture spirituelle d'une Eglise ou de responsables est, normalement, indispensable. On ne dérange pas le monde de Satan impunément et l'on prend certains risques si on n'est pas protégé.

Pourtant certains responsables spirituels sont trop réticents face à la délivrance. En ce cas, nous devons obéir à Dieu plutôt qu'aux hommes.

On ne combat pas n'importe quelle puissance, avec des armes qui ne sont pas appropriées. Il faut savoir calculer la dépense.

> *Quel roi, s'il va faire la guerre à un autre roi, ne s'assied d'abord pour examiner s'il peut, avec dix mille hommes, marcher à la rencontre de celui qui vient l'attaquer avec vingt mille?*
>
> *Luc 14.31*

Je citerai le cas de P.., se rendant avec un ami chez une tierce personne qui leur laissait son appartement pour un week-end. Sachant que cet homme s'adonnait à la lévitation, ils décident de faire un nettoyage spirituel des lieux et d'y lier tous les esprits mauvais. Trois jours plus tard, P... commence à avoir des hallucinations et son épouse (ils ne font qu'une seule chair) tombe dans une brutale dépression. Alors que nous priions pour eux, le Saint-Esprit nous a révélé l'origine de ces perturbations: les deux amis s'étaient jetés dans une bataille trop lourde, surtout sans participation volontaire de la victime. Ils en subissaient le contrecoup. Nous avons dû prendre autorité pour délier P... de ses macabres visions, et chasser les esprits qui en étaient la source, ainsi que ceux qui avaient provoqué la dépression subite de son épouse.

Certains chrétiens mal avertis se lancent à la légère dans des batailles démesurées, liant, par exemple, la puissance de l'intégrisme musulman sur l'Iran, la mariolâtrie sur le Vatican ou l'occultisme sur la France. Ils s'exposent, au mieux, à une royale inefficacité, mais parfois à de rudes retours de manivelle. En Daniel 10, le prophète reçoit la vision d'une calamité. Il entre dans le jeûne et la prière durant vingt et un jours. Alors, un «homme» lui apparaît. Il est admis que l'Ange de l'Eternel, dans l'A.T., est une théophanie du Fils de Dieu qui allait s'incarner en Jésus. Cet «homme» qui part combattre pour Israël est peut-être Jésus Lui-même, dont on retrouve une description similaire en Apocalypse 1. «L'homme» lui apprend qu'un grand combat vient de se dérouler dans le ciel contre le chef de Perse (Homme fort qui lie la Perse), depuis le début du jeûne du prophète. Qu'il s'agisse d'une apparition céleste anonyme extrêmement puissante, ou de Jésus Lui-même, envoyé par Dieu pour mener ce combat, cet être céleste n'en a pas moins dû être épaulé par l'archange Michaël qui «est venu à son secours».

S'il a eu besoin du secours d'un archange pour combattre certaines principautés démoniaques, combien, a fortiori devons-nous avoir de la sagesse! Mais ne confondons pas sagesse et couardise. Nous avons reçu l'ordre de chasser les démons.

Si Jésus a eu besoin du secours d'un archange pour combattre certaines puissances, combien, a fortiori devons-nous avoir de la sagesse! Mais ne confondons pas sagesse et couardise. Nous avons reçu l'ordre de chasser les démons.

J'ai fait des erreurs, me lançant dans de lourds combats dans certaines assemblées où j'étais mal épaulée. Un jour, j'ai reçu en retour une épouvantable attaque du monde des ténèbres, dont j'ai déjà parlé et qui m'a rendue quasiment infirme deux mois durant.

Peu après le Seigneur m'a démontré que, le cas échéant, il pouvait me demander de combattre alors que j'étais seule. S'il voulait que je prie avec d'autres personnes dans les Eglises, c'était aussi pour qu'elles découvrent à quel point le besoin de délivrance était réel et pour que je transmette ce que j'avais appris.

Car la délivrance est un domaine où nous nous enseignons beaucoup les uns les autres.

J'ai beaucoup appris de serviteurs de Dieu qui étaient passés par des contrecoups difficiles et qui en avaient acquis de l'expérience. J'ai compris en chemin, souvent à mes dépens, qu'il nous fallait éviter de combattre contre des démons correspondant à des péchés dont nous n'avons pas nous-mêmes été parfaitement purifiés. A titre d'exemple, quelqu'un qui n'a pas eu un repentir profond pour un ancien adultère risque d'être assailli par des fantasmes s'il chasse sur un tiers un démon de débauche!

Ce n'est pas pour autant que nous devons avoir de la crainte. Prudence et sagesse ne signifient pas fuite devant l'ennemi, alors que le Seigneur nous a ordonné de combattre.

Soulignons l'impact du jeûne pour des combats d'importance. Jésus l'a rappelé en lançant à ses disciples, qu'il avait traités de «race incrédule et perverse» parce qu'ils n'étaient pas arrivés à chasser un démon: «Cette sorte de démon ne sort que par la prière et par le jeûne» (Mat. 17.21). Il existe des sortes très diverses de démons, certains étant bien plus coriaces et nocifs que d'autres. Nous en reparlerons. Il faut discerner ceux auxquels nous avons affaire. Si nous nous conduisons avec légèreté face au monde des ténèbres, c'est que nous sommes une «race incrédule et perverse».

En Esaïe 58.6, Dieu rappelle la puissance du jeûne pour la délivrance: «Voici le jeûne auquel je prends plaisir: détache **les chaînes** de la méchanceté. Dénoue **les liens** de la servitude, renvoie libres les **opprimés**, et que l'on rompe toute espèce de **joug**.» Des évangélistes ont raconté que leur ministère avait acquis une puissance nouvelle après un long jeûne de sanctification. Ils ont reçu le feu de l'Esprit. Nul n'est plus grand que son maître.

Le feu vert de Dieu

A plusieurs reprises, j'ai été arrêtée, alors que l'on me demandait de combattre pour des personnes non chrétiennes: c'était comme si un nuage opaque et menaçant s'interposait. Le Saint-Esprit, en me permettant de le ressentir, m'indiquait ainsi qu'il s'agissait d'un bastion de l'Ennemi contre lequel je n'étais pas suffisamment armée, ou que la personne n'était pas prête pour une délivrance.

Une équipe est beaucoup plus efficace pour prier qu'une personne seule, car Dieu distribue des dons et des ministères qui se complètent. Parfois, Dieu donne son «feu vert», même si nous sommes seuls, parce que, dans ce domaine encore plus que dans d'autres, ce n'est «ni par force, ni par puissance, mais par Son Esprit» (Zach. 4.6).

Un jour, j'étais avec une de mes amies, N..., dont nous avions déjà chassé un esprit, entré alors qu'elle avait été méchamment mordue par un gorille à l'âge de sept ans en Afrique. Nous nous mettons en prière. Soudain, je commence à avoir des visions d'animaux, parmi lesquels, non seulement un gorille, mais un chat sauvage, des chauves-souris, des serpents, et un animal que je ne connaissais pas et que j'ai décrit à N... Celle-ci sursaute, m'expliquant qu'elle avait non seulement été mordue par le gorille, mais aussi blessée par un crabe géant, mordue par un chien, brûlée par une raie, et attaquée en outre par de nombreux autres animaux, dont ceux que je décrivais. Quant au dernier, le Saint-Esprit lui rappela qu'il s'agissait d'un scolopendre qui s'était dissimulé sous un tapis dans leur maison et qui avait failli la piquer. Ces incidents s'étaient produits alors qu'elle était très jeune, et elle en avait gardé une sourde crainte, n'hésitant pas à faire de longs détours pour éviter des lieux où elle risquait de se trouver nez à nez avec un chien agressif, ou tout autre animal.

Le Saint-Esprit lui a révélé l'origine de ces attaques, lui rappelant une histoire entendue de ses parents. Lorsque son père avait amené son épouse en Afrique, pour qu'elle vive avec lui dans la maison familiale, celle-ci était déjà enceinte de N... Il avait jugé sage de renvoyer une des domestiques noires dont il avait fait sa maîtresse lorsqu'il était encore célibataire.

Nous avons reçu la conviction qu'il existait un lien entre ce fait et les incroyables agressions animales. Sans doute pour se venger, cette servante était-elle allé trouver un sorcier ou un envoûteur pour jeter un sort contre l'enfant à naître, pratique courante en Afrique. Et d'une redoutable efficacité dans des milieux fragilisés par l'occultisme et la superstition. Mais Dieu avait sauvegardé N...

Me trouvant seule avec N..., je me demandais si, munie de ces informations, j'avais le feu vert de l'Esprit pour entrer dans la délivrance. J'ai donc mis une «toison». La réponse étant positive, j'ai pris l'autorité du nom de Jésus, brisé cet acte occulte et en ai délié N... qui a aussitôt expulsé un mauvais esprit. Merci au Seigneur!

La participation de l'intéressé

La seconde condition de tout combat de délivrance, c'est la participation active d'un intéressé qui aspire de toutes ses forces à être libéré. Non parce qu'il veut faire l'économie d'efforts pour combattre sa propre chair, mais parce qu'il est déterminé à changer de comportement, avec l'aide du Seigneur. Pas plus que pour Judas, Jésus n'a tenté de délivrer les pharisiens: ils étaient trop endurcis et les démons seraient revenus aussitôt, en plus grand nombre. D'ailleurs, derrière l'esprit religieux se camoufle toujours de l'orgueil et souvent un goût de l'asservissement d'autrui, sous des prétextes spirituels. Les pharisiens prétendent toujours agir pour le bien des autres, et s'en convainquent eux-mêmes. Cela ne requiert pas une délivrance, mais une prise de conscience et une remise en cause personnelle profonde.

Souvent, le candidat volontaire donnera des éléments d'information aidant à discerner quels esprits il convient de combattre. En cours de route, il y aura souvent des pardons à donner, des repentirs à effectuer, et l'intéressé devra renoncer à haute voix à certains péchés. Lorsqu'il s'agit de personnes ayant contracté une alliance consciente avec le monde des ténèbres, à travers la magie noire, le satanisme ou la sorcellerie, la bataille peut être féroce. J'ai subi des échecs, et j'en subis encore, soit parce que je ne dispose pas de l'aide nécessaire, soit parce que c'est prématuré, soit parce que je fais des erreurs. Qui n'en commet pas?

Certains échecs sont dus au fait que la personne n'a pas vraiment réalisé la gravité de certaines abominations. Sa repentance a été superficielle, avec des arrière-pensées conservées. J'ai plusieurs fois découvert parmi des réformés et des chrétiens évangéliques que certains d'entre eux continuaient à prier Marie et les saints en cachette, voire des morts de leur famille, tout en demandant à être délivrés de leurs oppressions. Ils pensent encore que ces «gentilles» traditions doivent bien receler quelque chose de bon. J'aurais bataillé pour rien si le Seigneur ne m'avait pas révélé la vérité par des visions. Il me l'a révélée pour ceux-là, sans doute parce qu'ils étaient prêts à renoncer – ils l'étaient –, mais pas pour d'autres qui ne l'étaient pas. Dieu ne fait rien d'inutile.

Une attitude de cœur

Pour exercer un ministère de délivrance dans une attitude de cœur agréable à Dieu, la clé ne se trouve ni dans notre capacité de discernement, ni dans l'autorité de notre voix, ni dans notre préparation au combat, ni dans notre conviction d'avoir reçu des dons de puissance, ni dans notre savoir. Tout cela, les sorciers et les magiciens l'ont! C'est dans cette attitude mentale que le diable s'acharne à pousser ceux qui se lancent dans un tel ministère. Il est très facile de se laisser piéger, car Dieu honorant le nom de Son Fils, les délivrances n'en ont pas moins lieu.

Dans un certain sens, les responsables spirituels qui freinent des quatre roues les chrétiens qui veulent chasser les démons à tout bout de champ font souvent preuve de sagesse.

C'est à travers notre obéissance au Saint-Esprit, l'écoute de ses indications et une compassion venue du cœur de Dieu pour ceux que nous voulons arracher à leur captivité que le Père peut agir puissamment, tout en nous préservant de l'orgueil. Car le danger est réel. Nous devons pouvoir dire, comme Jésus: «Si c'est par le doigt de Dieu que je chasse les démons, le Royaume de Dieu est donc venu vers vous». En l'absence du «doigt de Dieu», les démons se moquent de nous, ou pire.

De mauvaises attitudes mentales peuvent avoir de fâcheuses conséquences. Rappelons Actes 19.13-16: les exorcistes ambulants «essaient d'invoquer sur ceux qui avaient des esprits malins le nom du Seigneur Jésus, en disant: «Je vous conjure par Jésus que Paul prêche».

Il est évident qu'ils prennent le nom de Jésus pour un sésame à la disposition de leur désir de puissance personnelle. Ou peut-être, à titre expérimental, veulent-ils voir si ça marche. En tout cas, ils sont sûrement atteints de jalousie spirituelle. Comment, eux, sept frères unis, fils d'un sacrificateur, baignant sans doute depuis leur plus jeune âge dans les choses de la religion, se feraient-ils damer le pion par ce petit bonhomme de Paul, qui n'a aucun titre dans le Temple, et qui, de surcroît, est un traître à la loi mosaïque (c'est ce qu'ils croient) et à son honorable ancienne caste pharisienne? Ils veulent démontrer qu'ils sont au moins aussi forts que lui, et que, somme toute, avec ce sésame, c'est facile. C'est de la sorcellerie religieuse. Exactement comme pour Simon le magicien qui voulait acquérir à prix d'argent le pouvoir de conférer le don du Saint-Esprit, sans doute pour que les foules admiratives puissent s'exclamer à son propos, encore plus qu'avant sa conversion: «Celui-ci est la puissance de Dieu, celle qui s'appelle la grande».

Voici ce qui est arrivé aux sept fils de Scéva: «L'esprit malin leur répondit: Je connais Jésus et je sais qui est Paul. Mais vous, qui êtes-vous?». Deux d'entre eux ont été dénudés et ont reçu des coups de la part de celui qu'ils croyaient pouvoir délivrer.

Je pense sincèrement qu'un enfant de cinq ans, dans sa foi pure et simple, qui ordonnerait à des esprits impurs de partir «au nom de Zézus» peut obtenir des délivrances, là où une équipe d'adultes chevronnés dans la Parole, s'étant livrés à un long interrogatoire de la personne à délivrer, mais chez lesquels il reste une once de conviction que l'autorité réside en eux grâce à leur expérience ou à leur savoir, échoueront, ou réussiront peut-être, mais en sortiront avec une dose complémentaire d'autoritarisme et d'orgueil.

J'ai entendu un pasteur affirmer: «Quand le ministère croît, la chair croît en proportion». Et de rappeler comment certains ministères, drainant avec eux une foule de miracles et de prodiges, s'étaient un jour écroulés dans la stupeur générale, à cause de choses scandaleuses.

J'ai été fortement interpellée, parce que j'ai compris que le grand danger de ministères en vue, c'était de se croire un jour propriétaire de l'onction que le Seigneur avait mise sur nous, et d'être convaincus d'être toujours dans le plan de Dieu parce que nous continuons à voir des prodiges s'accomplir à travers nous. C'est le message dérangeant que Jésus a fait passer en Mat. 7.21- 23. L'onction de puissance qui accompagne certaines personnes n'est en rien le garant de leur sainteté. Par contre, cette onction les met particulièrement en danger d'éprouver de l'orgueil ou un sentiment d'invulnérabilité. Les «grands» ministères ont un grand besoin d'intercesseurs pour les protéger... d'eux-mêmes.

Le Seigneur m'a fait la grâce de mettre sur ma route plusieurs coéquipières. Le ministère était multiplié en efficacité, tout en nous préservant mieux de l'autosatisfaction. Car on ne sait plus à travers qui le Seigneur agit. Et les bénéficiaires ont moins tendance à personnaliser leur bienfaiteur et rendent gloire à Dieu seul. Alleluia! J'aime quand nous sommes cinq ou six serviteurs différents, réunis pour combattre. Ça déménage, et c'est bien plus reposant et sympathique! Dieu bénit vraiment le travail d'équipe, car il peut lui conférer une très grande puissance sans mettre ses oints en péril.

L'autorité contre les démons est d'autant plus efficace que l'onction est forte là où nous combattons. C'est pour cela que les meilleurs moments pour la délivrance se situent durant ou après la louange: «Je m'écrie: loué soit l'Eternel, et je suis délivré de mes ennemis» (Ps 18.4).

Nous verrons très bientôt des armées de jeunes se lever, par lesquels le Saint-Esprit opérera des prodiges. Nous le voyons déjà. Jésus a loué Son Père de ce qu'Il «avait révélé ces choses à des enfants» et qu'Il les avait cachées aux «sages et aux intelligents» (Luc 10.21). Le Saint-Esprit, dans les derniers temps, ne doit-Il pas se répandre sur «toute chair»?

Le seul acquis que donne l'expérience pour la délivrance, c'est une perception affinée de la présence d'esprits impurs à travers des comportements, des gestes, des paroles ou des regards, et surtout des tremblements incontrôlés, ou d'autres manifestations, lors de l'imposition des mains ou sous une forte onction. C'est aussi une foi grandissante dans la puissance phénoménale qui réside dans le nom de Jésus, parce que nous mettons cette foi en pratique. En n'oubliant jamais que si les démons «nous sont soumis en Son nom», c'est parce que Jésus les a vaincus quelque deux mille ans avant que nous ne soyons nés!

Chut! Les démons ne sont pas sourds

Si nous parvenons à une telle attitude de cœur, nous abandonnerons de manière naturelle la propension à donner de la voix pour chasser les démons. Ce n'est pas au volume des décibels de notre voix qu'ils obéissent! Parfois, je ne peux m'empêcher de crier, parce que je me laisse gagner par la colère face à certains esprits. Tout ce que j'y récolte, ce sont des extinctions de voix et un surcroît de fatigue! J'espère, avec le temps, que le Seigneur me donnera une maîtrise plus grande.

Nous pouvons obtenir des résultats splendides en chuchotant: les démons sont tout sauf sourds! Un jour, j'y ai été contrainte. Une de mes amies venait de réaliser qu'elle avait besoin de libération. C'était typiquement une chrétienne «yoyo». Pleine de fougue pour le Seigneur et de joie durant de longues périodes, puis soudain, à cause d'une parole maladroite d'un tiers, abattue et révoltée. Connaissant son histoire – elle avait, entre autres, été abandonnée par ses parents dans sa prime enfance – je savais qu'elle était habitée d'un esprit de rejet, avec toute la cohorte d'esprits qui vont de pair (nous en parlerons plus loin). Un imprévu nous fit manquer notre rendez-vous, ce qui la rendit furieuse, d'autant qu'elle savait que ce rendez-vous ne pouvait être reconduit avant longtemps.

De manière inattendue, nous nous retrouvons trois jours plus tard dans une autre ville, lors d'un séminaire. Je ne pouvais rester qu'une partie de la journée. Durant la demi-heure de pause, nous nous retrouvons dans un salon où d'autres personnes se reposaient. Je propose d'entreprendre le nettoyage spirituel que nous n'avions pu opérer. Elle me fait remarquer, à juste titre!, que ce n'était guère l'endroit idéal, surtout en disposant de si peu de temps. Sans compter la gêne qu'elle éprouvait à l'idée que les gens qui nous entouraient pourraient nous entendre. Mais notre Père céleste connaît toutes choses et n'est arrêté par aucune circonstance, lorsque nous accomplissons Ses plans.

Je me suis lancée dans le combat spirituel le plus silencieux de ma vie. Je chassais les démons que je pensais présents dans un murmure à peine audible. Nicole semblait comme prostrée. Pas la moindre réaction. Même pas une petite toux m'encourageant à continuer. Lorsqu'un tintement de sonnette nous avertit de regagner le séminaire, j'en étais à me demander si je n'avais pas «battu l'air».

J'ai eu la réponse quelque temps après par une tierce personne: de vrais changements semblaient s'être produits: finie la spirale des surexcitations suivies de dépressions. En outre, Nicole avait demandé pardon publiquement dans l'Eglise pour ses attitudes agressives et défensives. Le problème n'a pas été réglé entièrement ce jour-là, mais un pas a été franchi. Le Seigneur conduit les guérisons d'âmes pas à pas, à travers divers serviteurs, pour que la gloire ne revienne qu'à Lui seul.

Quant à moi, j'ai reçu une grande leçon: bien que les meilleures conditions soient loin d'être réunies, certains démons avaient été contraints de sortir sans la moindre manifestation. Le Saint-Esprit avait dû les paralyser, les museler, et les pousser dehors sans aménité!

Gloire à Jésus!

Chapitre 7

La préparation à la délivrance

Pour qu'une délivrance soit efficace et perdure dans le temps, il faut souvent qu'elle soit préparée. Il n'est nul besoin de revenir sur des fautes anciennes que nous avons confessées et pour lesquelles nous avons déjà reçu le pardon de Dieu. Se laisser encore et toujours culpabiliser par elles en se sentant indigne de l'amour de Dieu est un déni de ce que Jésus a fait à la croix. Mais chaque fois qu'un péché oublié remonte à la mémoire, nous devons nous en repentir et non le balayer. Bien des chrétiens proclament: «Les choses anciennes sont passées. Toutes choses sont devenues nouvelles» (II Cor. 5.17), pour dire aux gens qu'ils ne doivent plus retourner en arrière. Toutes choses sont devenues nouvelles aux yeux du Père, et nous sommes pour Lui de nouvelles créatures, parce qu'Il nous voit à travers Christ. Mais nous, nous savons bien que nous n'avons pas brusquement changé dans la majorité de nos comportements et de nos modes de pensée, sauf par la paix et la joie qui sont venues en nous lorsque nous avons reçu le salut. Les changements en profondeur de notre âme sont progressifs.

Je décrirai plus loin comment, longtemps après ma conversion, j'ai réalisé ce qu'était vraiment l'euthanasie. Lorsque je suis venue au Seigneur, je ne voyais pas quel mal il y avait dans les avortements. J'en avais effectué quatre, et, pour moi, ce n'étaient pas des êtres vivants que j'avais éliminés, mais des «choses» informes qui menaçaient ma carrière. J'avais le psychisme tordu par les affirmations d'une société qui vit ses dernières heures, ne cessant de claironner que la libération de la femme passe par le droit de vie et de mort sur les enfants tant qu'ils sont encore dans son ventre. Dans le livre «L'avortement», édité par TVP en Suisse[1], les auteurs donnent des chiffres accablants: 50 millions de fœtus massacrés chaque année. L'utérus de la femme, réceptacle créé pour transmettre la vie, est devenu le plus haut lieu d'insécurité pour l'être humain. L'innocent qui y séjourne a cinquante pour cent de chances, aujourd'hui, d'y être tué! Un de mes amis a reçu en vision un avortement: il voyait l'enfant impuissant se débattre à l'approche des instruments, et pousser un cri de détresse atroce. Aux yeux de Dieu, un fœtus est un être humain à part entière, un enfant qu'Il aime et chérit. Le cœur commence à battre dans les toutes premières semaines. Les émotions sont probablement là dès les premiers instants de vie, même si elles ne se manifestent de manière perceptible pour la mère qu'au bout du troisième ou du quatrième mois de grossesse. La Parole déclare que l'enfant à naître a déjà la conscience de Dieu:

Dès le sein maternel j'ai été sous ta garde
Dès le ventre de ma mère tu as été mon Dieu.

Ps 22.11

Il n'est pas spécifié que l'enfant a eu conscience de Dieu à partir du sixième mois! Dans certains pays, on va jusqu'à avorter des fœtus de sept à huit mois. Cela horrifie les habitants des pays où l'on a accepté l'avortement, sous réserve que cela se fasse avant un nombre limité de semaines. Il n'y a pourtant aucune différence dans la gravité du crime. Répétons-le: à chaque stade de l'embryon, l'enfant, aux yeux de Dieu, est un être vivant et unique. La science affirme aujourd'hui que ce ne sont pas des hormones qui programment l'heure de la naissance, mais que c'est l'enfant lui-même qui en décide. L'astrologie prétend que ce sont les planètes qui régissent le moment de l'accouchement. Tout cela est mensonge. Voici la vérité, celle de Dieu:

Dès le ventre de ma mère je m'appuie sur toi.
C'est toi qui m'as fait sortir du sein maternel.

Ps 71.6

L'Evangile déclare que Jean-Baptiste était rempli du Saint-Esprit dans le ventre de sa mère. Dieu chérit et veille sur Ses créatures, quel que soit leur stade de développement. Le père naturel est

[1] Vous trouvez ce livre auprès des diffuseurs indiqués dans les premières pages de ce livre.

considéré comme complice, et, selon la Parole, il est encore plus responsable que la mère. Lui dont le rôle est de protéger ses enfants, en acceptant ou en poussant à un tel acte criminel, il livre toute sa famille et ses autres descendants, nés ou à venir, à la malédiction (Lév. 20.5).

Le Saint-Esprit a mis deux ans et demi pour me montrer que j'avais commis des meurtres sur des êtres découpés vivants dans mon ventre, puis jetés au feu. C'est souvent ce qui se produit dans un avortement. Alors j'ai mesuré l'horreur de ce que j'avais fait et m'en suis repentie dans les larmes. Au même moment, j'ai été délivrée d'esprits de mort.

D'autres esprits de mort m'avaient harponnée à travers trois tentatives de suicide. Là encore, j'ai mis du temps à réaliser que j'avais voulu supprimer une vie qui ne m'appartenait pas, accordée par Dieu pour que je puisse partager Son éternité si j'acceptais son Fils pour Sauveur. Car c'est là la seule raison de notre passage dans cette «vallée de l'ombre et de la mort» qu'est la terre.

Le récurage par étapes

Quand on accepte de rentrer dans un processus de repentir, le Saint-Esprit nous éclaire par étapes. Le récurage en profondeur peut commencer. En I Jean 1.9, le verset commence par: «Si nous confessons nos péchés...» L'Evangile n'est pas mièvre. Comment peut-on confesser et se repentir de péchés que l'on a oubliés ou dont on ne sait pas encore qu'il s'agissait de péchés?

Paul précise que nous devons nous purifier de **toute** souillure de la chair et de l'esprit et **achever** notre sanctification dans la crainte de Dieu (II Cor. 7.1). Ce sont ces souillures que nous devons sortir du lieu saint jusqu'au parvis, puis du parvis au torrent de Cédron, dans la vallée aride. I Cor. 3.15 souligne que nous pouvons perdre notre récompense, et être sauvés, **mais comme au travers du feu**. Dans la parabole des dix vierges, les vierges folles sont celles qui ne sont pas remplies du Saint-Esprit. Celles-là n'iront pas à la rencontre de l'Epoux. Comment pouvons-nous être remplis du Saint-Esprit s'il existe encore en nous des zones d'ombre? David l'avait bien compris qui suppliait: «Sonde-moi, Eternel! Eprouve-moi, fais passer au creuset mes reins et mon cœur; car ta bienveillance est devant mes yeux, et je marche dans **ta** vérité» (Ps 26.2).

Notre âme est comme un puits sans fond. S'y sont entassées, recouvertes des ténèbres de l'oubli, des blessures, des injustices, des carences de tendresse, la perte d'êtres chers, des trahisons, bref, tous les coups qui jalonnent une vie. Ils ont apporté, en leur temps, leur corollaire de rancunes, de colère, de haine, d'abattement, de désespoir, de repli sur soi, de vengeance et de propre justice. Réactions d'âmes pécheresses et ténébreuses. Les ténèbres sont le domaine de Satan (Jude 6): il y remplit le moindre espace. S'il n'avait rien en Jésus, c'est parce que Jésus était lumière. Pour ressembler à Christ et vivre dans la liberté qu'Il nous a promise, nous devons aspirer de toutes nos forces à ce que soient mises en lumière les choses cachées de notre mémoire.

Nous avons plusieurs baromètres, dans la Parole, pour nous permettre de vérifier à quel stade de guérison et de sanctification nous sommes parvenus. Par exemple, notre degré d'amour pour notre prochain. Encore que sur ce point nous pouvons nous abuser nous-mêmes. Bien des pensées et des jugements qui nous assaillent n'émanent pas, à l'évidence, du Saint-Esprit. Le meilleur des baromètres est sans aucun doute la langue, dont la Bible parle beaucoup. Jacques déclare: «Si quelqu'un ne bronche pas en paroles, c'est un homme parfait, capable de tenir tout son corps en bride... La langue aussi est en feu, elle est le monde de l'injustice... elle souille tout le corps et embrase tout le cours de l'existence... elle est pleine d'un venin mortel» (extraits du chapitre 3). En 5.9, il ajoute: «Ne vous plaignez pas les uns des autres, frères, afin de n'être point jugés. Voici, le juge se tient devant la porte». C'est facile de bénir ses frères et toute l'Eglise quand on passe des périodes sans problèmes, mais le vrai test a lieu quand on est victime d'injustices, de calomnies, de rejets, d'accusations méchantes, peut-être même d'exactions.

J'ai traversé ce genre d'épreuve et j'avoue avoir lamentablement échoué à tenir ma langue. C'était précisément ce que le Seigneur voulait me démontrer, afin que j'accepte d'être corrigée.

Il circule beaucoup de ragots dans les Eglises, les chrétiens semblant être tous munis d'une loupe pour remarquer les défauts de leurs frères, alors qu'eux, au grand jamais, ne commettraient de tels péchés! Jamais, jamais, jamais.

Si nous nous décidions à prendre conscience, tous, des ravages que Satan peut opérer à travers les ragots, et à quel point il parvient par ce biais à faire perdre un temps précieux au Corps de Christ, et à en tirer les conséquences, la face du monde en serait certainement changée! Car au lieu d'avoir les yeux rivés sur ce qui se passe à l'intérieur de nos églises, nous entendrions les perdus qui, au dehors, crient «Au secours!»

Les guérisons difficiles

Certains vécus sont si épouvantables qu'il faut une longue action du Saint-Esprit pour que la personne accepte d'en parler. F... avait été violée par son père à partir de l'âge de onze ans. Il l'entraînait dans la cave. Pour qu'elle n'en garde nulle trace, il la sodomisait. Et sans doute pour soulager sa conscience, ou par comble de perversité, il la payait! Sa mère, impotente, et sans doute assommée par sa propre impuissance, se taisait. Un psychiatre auquel F... s'était confiée, à l'âge de quatorze ans, lui avait expliqué que le comportement de son père était normal, et que la plupart des pères en faisaient autant! Durant quarante ans, elle s'était tue, convaincue d'avoir été consentante et complice puisqu'elle avait accepté l'argent. Elle en avait récolté un fardeau de culpabilité d'autant plus difficile à démasquer qu'après des années de vie chrétienne et de multiples délivrances, F... n'arrivait toujours pas à affronter certains souvenirs.

Qui est apte à réaliser ce qu'est une âme? Si la chair peut oublier la souffrance physique, l'âme accumule les douleurs et les brisements. Il y en a un qui le sait bien. C'est Satan, qui cogne toujours sur les mêmes blessures.

Il y a quelqu'un d'autre qui sait aussi tout cela et qui a vaincu Satan. C'est Jésus, qui est venu pour guérir les cœurs brisés (Es. 61.1).

Certains actes, subis ou commis, ont laissé des sentiments de culpabilité, avec tout le cortège de mauvais comportements qu'ils engendrent. Le sentiment de culpabilité vient de la chair; il est de nature démoniaque. La repentance vient du Saint-Esprit et est associée à la douceur du pardon de Dieu.

Certains de nos actes ou de nos pensées sont hors de portée de notre mémoire. Mais pas de celle du Saint-Esprit. Je n'avais gardé aucun souvenir de mes sept premières années. Un trou noir. Plusieurs mois durant, je criai à Dieu de m'éclairer, car je me doutais que cette prime enfance devait receler des souffrances non guéries. Tout ce que je savais, c'est que ma mère avait chassé mon père alors que j'avais environ un an, et l'avait fait déchoir de ses droits paternels. Il était interdit de prononcer jusqu'à son nom. Tout était chuchotement et crispation dès qu'une allusion se portait sur lui. Je l'avais rencontré pour la première fois à dix-neuf ans. A l'époque, remplie de haine contre ma mère, rebelle contre la société, j'avais focalisé tous mes espoirs sur ce père inconnu. Il allait me décevoir cruellement. Quarante ans plus tard, lors de ma conversion, j'avais par la grâce de Christ pu pardonner, tant à ma mère qu'à mon père. Et pourtant, je sentais que quelque chose n'était pas encore libéré.

Un jour, le Seigneur me fit le merveilleux cadeau de mettre sur ma route Marie, une sœur en Christ qui reçut le don d'interprétation de ma langue. A l'occasion, je lui exposai mon problème et nous nous mîmes à prier en langue. Subitement, mon langage se mit à changer, et j'eus l'impression d'émettre des sons enfantins. Marie signale: «Tu es en train de dire, dans un langage de bébé, que ta mère n'est pas ta mère et tu réclames ton papa. Tu répètes à l'infini: «papa», «papa».

J'ai eu soudain la révélation, dans une souffrance indicible, que depuis mon plus jeune âge, j'avais renié ma mère et concentré toutes mes capacités d'amour sur un père fantôme. Amour sans contrepartie, amour blessé et torpillé jusqu'aux tréfonds de mon âme.

Poussée par l'Esprit, j'ai demandé à Marie de chasser un esprit de douleur. Elle l'a fait. Lorsque ce démon est sorti, j'ai été prise des pieds à la tête d'une violente secousse. Ce n'était pas fini. Priant pour la guérison complète de mon enfance, Marie a reçu qu'un esprit de mensonge avait dominé ma vie. Stupeur de ma part: je n'avais jamais été menteuse. J'affirmai à Marie qu'elle se trompait. Plus tard elle m'en reparla: «Le Saint-Esprit insiste: il y a sur toi une domination puissante: l'esprit de mensonge.» Alors j'ai compris: cet esprit démoniaque ne m'avait pas transformée en menteuse, mais m'avait environnée de menteurs, toute mon existence, afin que j'aille de désillusions en désillusions. Ce qui s'était produit. Ce démon-là a demandé un intense combat avant de pouvoir être expulsé. Il s'était si bien dissimulé jusqu'alors, qu'il était dans une rage intense de devoir libérer sa proie. A plusieurs reprises il a même fait semblant d'être sorti, en me secouant de nausées. Mais il a fini par lâcher prise. Alléluia!

Ce témoignage montre l'importance de mettre toute notre volonté pour que le Saint-Esprit ramène les choses cachées, mais aussi l'importance de l'aide de frères. Si le Saint-Esprit m'avait interpellée en direct sur cet esprit de mensonge, je lui aurais opposé mon analyse subjective, empêchant ainsi toute libération.

Accepter de revivre le passé sous la conduite du Saint-Esprit n'a rien à voir avec une introspection qui courberait nos regards sur nous-mêmes, dans les remords et les regrets. Le mot «remords» vient de «remordre». Remordre, c'est remâcher à l'infini certains faits. La Parole nous exhorte à «oublier ce qui est en arrière» (Phil. 3.13.). Mais c'est dans un saint repentir qu'est l'oubli. Lavés par le sang de Jésus, nos péchés et nos souffrances partent à l'autre bout de la terre. C'est-à-dire qu'ils sont expulsés de notre mémoire, comme de la mémoire de Dieu. Ce qui est dangereux, c'est ce qui reste dans les méandres des souvenirs enfouis.

En Ezéchiel, lorsque Dieu fait la promesse à Israël de le ramener dans le pays qu'Il avait juré de donner à leurs pères, Il précise: «**Là** vous vous **souviendrez** de votre conduite et de **toutes vos actions** par lesquelles vous vous êtes souillés; vous vous prendrez en dégoût, à cause de toutes les infamies que vous avez commises» (20.43). Une fois entrés dans le Royaume, nous ne devons pas moins nous souvenir de **toutes** les actions par lesquelles nous nous sommes souillés. Mais aussi de tous les stress qui y ont présidé. C'est un ordre. Ensuite, on devient blanc comme neige, là où c'était cramoisi.

Jérémie le dit sous une autre forme. Quand Dieu persiste et signe, c'est qu'il s'agit d'un point important:

Je m'étais détourné, mais à présent je le regrette.
Eclairé sur mes fautes, je me lamente sur moi-même,
je suis confus, j'ai honte, car je porte le poids de tout ce que j'ai fait dans ma jeunesse

(Jér. 31.19 Traduction «du Semeur»)

Pierre aussi l'a rappelé. Après avoir énuméré les fruits que doivent acquérir ceux qui appartiennent au Seigneur, dans l'ordre: la foi, la vertu, la connaissance, la maîtrise de soi, la persévérance, la piété, la fraternité et l'amour, il ajoute: «Celui qui ne les possède pas est un aveugle, il a les yeux fermés, il a mis en oubli la purification de ses anciens péchés» (II Pierre 1.9). Ce verset souligne la différence entre le pardon des fautes passées, acquis une fois pour toutes dès que nous acceptons Jésus, et le nettoyage des séquelles du passé.

Si l'on est aveugle (sur soi-même), tout notre corps est dans les ténèbres, et l'on sait qui siège dans les ténèbres. Se séparer du vieil homme, selon Paul, est un apprentissage qui se fait avec l'aide de tiers: «Si du moins... **vous avez été instruits** en lui (Christ), conformément à la vérité qui est en Jésus; c'est-à-dire vous dépouiller, à cause de votre conduite passée, de la vieille nature qui se corrompt par les convoitises trompeuses...» (Eph. 4.22)

J'ai entendu de nombreux messages sur la sanctification: ils ont parfois un côté légaliste qui conduit à deux réactions aussi nocives l'une que l'autre: décourager ceux qui ont conscience de leurs faiblesses, et enfoncer dans l'orgueil ceux qui ont nettoyé l'extérieur de la coupe. Dieu seul peut nous dépouiller de «notre vieille nature qui se corrompt par les convoitises trompeuses», avec notre collaboration active. Parfois aussi avec notre collaboration passive quand il se sert de tiers, y compris de tiers qui nous dénigrent et s'ingénient à nous mettre des bâtons dans les roues, ou encore nous font rejeter de nos Eglises en croyant servir Dieu. Ce sont des serviteurs-limes de Dieu! Ou des serviteurs-rabots...

> *Que le Dieu de paix vous sanctifie **lui-même** tout entiers, et que tout votre être, l'esprit, l'âme et le corps, soit conservé irréprochable, lors de l'avènement de notre Seigneur Jésus-Christ! Celui qui vous a appelés est fidèle, **et c'est lui qui le fera.***
>
> *I Thess. 5.23-24*

Notons l'ordre dans lequel Dieu conduit son action de sanctification: l'esprit, puis l'âme, puis le corps. La tendance du légalisme c'est de commencer par le comportement visible, puis l'âme, puis l'esprit. La conséquence, c'est que cette action en reste au visible, car les chrétiens s'épuisent à paraître et à se justifier eux-mêmes.

D'ailleurs, la caractéristique du légalisme, c'est de se servir de la Bible pour corriger les autres ou pour leur mettre un joug «pour leur bien». Et surtout sans amour, ni respect de la liberté en Christ de l'autre, parce que le cœur s'est trop endurci pour être perméable à la détresse du prochain.

J'ai entendu un jour à la télévision un reportage qui m'a effarée. Ce n'est que depuis une date récente que l'on anesthésie les nouveaux-nés que l'on opère, parce que l'on a mis au point des anesthésiques qu'ils peuvent supporter. Autrefois, on était convaincu que leur système nerveux n'était pas suffisamment formé pour qu'ils souffrent vraiment, et on les opérait souvent à vif. Les nouveau-nés ne sont pas aptes à expliquer ce qu'ils ressentent, sauf de manière limitée: les pleurs. Sous le coup de ce stress parfois atroce, certains mouraient, et les autres en gardaient des séquelles à vie dans leur comportement.

Ma première réaction a été de juger effrayant l'aveuglement du corps médical. Mais le Saint-Esprit m'a montré que nous étions tous vis-à-vis des tiers, comme ces anciens médecins. Parce que les gens, sous le poids des douleurs de l'âme que nous leur faisons subir, n'ont pas la capacité de nous le faire comprendre ou ont des réactions agressives qui nous confortent dans la légitimité de nos attitudes, nous nous convainquons qu'ils ne souffrent pas et que ce que nous leur avons infligé est sans grande conséquence. La compassion vient de Dieu, et ce n'est que lorsque nous avons le cœur de Jésus en nous que nous pouvons véritablement participer à la souffrance d'autrui, et prendre conscience que telles ou telles de nos paroles, de nos réactions, ou de nos actes, ont blessé gravement quelqu'un.

Mon lifting personnel

Mon premier grand nettoyage spirituel a eu lieu dans une Eglise de Toulouse. Plusieurs personnes de cette assemblée avaient un don que je n'avais alors encore jamais rencontré ailleurs: l'interprétation des langues du Saint-Esprit. Parmi elles, Béatrix, l'épouse du pasteur chez qui je logeais. J'ai réalisé ce jour-là à quel point ce don, souvent négligé, était précieux. Car je nommais les esprits qui habitaient les personnes pour lesquelles je combattais en langue. Quelle précieuse aide surnaturelle!

Le lendemain matin, je proposai à Béatrix de prier avec moi. J'espérais apprendre pour quelle raison je n'étais toujours pas déliée du tabac, alors que de nombreuses personnes avaient tenté de chasser de moi le démon de la nicotine (c'est bien un démon qui nous enchaîne à cette triste habitude: nous, nous commençons par céder à la tentation, puis les démons prennent le relais pour nous maintenir dans ces fâcheuses dispositions). Je me lance donc dans une prière en langue. Soudain Béatrix annonce: «Tu viens de demander au Seigneur de te délivrer du démon de la cocaïne et de la marijuana. Tu as même précisé: cocaïne du Nicaragua». Je tombais des nues! Jamais je n'avais absorbé la moindre cocaïne de ma vie. Ni même de marijuana. A moins que... Il m'est brusquement revenu un fait oublié. A deux reprises, près de trente ans auparavant, j'avais été entraînée par des amis à fumer du haschish. Comme je n'en avais éprouvé aucune sensation particulière, je n'avais pas persévéré. Béatrix m'explique que mon haschish était, de fait, au moins une fois, de la marijuana, dans laquelle est souvent introduite de la cocaïne pour lier les gens aux drogues dures. Quelques heures plus tard, l'équipe de délivrance de l'église chassait ce démon et j'étais déliée de ce tabac qui me tenait depuis trente-trois ans! (J'ai replongé ensuite, hélas! Ce n'est que par le renoncement et le combat personnel que j'en suis arrivée à bout, deux ans plus tard: la délivrance ne suppléera jamais à notre mauvaise volonté!)

Captifs de la reine du ciel

Ensuite Béatrix me révéla que j'étais en train de combattre en langue l'esprit de la «reine du ciel». En parallèle je reçus une vision d'un effroyable monstre en forme de pieuvre, enserrant la planète dans ses tentacules[1]. J'ai soudain ressenti dans mon dos une douleur violente, comme si on venait de m'enfoncer un poignard. J'étais blafarde et des gouttes de sueur coulaient sur mon visage, tant la douleur était forte. Je savais que c'était une attaque du monde des ténèbres.

J'ai fini par supplier que l'on me mène à l'Eglise. Un comité d'accueil m'y attendait. Le pasteur avait convoqué l'équipe de délivrance dès l'appel de son épouse l'avertissant de ma venue.

L'équipe en question n'était pas du tout étonnée. J'étais encore une jeune chrétienne, même si j'étais déjà évangéliste, par l'humour de Dieu qui «a choisi les choses folles du monde pour confondre les sages». Si le Père attendait que nous soyons parfaits pour nous utiliser, il n'y aurait aucun ouvrier dans Sa moisson! Je suis d'ailleurs

[1] Depuis, deux pasteurs m'ont révélé avoir reçu la même vision concernant la reine du ciel.

souvent un encouragement vivant pour les chrétiens qui se croient trop petits pour que Dieu se serve d'eux. C'est eux, bientôt, qui vont confondre bien des «sages» des Eglises, et le monde avec. Alléluia!

L'équipe m'a confié plus tard que beaucoup de serviteurs de Dieu de passage se retrouvaient eux aussi dans leur «lessiveuse», une pièce réservée à cet usage. Précisément parce que la carence en matière de délivrances est dramatique presque partout, même si les choses commencent à changer. Dieu, dans son amour, créait pour ces évangélistes, comme pour moi, des circonstances pour les y pousser. Cette pièce recevait même des pasteurs d'autres Eglises, venant en secret, comme Nicodème venant trouver Jésus de nuit, quand, à travers certaines pulsions, ils réalisaient qu'ils avaient besoin de délivrance.

La séance a commencé. Un petit questionnaire auquel s'est ajouté l'éclairage du Saint-Esprit. Aie! Aie! Aie! Jamais je n'aurais pensé que je «trimballais» tant de démons. Cela a duré quatre heures! Je les sentais, les uns après les autres, sortir. On en a découvert certains auxquels je n'aurai jamais pensé. Par exemple, l'esprit de Coran! J'avais vécu dans l'adultère, avec un descendant de l'Aga Khan, et j'avais fait une seule chair avec lui. J'avais, au passage, ramassé quelques-uns de ses démons!

J'avais aussi un esprit de reine du ciel! C'était pour cela que j'avais pu être si méchamment attaquée: il avait ses entrées. J'avais oublié avoir été consacrée à la Vierge dans ma prime enfance. De fait, j'avais été liée par un pacte démoniaque avec la reine du ciel.

Dès que cet esprit a été chassé, et le pacte brisé dans le nom de Jésus, la douleur dorsale a disparu.

Je venais d'un passé si lourd qu'il n'était pas étonnant que je sois aussi chargée. L'ahurissant, c'était de découvrir que Jésus, dans sa toute-puissance et sa miséricorde, m'utilisait déjà malgré ces encombrants bagages, alors que généralement ça bloque la marche des chrétiens. Gloire au Seigneur!

A la fin de la séance, j'étais «vidée». Pour une fois, cette expression familière prenait tout son sens! Dans les jours suivants, j'ai constaté un indéniable changement: j'étais moins nerveuse, plus sereine, et je ressentais quelque chose en moi que je ne connaissais pas auparavant: de la douceur. Mes yeux étaient devenus plus clairs et ma peau plus lumineuse. Les présences démoniaques assombrissent l'iris et la peau: je l'ai souvent constaté. On peut repérer les gens qui touchent à l'occultisme, en particulier au satanisme ou à la sorcellerie, simplement par la noirceur de leur regard et le vieillissement prématuré de la peau.

Une autre chose avait été emportée dans la tourmente: une bonne dose d'orgueil!

Ce n'était pas fini. Je séjournai ensuite deux jours à Auch chez une famille de pasteurs, bien au fait, eux aussi, de ces démonisations qui peuvent rester camouflées longtemps sans trahir leur présence. Le lendemain de mon arrivée, le Saint-Esprit m'interpella fortement sur un événement de ma vie, lui aussi oublié. A l'âge de quatorze ans, alors que j'étais guide, j'étais passée par la cérémonie du totem. J'en parlai aux pasteurs qui m'expliquèrent que, de fait, il s'agissait d'un rite initiatique sorcier, emprunté aux Indiens, et répandu chez les scouts de tous pays. Il est effarant de constater tout ce qui peut être fait dans un mouvement qui se dit chrétien, pour ne pas déroger à de «gentilles» traditions!

> *Mon peuple est détruit, parce qu'il lui manque la connaissance.*
>
> *Osée 4.6*

Les pasteurs entrèrent aussitôt dans l'intercession pour briser cette totémisation, avec le surnom dont on m'avait affublée. Il comportait le mot «Pingouin» (Il y a presque toujours le nom d'un animal dans un totem). Alors que nous cherchions ensemble ce qu'avait pu signifier, dans ma vie, d'être identifiée dans un pacte sorcier à cette bête, j'ai entendu une voix intérieure murmurer: «Solitude glacée».

Alors, j'ai senti les larmes affluer. C'est bien dans une solitude glacée que j'avais été confinée durant trente-cinq ans, toutes mes histoires d'amour se soldant toujours par de douloureuses séparations. Après cinq ratages, qui n'étaient en fait qu'un amas de solitude entrecoupé de fugitifs et rares moments d'euphorie que je payais très cher, j'étais restée, dix-huit ans, seule pour de bon, me jetant dans des aventures éphémères de plus en plus lamentables, espérant toujours vainement rencontrer celui avec lequel je pourrais constituer, enfin!, un foyer. Des dizaines d'années de solitude glacée. Une malédiction entraînée par un jeu stupide. Une malédiction qui avait ruiné ma vie et que l'on était en train de briser, dans le nom de Jésus.

> *La mort et la vie sont au pouvoir de la langue.*
>
> *Prov. 18.21*

La totémisation n'était bien sûr pas seule en cause. La raison initiale de ma vie solitaire était mon rejet de moi, et donc l'incapacité de me juger digne d'être aimée. En y ajoutant l'esprit de mensonge qui avait jalonné ma vie affective de compagnons qui avaient un cœur double, prétendant m'aimer alors qu'ils menaient tous, invariablement, une existence parallèle, ce qui me brisait lorsque je le découvrais.

L'Ennemi agit toujours par paliers, en se servant des mêmes entrées. C'était un démon qui avait poussé des adolescentes à me donner ce sobriquet, alors qu'elles étaient à mille lieues de penser qu'il pouvait avoir une signification spirituelle. La meilleure preuve était que, physiquement, je n'avais rien qui, de près ou de loin, puisse évoquer un pingouin! Qui d'autre qu'un démon pouvait l'avoir suggéré?

J'ai souvent constaté pour d'autres, en apprenant leur histoire, la manière dont l'Ennemi rajoute liens sur liens, attirant les personnes vers des pièges similaires. Ainsi, ceux dont un membre de la famille a été actif dans la sorcellerie, vont tomber régulièrement, comme par hasard, sur des gens qui pratiquent l'occultisme, comme s'ils étaient attirés par un aimant.

Les bonnes apparences

Lorsqu'un ivrogne qui vivait dans le ruisseau entre pour la première fois dans une Eglise, il y a toujours une nuée de gentils frères pour lui dire: «Arrête de boire. Sinon tu ne seras pas sauvé. La Bible est formelle sur ce sujet».

Le malheureux va peut-être tenir deux jours sans boire, puis honteux parce qu'il a rechuté, il ne reviendra plus, s'estimant définitivement perdu. Alors qu'il aurait eu besoin d'aide spirituelle, et qu'on lui trouve en parallèle travail et logis, sans lui reprocher de rechuter encore et encore. Tout simplement parce que pour en arriver à ce point de déchéance il a dû vivre, tout au long de sa vie, d'effrayants rejets et qu'il n'a plus confiance en personne, et surtout pas en lui-même. Il a besoin de soins, d'amour patient et de nombreuses délivrances.

Mais certains chrétiens ont tant à faire ailleurs... La lettre tue! Heureusement qu'il y a aussi dans le Corps de Christ des tas de gens merveilleux, qui, discrètement, répandent autour d'eux l'amour et les bienfaits.

La parabole du festin en Luc 14 devrait nous interpeller. Beaucoup, et j'en ai fait partie, la lisent uniquement dans le sens du peuple juif qui a été appelé à ce grand repas dans le Royaume et qui s'est «décommandé» parce qu'il était affairé ailleurs, à des choses importantes. C'est nous tous qui, dans notre activisme, ne prenons pas toujours le temps de nous occuper de ce qui est important aux yeux de Dieu. Dans la parabole, le maître de maison, **irrité**, envoie chercher **dans les rues et sur les places**, les pauvres, les estropiés, les aveugles et les boiteux. Bref, tous les laissés-pour-compte. Puis, comme il reste des sièges vides, il ordonne: «Va dans les chemins et le long des haies, et ceux que tu trouveras, **contrains-les d'entrer**, afin que ma maison soit remplie».

Lors du retour de Jésus, certains de ceux qui étaient appelés aux noces de l'Agneau risquent de laisser passer l'heure. Parmi eux quelques-uns penseront peut-être qu'ils ne peuvent délaisser des œuvres qu'ils jugent importantes, et dont ils ont la conviction qu'elles servent à l'édification du Royaume. Alors qu'il s'agissait d'œuvres ne servant qu'à les glorifier eux-mêmes ou à leur valoir l'estime et l'admiration de leurs concitoyens. Nous sommes tous confrontés à ce danger, car notre nature adamique nous y pousse, et que nous y sommes souvent encouragés par notre entourage et certains fruits apparents. Toute «bonne œuvre» qui émane de notre chair est une œuvre de néant. C'est la Parole qui le dit. Dieu rejette ces œuvres, comme ceux qui les font, et ils auront une douloureuse surprise à l'heure de l'enlèvement de l'Eglise. Alors Jésus ira sans doute chercher dans les chemins boueux de la vie certains êtres qui s'estimaient déchus et indignes de la moindre considération, parce que les hommes «bien» n'avaient pour eux qu'un regard plein d'un jugement lapidaire. Dieu est juste.

Un juste équilibre

Revenons sur la purification du passé. Accepter de mettre à la lumière tous les recoins de notre âme n'a rien à voir avec une introspection malsaine, qui courberait notre regard vers nous-mêmes, au lieu d'avoir les yeux rivés sur Christ.

L'Esprit Saint sait à quels moments nous sommes prêts à faire face à la boue de notre âme, avec la pleine conviction que nous avons déjà été pardonnés et qu'il ne nous reste qu'à nous repentir pour ce qui revient à la surface. C'est, en quelque sorte, une régularisation. Une fois que c'est fait, c'est fait. Il n'y a plus à y revenir, et nous devons résister à Satan, fermement, s'il tente (et il le fera!) de nous culpabiliser sur les mêmes choses. Ces péchés-là ne nous concernent plus. Et tous les esprits qui y étaient accrochés doivent partir avec, au nom de Jésus, que ce soit spontanément, ou avec l'aide de frères. Car ils n'ont plus aucun droit d'être là et ils le savent.

La libération n'est qu'une petite partie de notre route avec le Seigneur. Nous devons nous nourrir de Sa parole, nous remplir de l'Esprit en entrant quotidiennement dans la présence de Dieu, et être soudés au Corps du Christ en y trouvant la place que Dieu nous a préparée. C'est ainsi que l'on peut faire mourir le vieil homme, jusqu'à ce que «Christ soit formé en nous». Car, ne l'oublions jamais, c'est là l'objectif final de Dieu, qui ne veut pas que nous nous contentions de notre salut. A l'instar de Jean-Baptiste, dont Jésus a dit qu'il était le plus grand parmi les hommes qui ont vécu sur terre, nous pouvons faire nôtre sa réflexion: «Il faut qu'Il croisse, et que je diminue».

J'espère que cet ouvrage suscitera l'envie, pour beaucoup, de s'impliquer dans la relation d'aide. Les besoins, partout, sont immenses. Ils vont se démultiplier avec les temps de la fin. Je suis estomaquée lorsque certaines personnes me confient ce qu'elles ont subi, et ce à quoi elles ont touché, estomaquées qu'elles puissent y avoir survécu! Toutefois, la relation d'aide doit être un «fardeau» du Seigneur. Dans «L'homme spirituel», Watchman Nee montre dans une lumière crue, et en s'appuyant sur les écrits de Paul, à quel point de notre âme déchue et de notre «chair de péché», rien de bon ne peut sortir. Nos meilleures intentions, notre bonne volonté, nos bonnes œuvres apparentes sont entachées de vanité, d'égocentrisme, et n'alimentent que nos illusions sur nous-mêmes. Nous n'avons d'autre alternative, si nous voulons entrer dans l'œuvre de Dieu, que de vivre par l'Esprit.

Je vais conter une anecdote qui montre une fois de plus à quel point Dieu, en matière de délivrance, est souverain et agit avec amour et délicatesse. A Noël 94, M... passait Noël chez moi avec son fils. Le 24 au soir, vers neuf heures, alors que nous regardions la télévision, une onction de joie est descendue sur nous. Quelque chose de bloqué s'est brisé en moi. Dans les minutes qui ont suivi, j'ai vu les fruits. J'avais toujours eu du mal a supporter les turbulences des jeunes enfants. Me raisonner n'y changeait rien. Mes propres rejets se répercutaient dans mes rapports avec les enfants. Et là, soudain, j'ai ressenti un formidable amour pour le gamin, m'amusant de son excitation, et émerveillée par la vitalité qui débordait de lui.

Il s'agissait d'une guérison intérieure, qui a perduré.

Un peu plus tard, M... a été prise de convulsions, expulsant à trois reprises des démons. C'était le cadeau de Noël de Dieu. Précisons que dans l'après-midi, son fils, alors que nous priions pour lui, avait vécu, lui aussi, cinq délivrances.

A minuit une, la libération de M... était achevée. Merci Père, pour S, son fils et moi. Pourtant, M... n'a pas su garder sa délivrance. Deux mois après, convaincue qu'elle allait être rejetée par une de ses amies, M... s'est préventivement «fermée et barricadée», comme la forteresse de Jéricho. Syndrome classique de la peur du rejet. Toutes les victoires auxquelles nous avions assisté ont été anéanties.

Si je termine ce chapitre par cette note négative, c'est pour rappeler que la délivrance ne change pas notre ancienne nature et que le candidat à la libération doit renoncer à certains comportements. Cela implique de la lucidité, de l'humilité, et, parfois, de savoir «résister jusqu'au sang». Sinon, les délivrances seront inutiles, voire dangereuses, les esprits risquant de revenir avec «sept autres plus méchants qu'eux» (Mat. 12.45). La personne souhaitant être libérée doit donc accepter pleinement la responsabilité de son péché, et être prête à le combattre de toute sa volonté, avec l'aide du Seigneur.

> *Si nous nous jugions nous-mêmes, nous ne serions pas jugés. Mais si nous sommes jugés, nous sommes châtiés par le Seigneur, afin que nous ne soyons pas condamnés avec le monde.*
>
> *I Cor. 11.31-32*

Ce n'est pas pour autant que je désespère pour M... Le Père, pour elle comme pour chacun d'entre nous, continue à œuvrer, avec une infinie patience. C'est souvent dans nos échecs ou dans nos régressions que nous apprenons le plus. Dieu donne avec abondance. C'est nous qui ne savons pas toujours recevoir, ou conserver ce qu'Il nous offre.

Chapitre 8

La volonté de délivrance

Elle commence par la prise de conscience que l'on est démonisé. Il est des exceptions, grâce au Saint-Esprit qui a compassion de certains, surtout parmi les convertis récents, et peut-être pour que des responsables soient rappelés à leur devoir. Il arrive, alors que l'onction descend sur une assemblée, que certains chrétiens soient jetés au sol avec des signes trahissant des présences démoniaques. Dans certaines églises, on les laisse ainsi, pensant que la délivrance suit automatiquement. Pas toujours! Le Saint-Esprit met à la lumière les choses cachées, mais ne prend pas forcément le relais de notre mollesse spirituelle. Nous devons exercer le pouvoir que Jésus nous a donné, et chasser les esprits mauvais en Son nom.

Prenons le cas de Gina. Elle subissait des attaques nombreuses. Les attaques sont souvent multipliées lorsque l'ennemi a ses pénates à l'intérieur. C'est d'ailleurs un signe qui peut nous pousser à nous interroger. Gina, entre autres, se trouvait régulièrement en butte à d'autres chrétiens, se convainquait que tout le monde lui en voulait, et ne cessait de changer d'assemblée.

Elle se retrouve un jour dans la nôtre. Lors d'une réunion, elle est jetée à terre avec de grands cris. Personne ne s'occupe d'elle. Après la réunion, elle me dit, d'un ton inquiet: «Je ne comprends pas ce qui m'est arrivé». Je lui explique ce que je pense. Elle s'écrie: «C'est impossible. Une chrétienne née de nouveau ne peut avoir de démons. Je l'ai toujours entendu dire».

Elle était furieuse...

Mais le Saint-Esprit avait Son plan. A la réunion suivante, elle est de nouveau jetée à terre. Ensuite, elle se montrait nettement moins affirmative, mais résistait toujours. Peu de temps après, elle vient chez moi avec F... Gina nous avait «confessé» son tourment secret: chaque fois qu'elle prenait son petit garçon, Paul, sur les genoux, elle était assaillie par une envie de l'étrangler! Elle comprenait d'autant moins qu'elle aimait cet enfant qu'elle avait désiré.

Nous lui posons des questions. Il apparaît que Gina a eu un père qui a tôt déserté le foyer familial, ne s'intéressant guère à ses enfants. Il doit y avoir un esprit de rejet. Mais cela n'explique pas les pulsions meurtrières.

Le Saint-Esprit rappelle alors à Gina certains cauchemars qu'elle a faits dans sa prime enfance: elle voyait un énorme démon la disputer à un ange. D'origine martiniquaise, Gina avait certainement, comme c'est la tradition dans ce pays (et bien d'autres, hélas!), été consacrée à sa naissance à des esprits «protecteurs». De fait, à Satan[1], qui pouvait donc revendiquer ses droits sur elle et sur sa descendance.

Avec le consentement de Gina, nous sommes passées à l'action. Cela a duré six heures! Ce sont des vagues de démons qui sont sorties. Entre-deux, nous nous lancions dans la louange, pour ressourcer nos forces en Christ:

Que les louanges de Dieu soient dans leur bouche
Et le glaive à deux tranchants dans leur main...
Pour lier leurs rois (des peuples) avec des chaînes
Et leurs grands avec des entraves de fer
Pour exercer contre eux le jugement qui est écrit!

Ps 149.6, 8, 9

Notons-le bien: le jugement contre Satan et ses «grands» a été écrit par Jésus à la Croix. Mais c'est à nous de l'exécuter. Quand Jésus dit, en Jean 12.30: «Maintenant a lieu le jugement de ce monde», Il ajoute: **«Maintenant,** le prince de ce monde **sera jeté dehors».** Curieuse syntaxe entre ce présent souligné par «maintenant», et le futur qui suit. C'est à nous qu'est dévolu le rôle de «jeter Satan dehors». Jésus a tout accompli à la Croix, mais ne nous

[1] Les consécrations à la Vierge ou à des saints morts sont tout aussi nocives!

demande pas moins d'être vainqueurs, nous le répétant à maintes reprises dans l'Apocalypse.

Le moment le plus impressionnant s'est produit tout à la fin, lorsque nous avons ordonné à l'esprit de meurtre de sortir. Gina est tombée au sol, avec des gestes d'une violence extrême. J'ai vu le moment où elle allait casser mon mobilier, et nous avons dû la maintenir. Elle nous a lancé des regards chargés d'une telle haine que nous ne l'oublierons jamais. Si je n'avais pas eu la conviction profonde que c'était un puissant démon qui vrillait sa haine en se servant des yeux de Gina, je me serais enfuie, épouvantée. Nous avons, au contraire, redoublé de détermination, lui enjoignant de lâcher prise. C'est alors que nous avons entendu une voix gutturale sortir de la bouche de Gina et répéter: «Je tuerai Paul! Je tuerai Paul!».

Quelques minutes plus tard, des vomissements révélaient que ce monstre était en train de sortir. Merci Jésus! Gina a reçu en parallèle plusieurs guérisons. Notre Seigneur délivre et guérit, aujourd'hui comme hier. Alleluia!

Avec l'expérience, on peut reconnaître les gens s'adonnant à l'occultisme: ils ont le regard voilé et lourd. C'est également vrai lorsque les ascendants se sont livrés à la sorcellerie ou à des activités similaires.

La repentance pour des tiers

Dans certains cas particuliers, nous pouvons être conduits à nous repentir en lieu et place d'une personne, parce que celle-ci est dans l'incapacité de le faire. Un jour, en Suisse, une amie m'a demandé de visiter dans un hospice une vieille dame qu'elle avait conduite au Seigneur. Le cas était effrayant. Cette personne, quasiment sourde et muette, était d'une maigreur extrême et dans un état de grande faiblesse: il fallait la porter. Et pourtant, chaque matin, son visage était ensanglanté et couvert de lacérations. L'hospice avait donc décidé d'emprisonner ses mains dans des bandes, et de les attacher chaque nuit aux montants du lit. Le lendemain, on la retrouvait le visage couvert de nouvelles lacérations, alors que personne n'était entré dans sa chambre et qu'elle-même était toujours attachée! La délivrance a été préparée dans le jeûne par les deux personnes qui m'accompagnaient. En pénétrant dans la pièce, nous avons ressenti une atmosphère pesante, très particulière. La présence de Satan était palpable. Dans le regard de cette dame cohabitaient la terreur et l'espoir: elle avait été avertie de la raison de notre présence, et l'avait acceptée.

Nous sommes entrés dans le combat. Chaque fois que nous parvenions à expulser des démons, la vieille dame était secouée de spasmes. A un moment, par le biais de plusieurs visions[1], le Seigneur nous a éclairées sur les causes de cette effrayante démonisation: la prospérité de cette dame très riche avait été bâtie, durant la guerre, sur la spoliation de biens que des Juifs avaient confiés à son mari et à elle-même. Ce couple les avait ensuite dénoncés aux Allemands et ainsi expédiés aux fours crématoires.

Alors B... et moi-même sommes entrées dans la repentance à sa place, criant à Dieu de lui accorder le pardon. Après, la délivrance s'est aisément achevée. Dans les jours suivants, nous avons appris que toutes les manifestations destructrices avaient disparu et que la vieille dame était désormais paisible et souriante.

Cette repentance pour des tiers est tout à fait biblique: Moïse, Esdras, Néhémie et Daniel l'ont fait pour tout le peuple juif. Quant à Jésus, Il a endossé les péchés de toute l'humanité! Nous devons devenir ses imitateurs, à la mesure de ce que nous sommes et des fardeaux que le Saint-Esprit met sur notre cœur pour nous repentir à la place de «ceux qui ne savent pas ce qu'ils font». Ce qui n'empêche pas ces derniers de devoir en faire autant le jour où ils sont éclairés sur leurs propres fautes! Le Saint-Esprit le fera à son heure, quand les intéressés seront aptes à faire face à la noirceur de leur péché.

Mal et malin

Bien des infirmités ou des maladies sont liées à la présence de démons. Cela apparaît nettement dans les Evangiles. J'ai assisté à la guérison de plusieurs sourds-muets de naissance après que le pasteur eut chassé l'esprit sourd et muet au nom de Jésus.

[1] Je recevais une superposition de visions de collines prospères, et d'un charnier encore fumant dans un camp de concentration. Le contraste était saisissant. Le Saint-Esprit, en même temps, m'en donnait l'interprétation.

Un jour, dans une Eglise suisse, j'ai été conduite à chasser un esprit de spasmophilie. En revenant trois mois plus tard, j'ai eu la confirmation que la guérison avait bien eu lieu. Quel encouragement! Trois jours après, je me trouvais à Bienne. S'avance vers moi une femme accompagnée par son mari qui m'informe qu'elle est atteinte de surdité. Je prie: aucun effet. Alors que je m'apprêtais à la laisser repartir, cet homme révèle que cette surdité était apparue dix-huit ans auparavant, peu après qu'une malédiction eut été jetée par une voisine. Etonnée, parce que je savais que ce couple appartenait depuis longtemps à une Eglise bien réveillée exerçant le ministère de délivrance, je demande: «Avez-vous déjà parlé de cette malédiction à vos pasteurs?»

– «Non, nous n'y avions jamais songé jusqu'à aujourd'hui. Je viens seulement de réaliser qu'il pouvait y avoir une corrélation.»

J'ai brisé cette malédiction dans le nom de Jésus, ordonné à l'esprit de surdité de partir, et délié ses oreilles, toujours dans le nom de Jésus. J'avoue que je faisais cela «à tout hasard», n'y croyant pas trop. Mais Dieu est bon! La femme a instantanément retrouvé son ouïe. Alléluia!

Entretemps j'ai vu d'autres guérisons grâce aux délivrances. D'autres reçoivent le don de guérison ou de miracles, qui agissent sur des maladies qui ont d'autres origines.

Oui, Jésus est le même hier, aujourd'hui et éternellement, et Il bénit Ses enfants lorsqu'ils ont foi en sa Parole. Et même quand ils sont pleins d'incrédulité mais que leur cœur crie: «Viens au secours de mon incrédulité»! Ce n'est pas en fonction de ce que nous sommes, et encore moins en fonction de nos vertus intrinsèques que Jésus agit, mais en fonction de ce qu'Il est, Lui, et de ce qu'Il veut faire pour ceux pour qui nous prions et pour ceux qui en sont témoins. Ce qui ne veut pas dire qu'il nous est donné de guérir tous les malades: Dieu guérit qui Il veut, et quand Il veut. L'évangéliste canadien Ray Brooks raconte comment s'est effectuée, par son biais, la première guérison à laquelle il ait assisté. Il avait été conduit, presque contre son gré – il était fatigué et de mauvaise humeur – chez une malade atteinte de sclérose en plaques et paralysée. La femme lui dit d'emblée «qu'elle n'y croit pas du tout» et se montre agressive et désagréable. Ray Brooks prie tout de même, uniquement parce que l'ami qui l'avait conduit insistait. Et le miracle se produit. Ray Brooks de demander à Dieu: «Seigneur, pourquoi l'as-tu guérie, alors que j'étais incrédule, et elle aussi?». Il entend alors Dieu lui répondre: «Ce n'est pas ton affaire».

Enhardi par cette expérience, le lendemain il se met à prier pour d'autres malades. Cette fois-ci, avec une foi béton. Mais rien ne se produit. Il repose donc la question au Seigneur: «Pourquoi?». Dieu lui répond: «Ce n'est pas ton affaire»! En fait, ce n'est qu'en revenant dans cette Eglise qu'il a appris la vérité: tous ceux pour lesquels il avait prié avaient été guéris dans les jours suivants. Il redemande donc à Dieu: «Pourquoi?». Le Père lui dit alors: «Je voulais que tu n'oublies jamais que c'est moi qui guéris. Toi, prie, sans te préoccuper des résultats. Le reste est mon affaire».

Dans les Evangiles et les Actes, délivrance et guérison sont souvent étroitement imbriquées. Non que toute maladie soit d'origine démoniaque: une maladie peut provenir d'un manque d'hygiène, de causes congénitales, de stress ou d'accidents. En n'oubliant pas que derrière le manque d'hygiène, l'alcool, le tabac, se camoufle souvent un esprit de rejet de soi. Derrière les maladies congénitales se dissimulent peut-être des «hommes forts» familiaux, ayant entraîné des malédictions en cascade: en Deutéronome 28.32, les fils et les filles de celui qui désobéit à Dieu sont menacés d'être «livrés à un autre peuple».

Les stress conduisent souvent à la rancune, à la haine, ou à la rébellion contre Dieu: une porte grande ouverte aux démons, mais aussi aux maladies. J'ai entendu une femme, miraculeusement guérie, témoigner comment le Seigneur lui avait montré l'origine de son cancer: une haine qui la tenait depuis vingt-deux ans. Le miracle a eu lieu lorsqu'elle a pardonné.

Les accidents peuvent être la conséquence d'esprits de violence: «Ceux qui prendront l'épée périront par l'épée» (Mat. 26.52).

Certains problèmes physiques peuvent être générés par nos mauvais penchants, qui deviennent des épées que nous retournons contre nous-mêmes. Parmi les pires épées que l'on peut manier: la critique et la calomnie. Un jour s'est avancé un ancien d'une église qui voulait que je prie pour lui: il souffrait de méchants maux de dos. Son épouse encore plus, à tel point qu'elle était souvent alitée, ce qui était le cas ce jour-là. Tandis que je lui impose les mains, je reçois l'image d'une forteresse surmontée d'une mitrailleuse. Je lui en fais part, lui demandant si cela signifie quelque chose pour lui. Il me répond «Non, pas du out». A ce moment, je reçois la signification de la vision et j'avance: «Votre femme et vous-même passez-vous beaucoup de temps, chez vous, à passer en revue vos relations et à les «mitrailler» de vos critiques?». L'homme est tombé à genoux, en larmes, soudain convaincu de péché. Des larmes libératrices. Le moins que l'on puisse dire, c'est que la vision avait fait mouche. Merci au Saint-Esprit!

De la légèreté face à certaines réalités spirituelles peut entraîner de graves désordres physiques. Paul le déclare en I Cor. 11.30. dans un passage consacré à la sainte Cène: «C'est pour cela qu'il y a parmi vous beaucoup de malades et d'infirmes, et qu'un assez grand nombre sont décédés». Il l'a dit sous une autre forme dans le chapitre précédent (10.21): «Vous ne pouvez boire à la coupe du Seigneur et à la coupe des démons. Vous ne pouvez avoir part à la table du Seigneur et à la table des démons».

Beaucoup se servent de ce dernier verset pour affirmer que des chrétiens ne peuvent avoir de démons. Il me semble qu'il y a une confusion. Ce que ce dernier verset veut dire, surtout dans son contexte, c'est que si certains continuent à avoir des activités relevant de l'occultisme ou de l'idolâtrie, la communion ne leur servira à rien. Ils prendront même le risque de recevoir de graves contrechocs.

Boire à une coupe est un acte conscient et **volontaire**. Etre habité par des démons est un état de fait, dont le malheureux est la victime **involontaire**, souvent inconsciente, parce qu'elle en a hérité dans le passé alors «qu'elle ne savait pas ce qu'elle faisait» et qu'elle ne connaissait pas la Parole de Dieu. Parfois, les gens savent, car ils se sont eux-mêmes livrés à Satan. Ce qui est beaucoup plus courant qu'on ne le croit. Beaucoup le font par défi dans un moment de rébellion. Satan se moque qu'il s'agisse d'un instant d'égarement: invité, il envoie un de ses sbires en mal de demeure, sans se faire prier.

D'autres font un pacte plus réfléchi, pour obtenir fortune, puissance ou gloire. C'est le cas, entre autres, de bien des dirigeants de sectes, et de bien des adeptes de la franc-maçonnerie, en quête du pouvoir politique et financier. Ils n'ont cure des retombées sur leurs descendants, parce qu'ils sont aveugles et qu'ils ignorent les lois divines. J'ai côtoyé des cas si tragiques d'infirmités psychiques ou physiques, ou de situations financières dramatiques d'êtres qui avouaient l'appartenance d'un père ou d'un grand-père à la franc-maçonnerie, que tout doute s'envole.

Le diable... lui montra tous les royaumes de la terre, et leur gloire, et lui dit: Je te donnerai toutes ces choses, si tu te prosternes et m'adores.

Mat. 4.8-9

Beaucoup de célébrités d'aujourd'hui, notamment dans le domaine de la musique pop, rock ou autres, n'hésitent pas à vendre leur âme au diable. Et finissent souvent tragiquement. Les cadeaux du diable ne sont qu'illusion éphémère.

Les malédictions

Je crois que la plupart d'entre nous n'avons qu'une idée très approximative de la portée des mots, bénédictions ou malédictions. Des malédictions proférées par des magiciens, des sorciers, ou des satanistes peuvent lier des familles sur plusieurs générations, lorsque celles-ci sont vulnérabilisées par la débauche, la pratique de l'occultisme, les fausses religions, l'idolâtrie, le spiritisme ou simplement la superstition, la débauche, la cupidité, l'égoïsme, etc. On doit les briser au nom de Jésus. Certaines malédictions sont individuelles et liées à des vengeances personnelles.

Les bénédictions, heureusement, ont une portée encore plus grande. Ne serait-ce que les bénédictions parentales. Souvenons-nous de ce à quoi Jacob s'est livré pour s'arroger la bénédiction d'Isaac, normalement dévolue à l'aîné Esaü. Quatre mille ans plus tard, cette bénédiction fonctionne encore!

Mais certaines malédictions ont aussi une portée considérable, bien plus que les chrétiens ne l'imaginent. Parmi elles les malédictions proférées par les chrétiens entre eux, via la critique ou l'accusation. C'est encore bien plus lourd si cela provient de responsables spirituels. Ce peut être par exemple un pasteur qui dira: «Toi, tu n'auras jamais aucun ministère». Une de mes amies a dû se délier d'une parole prononcée par un pasteur qui lui avait dit: «Tu n'as aucun discernement». Cette amie avait précisément demandé au Seigneur le don de discernement. Après s'être déliée de ces paroles, elle a reçu ce don!

Rappelons-nous de la malédiction lancée par Josué, sur l'ordre de Dieu, contre toute personne qui reconstruirait Jéricho (Josué 7.26). Elle s'est réalisée environ quatre cents ans plus tard (I Rois 16.34).

Mais pas de terreur inutile si vous demeurez en Jésus. Vous êtes sous sa bénédiction. Peu importe ce que l'on peut dire contre vous:

> *Comme l'oiseau s'échappe, comme l'hirondelle s'envole,*
> *la malédiction sans cause n'a pas d'effet.*
>
> *Prov. 26.2*

Malheureusement, sauf quand on appartient totalement à Jésus, il est rare que la malédiction soit «sans cause», individuelle ou familiale. Il est des malédictions subtiles. Une malédiction, c'est un «mal dire». Les paroles ne s'envolent pas, comme le dit un proverbe satanique, mais elles se gravent dans l'invisible, et ont un pouvoir créateur, en bien ou en mal[1].

> *La mort et la vie sont au pouvoir de la langue. Prov. 18.21.*
> *Une langue douce peut briser les os. Prov. 25.15.*
> *La langue fausse hait ceux qu'elle écrase. Prov. 26.28*

Des jeunes qui ont entendu des remarques dénigrantes de parents ou de professeurs sur leurs capacités s'enfoncent souvent dans une spirale d'échecs. Ces malédictions ont besoin d'être brisées, et les personnes doivent se repentir de les avoir crues: ce sont des forteresses de pensées mensongères.

Un des signes permettant de détecter un rejet de soi, c'est la manière dont certaines personnes parlent d'elles-mêmes. Dès qu'elles affrontent une difficulté ou un échec, elles lanceront, à la cantonnade ou pour elles-mêmes: «Je suis nulle», ou «Je ne vaux rien». Ce n'est pas de l'humilité. Ce sont des automalédictions, et de graves insultes au Père qui nous a tous faits avec amour, et à Son image. Les personnes doivent s'en repentir, et se délier de toutes les paroles dévalorisantes qu'elles ont lancées contre elles-mêmes.

L'humilité vraie, c'est la prise de conscience de notre faiblesse et de notre petitesse face à la majesté et à la toute-puissance de Dieu. Mais parce qu'Il nous aime tels que nous sommes et qu'Il nous respecte, nous devons avoir du respect de nous-mêmes et de l'amour pour nous-mêmes. Jésus a ordonné: «Aime ton prochain comme

[1] Je conseille vivement la lecture du livre de Derek Prince: «Votre langue a-t-elle besoin de guérison?». Quand la majorité des chrétiens aura assimilé cet enseignement, des changements spectaculaires auront lieu dans l'Eglise.

toi-même». Si nous détestons en nous certaines choses innées, comme notre origine sociale ou raciale ou la forme de notre nez, toutes choses qui nous ont été données par Dieu, comment pouvons-nous être aptes à aimer notre prochain? D'une manière consciente ou inconsciente, il y a toujours dans de telles attitudes de la rancœur contre Dieu. Nous sommes donc, sur trois plans, dans la désobéissance à la Parole. Idem quand nous sommes mécontents de la famille où nous sommes nés, du conjoint que Dieu nous a donné, ou de nos enfants parce qu'ils ne sont pas ce que nous aurions espéré qu'ils soient. Cela ressemble au reproche voilé d'Adam après la chute: «La femme que tu as mise auprès de moi...», au lieu de l'immense cri de reconnaissance: «Voici – **enfin**! – celle qui est chair de ma chair, os de mes os» qu'Adam avait lancé quelque temps avant.

Le rejet de soi

Il est des formes de rejet de soi très déroutantes à première vue. Une de mes amies, ex-mannequin, m'a raconté que parmi ses compagnes de travail, les plus jolies et les plus admirées étaient aussi celles qui se croyaient les plus laides. C'était souvent des solitaires et des malheureuses. La multiplication des sollicitations masculines, souvent depuis un âge précoce, leur donnait l'impression de ne pouvoir être aimées que pour leur physique, et non pour ce qu'elles étaient vraiment. Elles en arrivaient donc à détester leur physique, et se sentaient indignes d'être aimées. Bien des parents pensent faire un cadeau à leurs enfants en s'extasiant sans cesse sur leur physique, ou en ne les complimentant que lorsqu'ils ont des réussites scolaires ou sportives, en oubliant de leur répéter qu'ils les aiment pour ce qu'ils sont. Un cadeau empoisonné, qui les empêchera peut-être par la suite de comprendre que Dieu les aime, même s'ils ne sont pas parfaits. C'est une des sources de la religiosité, du légalisme, et des œuvres vaines.

Il doit en être de même pour les stars, adulées à cause de ce qu'elles **paraissent**. Tout en étant flattées, elles ressentent que cette adulation est dirigée vers un être fictif, et non vers elles-mêmes. D'ailleurs, la soif de devenir célèbre cache souvent un désir de revanche sur des rejets vécus dans le passé. Ce qui explique probablement le taux élevé de suicides et de fuite dans la drogue parmi elles, mais aussi d'accidents mortels prématurés.

L'homme qui est en honneur n'a point de durée.
Ps 49.13

Quand la personne cultive une forme de haine de soi, les esprits de mort ont tout loisir d'agir.

Tout être humain est confronté à des rejets, mais à des degrés très différents. Le rejet est entré dans le monde à la chute. Ce qui a tenté, en premier, nos ancêtres, c'était le désir d'exercer leur propre justice en se voulant aptes à discerner le bien du mal... Ils y ont acquis une dextérité surnaturelle (parce que démoniaque) pour discerner tout ce qui est mauvais chez les autres, et bon en eux! Aussitôt après avoir mangé ce fruit empoisonné, ils se sont transformés en accusateurs, rejetant leur propre faute sur autrui. Adam et Eve commencent par rejeter Dieu en tentant de se cacher «loin de sa face». Puis Adam rejette sa femme. Un froid de glace s'est probablement installé ce jour-là dans le couple, qui ne s'est rapproché que lorsque Adam «connut encore sa femme» pour procréer Seth.

Ces froids polaires existent dans bien des familles aujourd'hui, et la manière de le résoudre est, la plupart du temps, le divorce.

A la génération suivante, par jalousie, Caïn tue son frère: aboutissement extrême du rejet de l'autre. Au lieu de s'en repentir, il ment. A partir de là, il va se rejeter lui-même, être convaincu du rejet définitif de Dieu, et du rejet du monde: «Je serai caché loin de ta face, je serai errant et vagabond sur la terre, et **quiconque** me trouvera me tuera» (Gen. 4.14). Jamais Dieu ne lui a dit: «Et quiconque te trouvera te tuera»! Caïn est le premier paranoïaque que le monde ait porté!

Il est vrai qu'il avait commencé par proférer une affirmation empreinte d'un orgueil sournois: «Ma faute est trop lourde pour être supportée». Il n'avait rien compris à la nature divine, ni à l'infinie miséricorde de Dieu lorsque l'on se repent. Il n'avait pas pressenti, comme Abel, comme Job (19.25), et comme tous les hommes de foi de l'A.T., que Dieu serait prêt à aller jusqu'au sacrifice de son Fils pour racheter une création irrémédiablement déchue et perverse.

Remarquons que ce n'est pas Caïn qui a été rejeté par Dieu, mais l'œuvre qu'il avait apportée sur l'autel. L'œuvre de ses mains, et non une œuvre d'humilité, préparée d'avance par Dieu, comme celle d'Abel qui a apporté un agneau. Nos propres œuvres sont des idoles auxquelles nous nous identifions. Un détournement de notre vanité. C'est ce qui est arrivé à Caïn, ne comprenant pas pourquoi l'œuvre d'Abel, qui n'avait coûté aucun effort, était agréée alors que la sienne ne l'était pas. Là réside l'abîme qui sépare la vraie foi de l'esprit religieux. Ce dernier, sous des apparences de piété, cache un orgueil démesuré. C'est notre orgueil qui souffre quand quelqu'un touche à nos idoles, et parfois cela nous rend méchants, car nous nous sentons agressés dans notre propre chair.

Sept générations plus tard, l'endurcissement a pris des proportions effrayantes. Le rejet a opéré son œuvre destructrice, s'enflant de génération en génération. Dans son chant, Lémec s'écrie: «J'ai tué un homme pour ma blessure, un jeune homme pour ma meurtrissure. Caïn sera vengé sept fois, Lémec soixante-dix-sept fois» (Gen. 4.23-24.)

Lémec, apparemment, pour une blessure (d'amour-propre!) remontant peut-être à plusieurs siècles auparavant, a commis des meurtres pour «venger» son ancêtre. Soixante-dix-sept meurtres?

Quel abîme entre cette fureur meurtrière, pratiquée par toutes les religions au cours des siècles, et la mission de Jésus présentée en écho en Esaïe 53: «Mais il était blessé pour nos péchés, brisé pour nos iniquités, le châtiment qui nous donne la paix est tombé sur lui, et c'est par ses meurtrissures que nous sommes guéris».

Le véritable Evangile conduit à donner sa propre vie pour apporter la vérité. La religiosité, comme les fortes convictions politiques, conduit à tuer les autres pour imposer sa propre vérité.

Alors que Jésus va instaurer la grâce en se donnant en sacrifice pour tous, Lémec, lui, parle de venger Caïn soixante-dix-sept fois. Il est troublant de constater que, selon Luc 3, soixante-dix-sept générations séparent Adam de Jésus. N'était-ce pas une indication de Dieu pour donner le nombre de générations qui devraient attendre le Messie?

Le rejet de soi entraîne l'incapacité d'aimer autrui. La confusion entre l'amour Eros charnel et égocentrique, l'amour philia qui est l'amitié basée sur un échange de bons services, et l'amour agape qui se donne gratuitement et qui vient du cœur de Dieu, est totale. Le «Je t'aime» est un appel désespéré qui signifie de fait: «Aime-moi», tout en pensant en parallèle: «Je suis indigne d'être aimé». Beaucoup de gens en viennent à galvauder leur corps, qu'ils considèrent comme leur seule monnaie d'échange, qui, de leur point de vue, ne vaut pas grand-chose. Quant à leur âme et à ses légitimes aspirations, ils la font taire. Mais elle crie.

Le rejet de soi provoque souvent l'endurcissement, avec tous les péchés qui en découlent. Une spirale diabolique que seul Jésus peut briser.

Chapitre 9

La relation d'aide

La relation d'aide n'est pas de la psychanalyse ou de la psychiatrie. Tout chrétien est appelé à se mettre à l'écoute de son frère, à pleurer avec ceux qui pleurent, à intercéder et combattre. Dieu agit toujours, même si ce n'est pas forcément dans le sens ou à la vitesse que nous aurions souhaités.

Ce livre serait une parodie s'il laissait croire que tous les problèmes des chrétiens peuvent être résolus en chassant des démons. Ce n'est pas une forme de «magie» que nous verrons guérir des gens dont la personnalité a été mutilée. Là où existent des blessures profondes, la guérison est lente et requiert beaucoup de prières. Sauf intervention souveraine de Dieu, ce que nous voyons de plus en plus avec l'onction particulière qui se répand aujourd'hui dans les Eglises qui l'accueillent. La part la plus importante, d'ailleurs, ne sera ni la délivrance, ni la guérison, mais la volonté du chrétien de mettre en pratique la Parole et d'éradiquer de sa vie le péché.

Mais il est des délivrances indispensables, pour que les gens puissent mener le bon combat et remporter des victoires. Les démons s'ingénient à camoufler leur présence et à nous aveugler sur nous-mêmes. S'ils se trouvent là, c'est parce qu'ils sont en symbiose avec les caractéristiques de notre vieille nature. Quelqu'un de colérique ne cessera pas de l'être parce qu'on aura chassé un démon de colère. Mais il pourra mieux se contrôler et résister, parce qu'il aura désormais davantage conscience de l'excès de ses humeurs et de ses conséquences sur les autres. Avec le temps, s'il a appris à résister, cette nature colérique peut disparaître, étant remplacée par des fruits de l'Esprit: la patience, la douceur...

Les grands brûlés de l'âme

Lorsque l'on conduit de grands brûlés dans un hôpital, aucune opération ne peut reconstituer instantanément les tissus détruits. Il faut effectuer des greffes successives, puis faire disparaître les cicatrices patiemment. Peut-être la peau retrouvera-t-elle ainsi une apparence normale. Mais si ce travail de chirurgie minutieuse n'est pas conduit immédiatement après l'accident, la personne gardera de terribles boursoufflures, des paquets de peau morte, et son aspect fera désormais fuir les gens.

Les brûlures de l'âme sont identiques. Anciennes et laissées sans soin, elles sont boursoufflées par de mauvaises cicatrices: refoulement de souvenirs insupportables, haines tenaces, colères rentrées, honte et sentiment de culpabilité, mépris de soi, incapacité d'aimer ou d'être aimé, rejet de soi et des autres, méfiance vis-à-vis de toute figure d'autorité, ce qui rejaillit automatiquement sur les rapports avec le Père céleste. Autant dire qu'une chirurgie de l'âme serait inefficace, voire à gros risques, si nous n'avions pas l'aide miraculeuse du Seigneur. Même ainsi, il faut souvent beaucoup de temps, de délicatesse, d'amour, et veiller à ne jamais juger autrui, quelle que soient l'horreur des crimes ou des réactions que la personne, dans sa rébellion contre la souffrance, a pu commettre.

Patricia avait été enfermée toute une nuit dans une cave, à l'âge de 4 ans, par un responsable de la colonie de vacances où elle se trouvait. De 11 ans à 14 ans, elle avait été victime d'un inceste de la part de son père, qui l'entraînait pour ce faire à la cave. Elle était devenue, entre autres, claustrophobe. Toute son enfance avait été broyée par ce père pervers, alcoolique, qui battait son épouse infirme, furieux qu'elle soit malade. Il a fallu du temps à Patricia avant de pouvoir affronter et raconter certains épisodes enkystés dans son inconscient. C'était pourtant la condition sine qua non pour donner et recevoir de vrais pardons, briser la carapace d'agressivité par laquelle elle tentait de se protéger du monde, et trouver enfin la paix, après des décennies d'angoisse.

Le poids du pardon

Il est courant d'entendre des chrétiens dire à d'autres: «C'est parce que tu n'arrives pas à pardonner que tu as tant de problèmes».

Et de culpabiliser davantage les malheureuses victimes, qui se voient affublées du titre supplémentaire de «mauvais chrétiens».

Il est des pardons aussi difficiles à accorder que de déplacer des montagnes par la foi. Avez-vous déjà rencontré des chrétiens qui aient déplacé des montagnes? Moi non. Alors, c'est que nous sommes tous des chrétiens de pacotille puisque Jésus nous a dit: «Je vous le dis en vérité, si vous aviez de la foi et que vous ne doutiez point..., quand vous diriez à cette montagne: ôte-toi de là et jette-toi dans la mer, cela se ferait» (Mat. 21.21.)

Il est des montagnes de souffrance qui ne se réduisent pas en poussière parce qu'un frère lance: «Tu n'as qu'à pardonner et tout cela disparaîtra». E... avait été attachée nue par sa mère à un arbre à l'âge de cinq ans, et fouettée jusqu'au sang parce qu'elle avait cassé une bouteille de lait. Régulièrement, ses parents l'enfermaient des heures durant dans un placard. A partir de l'âge de neuf ans, son père a abusé d'elle. Pendant qu'il «officiait», il l'étranglait à moitié pour qu'elle ne crie pas. Ensuite ses frères, plus âgés qu'elle, ont pris le relais. A seize ans, elle s'est sauvée dans un foyer d'accueil qui l'a ramenée chez elle autoritairement parce qu'elle était mineure. Ses parents, pour se venger de la «dénonciation», l'ont battue huit jours durant. Comme elle vomissait, ils la forçaient à avaler son vomi. J'arrête là ma sinistre description: elle a vécu bien d'autres horreurs. Quand elle est venue à Christ, tour à tour boulimique ou anorexique, kleptomane et claustrophobe, elle s'est entendu dire par nombre de chrétiens qu'elle n'avait **qu'à** pardonner.

A l'époque, j'étais une jeune convertie. J'ai tenté de l'aider. Ô miracle!, après des mois passés à prier avec elle, j'ai vu s'arracher de ses lèvres un pardon. Cela s'est produit dans des circonstances extraordinaires alors que je l'avais emmenée dans une maison au bord de la mer. Réveillées plus tôt que d'habitude, nous sortons, à la même seconde, de nos chambres respectives. Nous apercevons du haut du palier du premier étage un prodige déconcertant dans la cheminée. La veille, j'avais écarté les bûches, qui s'étaient donc éteintes. Et là, soudain, une grande flambée s'élève. Nous sentions la main de Dieu. Une dizaine de minutes plus tard, E..., spontanément, lance en sanglotant: «Je pardonne à mon père...»

J'étais trop néophyte pour savoir que cela ne suffisait pas: il eût fallu une équipe autour d'elle, non seulement pour chasser les démons qui s'étaient infiltrés grâce à ses haines, ainsi qu'à cause des crimes commis par son père, mais pour prier afin que le Seigneur restaure son âme. Une équipe empêche, de surcroît, que la personne voie dans son interlocuteur son seul sauveur potentiel. Le résultat final a été désastreux: E... s'est accrochée à moi comme à une bouée de sauvetage, m'idolâtrant, et notre relation est devenue destructrice. Il a fallu que je coupe les ponts, alors que E... en était venue à me faire du chantage au suicide.

Déçue, désespérée, elle est retournée dans son monde de souffrance, convaincue que personne ne pouvait rien faire pour elle.

Nous prônons trop souvent un Evangile facile, et de fait, nous brisons les roseaux cassés, et éteignons la mèche qui brûle encore, parce que nous n'obéissons pas à la Parole qui nous enjoint de porter les fardeaux les uns des autres. Nous trouvons que nous avons assez à faire avec notre propre fardeau, surtout quand il est léger! Alors nous affichons nos joyeux sourires du dimanche matin, claironnant à la ronde: «Tout va bien, grâce au Seigneur», laissant dans leur coin, un peu plus seuls, un peu plus misérables, les estropiés de la vie.

En matière d'abus sexuels, les souvenirs trop pénibles sont enchâssés dans les blocs de glace de la mémoire, ou minimisés et tordus. La victime a souvent été contrainte longtemps de se taire, liée par la honte et la peur provoquées par les menaces. Mais aussi par crainte de n'être pas crue, ou parce qu'il n'était personne en qui elle pouvait se confier, ou encore parce que l'oppression du silence s'est établie au sein de la famille et dans le voisinage. En cas d'inceste, il est plus facile pour la victime de se croire en partie coupable et complice que de supporter l'idée d'avoir été trahie et traitée comme un paquet de chair méprisable, ou comme un instrument de plaisir, par ceux-là dont elle était en droit d'attendre le plus de protection, de tendre respect et d'amour altruiste.

Il faut faire lâcher le fardeau de culpabilité, mettre à jour les colères rentrées et l'amertume, et exhumer les souvenirs les plus douloureux, ou considérés comme les plus honteux par la victime. La guérison et la libération par le pardon sont à ce prix. Comme une fracture qui s'est mal ressoudée, il faut de nouveau briser l'os pour tout remettre droit. Sinon la personne reste infirme.

C'est vrai pour tout stress grave. C'est ce que tente de faire la psychanalyse, mais ses réponses finales sont souvent fausses, car elle ne fait qu'apprendre à vivre avec la cause reconnue des traumatismes, et elle oublie au passage qu'il n'y a que d ux moyens de guérison, proclamés d'un bout à l'autre du Nouveau Testament: un cri vers Dieu qui passe par le pardon. Et la repentance. Comment peut-on oser parler de repentance à des gens qui, apparemment, n'ont été que des victimes? Nous verrons plus loin la responsabilité que nous avons dans nos mauvaises réponses aux injustices, quelle qu'en soit la gravité. Une cure d'âme doit se faire sous la conduite du Saint-Esprit. Généralement la personne ne va pas mettre des mois ou des années à «tourner» autour d'un souvenir insupportable. La puissance d'un Dieu qui aime guérir ses enfants est là. Lorsqu'un fait enfoui émerge, on peut le revivre avec, cette fois, la conscience de la présence de Jésus au moment du drame, sa profonde compassion, et l'apport de son sang rédempteur pour le purifier. Un psychanaliste fait un boulot rénumérateur, et il lui manque souvent, faute de connaître Jésus, le moindre sentiment de compassion: il y perdrait toute paix et ne pourrait exercer longtemps. Beaucoup se réfugient dans un intellectualisme froid. Mais il est aussi parmi les praticiens non-chrétiens, les associations d'entraide, ou les services sociaux spécialisés, des gens expérimentés et pleins de délicatesse, qui peuvent apporter des aides réelles et efficaces pour la restructuration de personnalités déchirées, et parfois pour la restructuration des familles dévastées.

Car là où se produit l'inceste, la famille entière est brisée.

Le transfert de sa propre justice

Parlons à nouveau du pardon. On affirme parfois à ceux qui ont subi des torts graves que pardonner, c'est oublier. On n'arrache pas une souffrance de la mémoire par la volonté: on ne fait que l'enfoncer. Il existe deux types de pardons. Le premier, c'est celui qui vient spontanément lorsque celui qui nous a fait du mal se repent. En Luc 17.3-4, Jésus insiste sur la nécessité de pardonner **«s'il se repent»**. Ce pardon-là, même les athées en sont capables. Le chapitre suivant campe une femme victime d'une injustice. Elle s'agrippe à un juge terrestre avec insistance jusqu'à ce quelle obtienne réparation. Jésus déclare: «Dieu ne fera-t-il pas justice à ses élus, qui crient à lui jour et nuit, et tardera-t-il à leur égard?».

Pardonner, en cas de non-repentir, c'est refuser d'exercer sa propre justice en se vengeant, soit par des actes de destruction ou d'autodestruction, soit par des rejets haineux. C'est un choix délibéré, un acte de volonté, qui refuse de prendre en considération des sentiments apparemment insurmontables. On s'en remet au Père qui a déclaré: «A moi la vengeance, à moi la rétribution». Le pardon, dans ces conditions, est un miracle, quelque chose qui n'a rien à voir avec des réactions humaines normales. L'oubli viendra ensuite, naturellement, par la grâce de Dieu.

David réclamait à Dieu que ses ennemis soient châtiés. La meilleure chose que nous pouvons souhaiter à ceux qui nous ont fait du mal, c'est que Dieu les châtie pendant qu'ils sont encore dans leur chair, si ce brisement a une réelle chance de les conduire à Dieu, plutôt qu'ils aillent périr dans la Géhenne pour l'éternité. C'est d'ailleurs ce qu'a exprimé Paul, en disant de deux hommes qu'il les a «livrés à Satan afin qu'ils apprennent à ne pas blasphémer» (I Tim. 1.20.) ou en I Cor. 5.5, «afin que l'esprit soit sauvé au jour du Seigneur». Il les livre «pour la destruction de la chair», ce qui démontre, une fois de plus, la dissociation qui existe entre la chair, domaine sur lequel Satan a tout loisir d'agir, et tout ce qui, en nous, relève de Christ et est soumis à l'Esprit de Dieu.

Paul n'avait pas de contentieux personnel avec les personnes dont il parle. Trop souvent, lorsque nous demandons à Dieu le brisement d'une personne «pour son bien», nos réelles motivations ne sont pas dictées par l'amour, mais nous espérons que «le feu du ciel va tomber» sur des gens qui nous ont fait du tort, à nous ou à nos proches. Les apôtres avaient eu la même attitude parce qu'ils étaient furieux du mauvais accueil qu’un village samaritain avait réservé à leur Maître (Luc 9.54). Jésus leur dira: «Vous ne savez pas de quel esprit vous êtes animés!». En fait, ils étaient furieux parce qu'ils avaient, vis-à-vis de Jésus, à cette époque, des sentiments quelque peu idolâtres, ou paternalistes, faute d'avoir compris pleinement qui était Jésus. Eux qui, scandalisés, demandent le feu du ciel alors que les Samaritains n'ont fait que refuser un toit à Jésus, s'enfuiront lorsqu'on arrêtera leur Maître et qu'on l'emmènera pour le torturer et le tuer.

Dieu n'apporte pas de brisements inutiles. Cela, c'est le rayon de Satan. Quand Dieu permet un brisement chez un de ses enfants, c'est que cela peut transformer le coupable et fortifier sa foi, et non l'enfoncer. Il faut donc que la personne y soit prête. Le temps de Dieu, qui connaît tous les cœurs, est rarement le nôtre!

Nous devons accepter que Dieu puisse pardonner à nos agresseurs s'ils se repentent, quoi qu'ils aient fait, comme nous-mêmes, en nous repentant, recevons le pardon de Dieu pour les pires choses que nous avons commises. Le pardon du Père est si total qu'il est assorti d'oubli. Le péché est effacé: «Je ne me souviendrai plus de leur péché» (Es. 43.25). Pourquoi? Parce que Jésus a payé le prix. Dieu ne laissera aucun crime, aucun péché impuni, aussi petit soit-il, soit dans ce monde, soit dans l'autre, pour ceux qui n'auront pas accepté l'Evangile. Alors, ayons compassion de nos ennemis. Bien des Psaumes sont pleins d'enseignements à ce sujet. Citons quelques extraits du Psaume 73:

> *Car je portais envie aux insensés, en voyant le bonheur des méchants.*
> *Rien ne les tourmente jusqu'à leur mort...*
> *Ils n'ont aucune part aux souffrances humaines,*
> *Ils ne sont point frappés comme le reste des hommes.*
> *Aussi l'orgueil leur sert de collier...*
> *Ainsi sont les méchants: toujours heureux, ils accroissent leurs richesses...*
> *Quand j'ai réfléchi là-dessus pour m'éclairer,*
> *La difficulté fut grande à mes yeux...*
> *Jusqu'à... ce que j'aie pris garde au sort final des méchants...*
> *Et quoi! en un instant les voilà détruits...*
> *Seigneur, à ton réveil, tu repousses leur image.*

Ceux qui ont vécu des souffrances insupportables ont souvent pensé ou dit: «Comment Dieu a-t-Il pu permettre cela, et pourquoi n'est-Il pas intervenu, alors qu'Il est tout-puissant?». La haine de Dieu est quasiment automatique en cas d'inceste, d'enfance martyre, d'abandon des parents, etc, même si elle se dissimule derrière la haine des bourreaux.

Ce genre de poison doit être mis à la lumière, sinon il entravera toujours la marche du chrétien. Je conseille d'expliquer à ceux qui ont passé par ce stade que sans les atrocités qu'ils ont vécues, ils ne seraient jamais arrivés à Jésus, et que c'était précisément parce que les «bourreaux» en question ne connaissaient pas le Seigneur qu'ils sont devenus des bourreaux. Si nous avions des parents parfaits, qui nous comblent de leur amour, nous ne chercherions jamais notre Père céleste. C'est à cause de nos désillusions que la plupart d'entre nous, dans leur soif d'idéal, de beauté, de bonté, et d'amour désintéressé, commencent un jour à chercher Dieu et le trouvent. Je conseille aussi de répéter ce que le Seigneur m'a fait comprendre, alors que je lui demandais pourquoi le genre humain était aussi cruel, et le monde si rempli d'injustices. Dieu ne révoque pas ses dons (Rom. 11.29). Or Dieu a confié à l'homme la planète avec tout ce qu'elle contient, en lui donnant le soin de la gérer (Gen. 1.28). Il ne lui a pas ôté cette domination et Jésus Lui-même a dit que son Royaume n'était pas de ce monde, tandis que Jean rappelait: «Le monde entier est sous la puissance du malin».

L'homme, à la chute, en voulant se libérer de la tutelle de Dieu dans le seul domaine que Dieu s'était réservé: – le jugement –, a transmis à Satan la domination sur la terre, car «l'homme est esclave de celui à qui il obéit» (Rom. 6.16). C'est à Satan que Adam et Eve ont choisi d'obéir, et toute l'humanité avec eux. Satan a dit à Jésus: «Tous les royaumes du monde m'ont été donnés et je les donne à qui je veux» (Luc 4.5). Jésus ne lui a pas dit que c'était faux. Si cela avait été faux, ce n'aurait pas été une tentation pour le Seigneur.

Il ne faut pas s'étonner que ce monde maudit soit de plus en plus atroce. Car le plan de Dieu est que les nations parviennent un jour à un constat d'échec dramatique, dans l'autodestruction finale annoncée dans l'Apocalypse, parce qu'elles ont voulu régir le monde en se passant de Dieu. Alors seulement l'humanité restante, définitivement brisée dans son orgueil, sera prête à fléchir le genou devant Jésus.

Les illusions de l'homme dans ses capacités propres disparaîtront, dans l'écroulement des démocraties, pour faire place à la théocratie. A la demande des hommes eux-mêmes. Ouf!

Est-ce à dire que nous devons vivre dans la désespérance et dans un sentiment d'impuissance? Sûrement pas pour ceux qui ont accepté Jésus comme Seigneur. Car ils ont changé de royaume, car ils ont changé de maître, et désormais, leur Maître, c'est Celui qui a vaincu le monde (Jean 16.33), et Celui à qui «tout pouvoir a été remis, dans le ciel et sur la terre» (Mat. 28.18).

Le sens de l'épreuve

Dieu ne nous évite pas les épreuves: Il se sert d'elles pour nous transformer. La grande différence, face à l'épreuve, entre un athée et un vrai chrétien, c'est que le premier en sort plus mauvais, parce qu'il a récolté au passage des haines nouvelles, des idées de vengeance, et davantage de rébellion contre Dieu. Un vrai chrétien, qui voit les fruits produits dans son cœur, parfois plus d'humilité ou plus de compassion pour ceux qui souffrent, a au contraire de la reconnaissance pour l'épreuve (souvent, il faut bien l'avouer, quand elle est loin derrière!), et une foi affermie dans la bonté de Dieu.

Mais certaines épreuves sont si terribles que les victimes ont du mal à ne pas se révolter contre Dieu. J'ai lu le témoignage d'une adolescente chrétienne qui avait supplié Jésus d'intervenir alors que son frère se préparait à la violer. Le viol a tout de même eu lieu et cette jeune femme a mis beaucoup de temps avant de se réconcilier avec Dieu. Ensuite, elle a été une grande aide pour ceux et celles qui avaient vécu des traumatismes similaires.

Dieu veut que l'homme haïsse ce monde tel qu'il est et prie pour que Son règne s'établisse sur terre, grâce au retour en gloire de Jésus. Plus la pourriture du monde grandira, plus l'appel de l'Epouse et de l'Esprit Saint deviendra pressant et suppliant. Ce que veut, précisément, notre Père céleste (Apo. 22.20).

Ce n'est pas pour autant que Dieu est indifférent à ce qui se passe sur terre. Il observe chacune de ses créatures et la Parole dit qu'il ne tombe pas un moineau sans qu'Il l'ait permis, et que chaque cheveu de notre tête est compté. Dieu souffre quand nous souffrons et ses compassions sont immenses. Une telle compassion qu'Il est venu parmi nous endosser notre condition et mourir, à travers son Fils Jésus, de la manière la plus infamante et la plus douloureuse qui soit, pour que cette création condamnée soit sauvée par grâce, sous réserve de comprendre ce sacrifice et de l'accepter en abandonnant toute prétention à mériter quoi que ce soit, et en écrasant l'arrogance consistant à croire qu'on peut se sauver soi-même.

Les péchés cachés

La repentance ne peut être réelle que lorsque nous réclamons «d'être conduits dans toute la vérité». La plus grande révélation que j'ai reçue de Dieu sur moi fut à travers un livre: «L'enfance déchirée» du docteur Dan Allender. Je m'étais repentie de mes avortements, d'avoir refusé ma condition de mère et d'épouse, de m'être livrée à la débauche et à l'occultisme... Bref, de tout ce qui était, à l'évidence, des péchés graves.

Soudain le Saint-Esprit m'a montré que ces péchés n'étaient que la conséquence d'un péché beaucoup plus grave, qui était la clé d'entrée à «l'homme fort» qui me manipulait: le rejet de moi. La carence d'amour m'avait convaincue que j'étais indigne d'être aimée, donc à rejeter tout amour des autres et de Dieu. Je m'étais longtemps méprisée, donc punie. En me transformant en bourreau de moi-même, je m'étais fait subir bien pire que tout ce que m'avaient fait des tiers, détruisant à la fois mon âme et mon corps. J'avais, entre autres, fait trois tentatives de suicide. J'avais longtemps et délibérément ignoré la Parole de Dieu, qui déclare que nous sommes des créatures merveilleuses que Dieu a tissées dans le secret (Ps 139.14), tissées avec une immense tendresse. La Parole nous dit que notre âme vaut plus que le monde entier, et que Jésus a racheté chacun d'entre nous à «grand prix». Quel droit avons-nous de nous galvauder ou de nous autodétruire? Dieu nous respecte tellement qu'Il n'a pas fait, depuis la nuit des temps, deux êtres similaires, ni dans leur corps, ni dans leur âme, ni dans leur esprit. Chacun de nous est unique, infiniment précieux, à tel point que Dieu, pour nous avoir l'éternité auprès de Lui, a sacrifié son Fils pour expier à notre place des fautes que nous serions bien incapables d'expier.

Les mauvaises réponses au rejet

Dans le rejet de soi, il existe paradoxalement un orgueil démesuré, c'est celui de vouloir venger nous-mêmes des torts infligés par d'autres, et, pour ce faire, de commettre des fautes souvent beaucoup plus graves. Réponse tordue d'une humanité dépravée. Nous en voulons à la société tout entière, nous accusons Dieu, au lieu de demander pardon (demander pardon n'est pas expier: Jésus l'a fait pour nous) pour les fautes que nos proches ont commises et celles que nous-mêmes commettons. Nous nous apitoyons sur nous-mêmes, dans une sorte de délectation morose. En justifiant toutes les errances de notre vie par les coups que nous avons reçus, nous sommes aveugles sur nos propres responsabilités. C'est satanique, car cela nous empêche d'entrer dans une repentance salutaire, qui nous guérirait de notre passé.

Car la seule bonne réponse, face aux agressions et aux injustices, c'est encore et toujours de se tourner vers Dieu, à qui seul appartient la vengeance, et de Lui demander la guérison des dommages qui nous ont été infligés. La guérison est sous ses ailes (Mal. 4.2). La conscience de Dieu est donnée à tous, même aux plus jeunes. Et même dans le ventre de notre mère (Ps 22.11 et 71.6).

C'est ce qu'a fait Jésus, qui a subi le plus grand des rejets. Venu dans un corps d'humiliation, Lui qui existait en forme de Dieu, pour sauver, en premier lieu, le peuple qu'Il aimait, Il s'est fait rejeter par ce peuple qui l'a livré aux bourreaux. Il a vu ses disciples l'abandonner au moment le plus crucial; l'un des douze l'a trahi, un autre l'a renié. Le rejet avait commencé très tôt. Ses frères dans la chair l'ont poussé, certainement par jalousie, à aller se faire tuer (Jean 7). Son père et sa mère terrestres l'ont cru fou (Marc 3.21) et ont tenté à maintes reprises de le soustraire à ses amis et disciples.

Alors que Jésus était dans le ventre de sa mère, Joseph a failli laisser choir Marie, ce qui aurait condamné cette dernière à être lapidée, selon la loi mosaïque. Il n'avait pas huit jours que Hérode a cherché à le mettre à mort. Joseph a dû fuir en Egypte où Jésus a dû certainement subir la condition de la grande majorité des immigrés: le rejet, le mépris, la pauvreté et la cruauté. Avant sa mort infamante, Il s'est laissé fouetter, ridiculiser, et enfin crucifier. Sur la croix, parce qu'Il portait toutes les horreurs de la terre, Dieu a dû détourner son regard, car «ses yeux sont trop purs pour voir le mal» (Hab. 1.13). Jésus a été abandonné de tous, même de Dieu, et son cri sur la Croix «Père, pourquoi m'as-tu abandonné?» est peut-être le plus immense cri de douleur qui ait jamais été lancé dans l'univers. Oui, Jésus a bien été le plus rejeté de tous les hommes. Réponse de Jésus:

> *Lui qui injurié ne rendait pas d'injures; maltraité, ne faisait pas de menaces, mais* ***s'en remettait à celui qui juge justement.***
>
> *I Pierre 2.23*

Il s'est écrié, alors que les clous transperçaient sa chair, et que son corps était hissé dans un effroyable déchirement de tout son être: «Père pardonne-leur car ils ne savent pas ce qu'ils font».

Jésus aurait pu appeler douze légions d'anges pour le défendre. Mais Il a choisi d'abandonner sa propre justice, pour que l'arbre de la connaissance du bien et du mal soit arraché de millions de cœurs, et remplacé par l'arbre de vie.

Ce n'était pas réservé à Jésus seul. Alors qu'on le lapidait, Etienne s'est aussi écrié, se mettant à genoux: «Seigneur, ne leur impute pas ce péché» (Actes 7.60). Et Paul déclare: «Injuriés, nous bénissons; persécutés, nous supportons; calomniés, nous parlons avec bonté» (I Cor. 4.12). Cette attitude n'est pas humaine. Elle ne peut advenir qu'à ceux qui sont remplis du Saint-Esprit. Alors qu'il savait qu'il était victime d'une terrible injustice, Etienne, au lieu de regarder aux hommes et aux circonstances, avait les yeux «fixés vers le ciel». Au lieu de voir les visages religieux «furieux et grinçant des dents» dressés vers lui, il «vit la gloire de Dieu, et le Fils de l'homme debout à la droite de Dieu» (Actes 7.54-55).

Quelle distorsion avec nos réactions épidermiques de haine, de colère et de vengeance, face aux agressions! En nous transformant en juges de ceux qui nous ont fait du mal, c'est nous-mêmes que nous torturons, espérant le plus souvent culpabiliser nos bourreaux, les tiers qui leur ressemblent, la société tout entière, et, finalement, sans que nous l'avouions, Dieu lui-même. A notre tour, nous reportons sur d'autres, dans un transfert quasi-automatique, les rejets que nous avons subis. J'avais privé d'amour ceux que Dieu avait mis sur ma route, et notamment ma fille. J'avais tué des enfants en avortant. Je m'étais réfugiée dans une forteresse pour ne plus être blessée, mais ce faisant, j'avais choisi une vie de mensonge et de fuite, dans laquelle j'étais en état de survie, c'est-à-dire de demi-mort.

Bien que convertie, je continuais partiellement. On était loin de la vie abondante promise par Christ, parce que quelque part, au fond de moi, subsistait la conviction d'être indigne d'être aimée.

Beaucoup ont subi des abus sexuels dans leur enfance. Car ils ne se limitent pas aux plus voyants, c'est-à-dire à des actes achevés. Il y a les regards qui souillent, les attouchements, le spectacle de parents qui se promènent nus devant leurs enfants, les remarques salaces qui nous assaillent dans la rue ou même au sein de notre famille, l'étalage pornographique de notre société qui marque les âmes encore fragiles. Bref, de tout ce qui tord notre âme. Si ces agressions se cumulent avec des carences d'amour familial, les dégâts sont toujours considérables.

Une de mes amies a commencé son processus de rejet d'elle-même après avoir, à l'âge de trois ans, été fessée par son père. Ce n'est pas la fessée qui l'a traumatisée, mais l'humiliation d'être déculottée. C'est une agression sexuelle, car le fait d'être dénudé de force est toujours, dès un très jeune âge, une atteinte grave à la pudeur et à l'intégrité de la victime. Cela s'est cumulé avec l'arrivée d'un petit frère, bien plus aimé qu'elle parce que c'était un garçon. En tant que fille, elle ne méritait aucun respect: la preuve, son père avait sur elle tous les droits, en toute impunité. Du moins, c'est ainsi qu'elle l'a perçu.

J'ai souvent eu à chasser des esprits de colère. Ils sortent en poussant de grands cris. La source est presque toujours le rejet, les injustices ou les abus d'autorité subis durant l'enfance et à cause desquels l'enfant, dans son sentiment d'impuissance, a accumulé de la rage rentrée. Ce qui a donné à des esprits, souvent très puissants, de pouvoir s'installer tranquillement et de pousser la victime dans des comportements agressifs et défensifs qui déforment sa personnalité en profondeur.

Les fausses hontes

Revenons sur le problème de la honte. C'est peut-être autour de cette réaction que nous mettons le plus en évidence la déchéance de notre âme. Une honte légitime devrait être celle de nos propres fautes face à la sainteté de Dieu. C'est d'ailleurs ce qui se produit lors de la conversion, alors que le Saint-Esprit nous révèle notre état de péché. Athée, nous n'avons honte que de ce qui se voit ou de ce qui se sait, donc seulement lorsqu'il existe des témoins humains. Ce fut une des premières conséquences de la chute. Adam et Eve n'ont pas eu honte d'avoir désobéi à Dieu. L'un et l'autre, au contraire, se sont justifiés en accusant, qui sa compagne, qui le serpent. Mais ils ont eu honte en se voyant nus, ce qui les a poussés à se cacher derrière les arbres. Quand Dieu a interpellé Adam, ce dernier n'a pas dit: «J'ai eu peur parce que je t'ai désobéi», mais: «J'ai eu peur, parce que je suis nu, et je me suis caché».

La honte nous saisit lorsque nous sommes surpris en faute. Quelqu'un qui regarde en cachette des films pornographiques ne sera furieux contre lui-même que parce qu'un tiers l'apprendra. En général, il s'en défendra comme un «beau diable». Nous oublions que nous avons autour de nous des nuées de témoins: Dieu, Jésus, le Saint-Esprit, les anges, attristés par notre conduite, mais aussi les démons qui ricanent.

> *Car il est honteux* ***de dire*** *ce qu'ils font en secret, mais tout ce qui est réprouvé apparaît en pleine lumière...*
>
> *Eph. 5.12-13*

J'ai eu à plusieurs reprises à prier pour des chrétiens désespérés d'être liés par la masturbation, et ne comprenant pas pourquoi ils ne parvenaient pas à en être guéris. Leur problème était qu'ils ne s'étaient pas repentis des fantasmes associés à leur pratique cachée. Jésus a dit que celui qui commet l'adultère en pensée est tout aussi coupable que celui qui est passé à l'acte (Mat. 5.28). Toutes les horreurs et perversions que contiennent les fantasmes sont regardées côté ciel comme des actes réellement commis. Cette prise de conscience a toujours arraché un cri d'effroi à ceux qui m'avaient fait de telles confidences, car ils réalisaient soudain la dimension réelle de leur péché. Ce qui les a certainement aidés à être libérés.

Car le péché réel, c'est d'accepter avec complaisance certaines pensées, alors que nous avons toutes les armes pour les domestiquer. L'apôtre Jacques l'exprime: «... La convoitise, **lorsqu'elle a conçu**, amorce le péché» (1.15). On peut en dire autant de toutes les critiques et jugements formulés dans notre cœur, même si nous avons mis «une garde à notre bouche».

Les problèmes de rejet s'accentuent à une vitesse accélérée dans le monde, parce que «l'amour du plus grand nombre se refroidit». Les couples se disloquent et se déchirent, et leurs enfants s'en sentent fautifs. Le rejet de soi s'introduit alors sournoisement, poussant à se révolter, à s'auto-détruire ou à se venger sur la société, ce qui amène un dégoût encore plus profond de soi. Une spirale sans fin, dont nous voyons les ravages aujourd'hui à travers la débauche et la pornographie galopante, un taux de criminalité et de délinquance qui s'est enflé dans une proportion considérable en quelques décennies, la drogue qui se déverse désormais partout et touche un nombre épouvantable de jeunes, les suicides en forte progression, etc.

Notons que le rejet de soi se déguise souvent derrière le rejet d'une partie physique de son corps. L'un va haïr son nez, et courir les chirurgiens-plasticiens. L'autre se lamentera devant sa glace en trouvant ses hanches trop grosses. Le chapitre suivant donnera une idée de l'ampleur de ce que l'on peut être amené à faire pour ceux que le Seigneur a sortis de lou des ténèbres.

Chapitre 10

Les nettoyages spirituels

Outre les grandes délivrances, destinées à chasser des puissances démoniaques qui aliènent le comportement de la personne, il peut exister d'autres présences qui ne se manifestent pas de façon aussi spectaculaire. Il s'agit de nuées de «souffles» impurs, camouflés, tissant un dense réseau de fins liens autour d'une personne, et lui ayant forgé au fil du temps une seconde nature.

Notre véritable marche avec le Seigneur, rappelons-le fortement, n'est pas constituée d'une introspection malsaine, qui fixerait nos yeux sur notre nombril. Cela, c'est l'œuvre de Satan, qui y ajoute des doses de culpabilité pour que nous nous sentions indignes de Dieu. Dieu cherche des adorateurs en esprit et en vérité, car c'est dans cette adoration que nous pénétrons dans le Tabernacle céleste et que nous recevons notre héritage: le Royaume. Notre marche est aussi constituée d'action. Dieu n'a pas fait de nous des contemplatifs, mais des êtres qui doivent marcher avec Lui. Marcher, c'est aimer les autres en étant attentif à ce que l'on peut faire pour eux. C'est prier pour notre prochain et nos ennemis, servir le Seigneur, travailler, et entrer dans les œuvres préparées d'avance par Dieu. C'est aller vers l'avant, et ne pas avoir les yeux rivés vers le passé, comme la femme de Lot qui en a été transformée en statue de sel.

Mais parfois le Seigneur nous demande de nous arrêter, parce qu'il veut nous faire franchir un palier dans notre transformation intérieure. Même si la grâce de Dieu et son pardon ont été immédiats, il nous reste à être changés de gloire en gloire. Dans ce processus il y a parfois des temps où le Seigneur, avec notre collaboration et notre agrément, remue la boue cachée pour la faire sortir définitivement. Cette boue cachée, ce n'est plus le péché, lavé par Jésus, mais les conséquences du passé qui ont aliéné notre personnalité et qui continuent à peser sur nos vies. Il en est ainsi de certaines forteresses de pensée qui ne peuvent être abattues que lorsque la vérité nous affranchit.

La forteresse «euthanasie»

Presque cinq ans après ma conversion, j'ai regardé une émission sur l'euthanasie à la télévision. Les participants défendaient tous cette pratique, au nom du droit de chacun de mourir sans souffrir et en gardant sa dignité. J'éprouvais, en les écoutant, un malaise, sans comprendre pourquoi. Après tout, j'avais longtemps pensé que lorsqu'il n'y a plus d'espoir, c'est cruel de laisser les gens souffrir, surtout si eux-mêmes demandent que l'on abrège leurs jours.

Le lendemain, j'ai compris le pourquoi de mon malaise. Dieu ne donne pas par plaisir des souffrances insupportables, souvent associées à une déchéance physique. C'est dans ces souffrances, alors que la personne réalise qu'elle n'a plus d'espoir et qu'elle ne peut plus se confier dans l'homme, qu'elle a parfois le plus de chances de crier à Dieu et de rencontrer Jésus. En escamotant cette «phase terminale», ne risque-t-on pas de voler aux gens le salut éternel? Si l'on avait tué le brigand sur la croix pour abréger ses souffrances, par «amour» pour lui, avant qu'il ait le temps de reconnaître le Sauveur du monde dans le crucifié d'à côté, un perdant et un vaincu selon toutes apparences, on aurait privé ce brigand de ce qu'il allait recevoir: le paradis «aujourd'hui même», au côté de Jésus. Quand on y réfléchit, quel fantastique acte de foi de la part de cet homme!

N'était-ce pas précisément parce que toute espérance était vaine, et parce qu'il était en train d'agoniser dans une souffrance «inhumaine», qu'il a enfin pu lâcher tout orgueil de vie et, ouvrir ses yeux spirituels et accepter Jésus comme Sauveur?

> *Car... c'est à travers beaucoup de souffrances qu'il nous faut entrer dans le Royaume de Dieu*
>
> *(Actes 15.22b. Traduction «du Semeur»)*

Remarquons que l'autre brigand, dans une situation miroir, a choisi de continuer à se moquer de Dieu, rendant ainsi sa souffrance inutile. Dieu laisse à l'homme, jusqu'au bout, le libre choix de dire oui ou non au salut. Il a mis devant nous la vie ou la mort. Notre liberté est une arme à double tranchant, un tranchant pour nous conduire à l'obéissance et à la vie, l'autre pour nous laisser dans la rébellion et l'orgueil qui mènent, inexorablement, à la destruction finale.

Cela ne signifie pas qu'il ne faut pas tout faire pour éviter aux gens des souffrances grâce aux médicaments. Dieu est aussi l'inspirateur de la médecine. Mais abréger les jours des gens, même sur leur demande, c'est commettre un meurtre et s'arroger un droit de vie et de mort qui n'appartient qu'à Dieu.

En même temps que je comprenais cela, et que la forteresse de pensée «l'euthanasie est un droit» tombait, le Saint-Esprit m'a rappelé que j'avais demandé au médecin traitant de ma mère d'abréger ses jours, alors qu'elle était atteinte d'un cancer. Voilà vingt ans que j'étais convaincue d'avoir agi par amour, alors qu'à l'époque, j'étais remplie d'amertume contre ma mère! Vingt ans après, je réalisais que c'était pour m'épargner moi-même que j'avais fait cette demande, parce que je redoutais d'assister à une longue agonie. La plupart de ceux qui réclament l'euthanasie pour les autres le font en fait pour eux-mêmes, parce qu'ils ne supportent pas la vue de la souffrance et de la mort. 80% des gens, aujourd'hui, meurent à l'hôpital, cachés derrière un paravent, et souvent dans la plus grande des solitudes, parce que leurs proches n'ont pas envie d'affronter cette épreuve, et probablement pas envie d'affronter le rappel du caractère inéluctable de leur propre mort.

Ma mère n'était pas chrétienne. J'ignore aujourd'hui où elle est, et si elle a pu reconnaître en Jésus son Sauveur et Seigneur avant de mourir. Mais peut-être l'aurait-elle fait plus sûrement si on n'avait pas accéléré les événements.

Il m'a donc fallu cinq ans de vie chrétienne pour réaliser le monstrueux égoïsme dont j'avais fait preuve, alors que je m'étais convaincue d'avoir eu un geste noble. Le côté «bien» de l'arbre de la connaissance est souvent plus pervers et lourd de conséquences que le côté mal. Car on fait souvent des dégâts en croyant faire bien, et on se dote, de surcroît, d'une bonne conscience facile.

C'est parce que cette vérité est venue éclairer la noirceur de mes motivations réelles que le Seigneur a pu m'accorder une repentance profonde. Ensuite je me suis mise à pleurer comme une gamine, réalisant à quel point je m'étais privée de la tendresse de ma mère. Ah! Si elle était encore là, combien j'aurais à lui demander pardon de quarante ans de rébellion et de haine, une rébellion et une haine dont je commençais seulement à réaliser combien elle avait dû en souffrir.

Les grands nettoyages

Deux mois après le grand nettoyage spirituel dont j'avais bénéficié à Toulouse, Gina, Denise, Arlette et moi... avions décidé de passer une journée ensemble à chercher la face du Seigneur. Toutes quatre avons été concernées par la délivrance. En particulier Denise et Arlette, qui n'avaient encore vécu aucun nettoyage. En y procédant, alors que nous priions à trois pour la quatrième, il s'est produit à plusieurs reprises qu'une autre soit prise de fortes toux ou de vomissements et vive en parallèle une délivrance. Nous avions quelque chose en commun qui avait entraîné des liens similaires: une enfance estropiée.

Ce qui fut plein d'enseignement, c'était les démons qui résistaient. Ainsi chez Arlette, un démon de méchanceté, qui répondait systématiquement «non» chaque fois que nous lui intimions l'ordre de partir. Cela a mis à la lumière un manque de pardon vis-à-vis de ses parents et de son ex-mari. Et un manque de repentance vis-à-vis de certains actes méchants commis par le passé, dans une forme de vengeance inconsciente de la méchanceté qu'elle même avait subie de la part de sa mère.

Chez Denise, c'est un démon de jalousie qui a résisté. La nuit suivante, elle a eu un rêve dont la signification l'a éclairée. Elle avait jalousé l'amour que sa mère portait à ses maris successifs. Une jalousie accentuée par le fait que sa mère lui avait préféré son jeune frère. Par la suite, Denise avait concu une certaine haine des hommes, entraînant une démonisation par des esprits de séduction et de frigidité. Lorsque nous avons chassé «frigidité», Gina a été saisie par des manifestations. C'était aussi un de ses problèmes cachés.

Chez Gina, la résistance s'est manifestée lorsque nous avons voulu chasser: «rejet racial». Elle refusait toujours la couleur de sa peau, et entretenait une haine d'elle-même qu'elle refusait de reconnaître.

Quant à moi, alors que mes amies avaient tenté en vain de chasser un démon d'autoritarisme, j'ai été prise le lendemain d'un profond repentir en réalisant combien j'avais méprisé les hommes qui manquaient d'autorité. Ce mépris venait du fait d'avoir assisté toute mon enfance à l'écrasement par ma mère des hommes qui l'entouraient. J'ai demandé pardon à Dieu d'avoir eu des jugements aussi durs, et d'avoir pris la place de certains hommes, dans le domaine professionnel pour pallier à ce que je croyais être leurs carences. J'en avais rejeté d'autres, dans le domaine relationnel, parce que je ne les trouvais pas assez «virils»... selon mes critères de l'époque! Ce repentir a duré plusieurs semaines, et a eu des conséquences dont je parlerai plus loin, parce qu'il m'a libérée de l'esprit de Jézabel.

Dans le livre: «Les voleurs dans le temple», l'auteur montre les démons qui peuvent s'installer dans une personne **victime** de rejet de la part de ceux dont elle était en droit d'attendre de l'amour, mais **coupable** du rejet de soi. A travers le dessin de deux mains, il montre que le rejet crée une schizophrénie, une double personnalité dont les deux maîtres sont le rejet et la rébellion, tandis que la personnalité réelle, don de Dieu, est écrasée. Nous jugeons utile de donner la liste des colonies de démons qui risquent, avec le temps, d'avoir infesté la victime, et parmi lesquels certains seront à chasser lors d'un nettoyage spirituel qui peut être long. Précisons tout de suite que ce type de nettoyage est inutile si la personne n'a pas pris conscience de sa propre responsabilité, n'a pas été conduite dans une repentance de son mépris d'elle-même et de l'injure à Dieu qui en découle, et n'a pas accordé de vrais pardons à ceux qui lui ont fait du mal. Sinon, les entrées restant grandes ouvertes, les esprits reviendront en catimini, les uns après les autres.

Dans le tableau suivant, les esprits dominants qui drainent derrière eux quantité d'autres esprits, sont indiqués en gras.

SCHIZOPHRENIE (double personnalité)

Rejet

Rejet de soi
peur du rejet
auto-accusation
rejet de l'amour des autres
Débauche
fantasmes sexuels
luxure
prostitution
perversion
Rejet de Dieu
incrédulité
insécurité intérieure
dépression
Culpabilité
suicide
dépression
abattement (souvent périodique)
auto-dénigrement
solitude
nervosité – tension
Orgueil
susceptibilité
mauvaise foi
repli sur soi
intolérance
fuite
activisme
fantasmes
rêverie
illusion
imagination effrénée
bavardage
drogue
alcoolisme
tabagisme
sophistication
perfectionisme
masochisme.
indépendance
Etc..!

Rébellion

Insoumission
entêtement
égoïsme
égocentrisme
Colère
méfiance
agressivité
esprit critique
haine
Séduction
comédie
haine ou peur de l'autre sexe
homosexualité
Violence
ressentiment
non pardon
rancune
amertume
meurtre
avortement
Autoritarisme
domination
possessivité
représailles
méchanceté
violence sur enfants
viol
inceste

Il s'avère utile de discerner les «maîtres», en collaborant avec la personne, et en demandant l'éclairage du Saint-Esprit. Ce ne sont pas forcément ceux qui sont mis en gras. Un soir, alors que j'imposais les mains à une femme, celle-ci est tombée au sol, animée d'un tremblement convulsif révélateur. Nous avions nommé quantité de démons, d'après ce qu'elle nous avait dit de son passé. Mais rien ne se produisait. Découragée, après une heure de combat alors que j'étais épaulée par la prière d'une dizaine de personnes, je m'assieds et demande au Saint-Esprit de me guider (c'est par là que j'aurai dû commencer!). A ce moment je me sens poussée à dire: «Amertume, au nom de Jésus, je te chasse!». La libération a été spectaculaire, et immédiate.

Une autre fois, atteinte du même découragement, j'ordonne au démon de se nommer, dans le nom de Jésus. Et j'entends la personne articuler: «Comédie». Je chasse aussitôt l'esprit. La «délivrée» s'écrie alors: «Merci, merci, enfin!». J'ai alors appris de sa bouche qu'elle vivait une grande souffrance. Elle ne pouvait, en effet, s'empêcher de proférer des mensonges énormes, ou de «jouer un rôle». Elle agaçait jusqu'à ses pasteurs. En la libérant de cette «seconde nature», le Seigneur lui permettait de rétablir des rapports normaux avec ses frères et sœurs en Christ, alors qu'elle faisait le vide autour d'elle. Elle en souffrait d'autant plus qu'elle ne comprenait pas ce qui la poussait à mentir.

Elle n'en avait pas moins à se repentir pour chacun de ses mensonges!

Les démons causent... et mentent!

Notons au passage que, normalement, nous n'avons pas à demander aux démons de se nommer: il n'y a pas plus menteurs qu'eux! Un évangéliste a raconté comment il avait un jour entendu au cours d'une séance de délivrance: «Nous sommes partis»! De mon côté, alors que je chassais un démon de sorcellerie sur une femme, j'ai entendu sa bouche proférer plusieurs fois de suite: «Je suis sorti!». Certains démons nous croient stupides. Probablement parce qu'eux-mêmes le sont. Ou parce qu'ils sont habitués à ce que beaucoup d'entre nous le soyons!

D'autres sont plus malins: cette même femme, alors qu'on chassait d'autres esprits, s'est mise à se répandre en remerciements à

Dieu de l'avoir libérée. Mais cela sonnait faux. Les démons n'hésitent même pas à utiliser les louanges au Créateur, pour nous berner. Le moins que l'on puisse dire, c'est que cela manque de chaleur! J'ai pousuivi le combat, et ils ont été contraints de partir. Lors de combats qui se prolongeaient, j'ai souvent entendu: «Laissez-moi, je suis fatigué». Il ne s'agit pas de se laisser piéger: ce sont les démons qui commencent à avoir du mal à résister et qui essaient de nous faire lâcher prise en nous apitoyant. D'autres encore font tomber la personne au sol comme s'il s'agissait d'une chute sous la puissance de l'Esprit Saint, pour qu'on ne s'en occupe plus. Des mouvements convulsifs trahissent leur présence. Une fois, j'en ai entendu un qui récitait le «Notre Père», une prière anonnée d'une voix sifflante et haineuse! Un démon de pieuserie, auquel nous avons aussitôt intimé de décamper!

Par contre, le Saint-Esprit peut forcer les démons à se nommer. Un soir, je priais à Genève pour une femme qui se plaignait de subir de méchantes attaques chaque fois qu'elle entrait dans un combat spirituel. Elle affirmait avoir été déliée de son passé d'occultisme. Je demande au Saint-Esprit de nous éclairer. La femme s'écrie peu après: «C'est bizarre, alors que vous m'imposiez les mains, j'ai eu l'impression que ma boite crânienne avait été découpée, et que des électrodes étaient plantées dans mon cerveau». Quelque peu interloquée, je lui demande si cette sensation évoque pour elle quelque chose. Elle fouille dans sa mémoire et s'écrie soudain: «J'ai été soignée pendant des mois par un ostéopathe, qui pratiquait aussi la sophrologie. Est-ce occulte?». Je la délie aussitôt de ces manipulations, me demandant quel esprit il fallait chasser. A ce moment la bouche de la femme a prononcé: folie. C'était un démon de folie! Nommé, il a été aisément expulsé.

Il est évident que c'est contraint et forcé par le Saint-Esprit que ce démon a révélé sa nature. Nous ne devons pas dialoguer avec les démons. Jésus leur intimait souvent de se taire. S'il nous est rapporté un dialogue entre lui et Satan dans le désert, c'était pour mettre en exergue la tactique de Satan, allant jusqu'à promettre tous les royaumes de la terre à celui dont il savait pourtant qu'il en était le Créateur. Un culot monstrueux. Cela, c'était la tentation, arme favorite de Satan. Mais il en utilisait en parallèle une autre dont il est coutumier, et qui fonctionne souvent bien: l'infiltration du doute: «Si tu es le Fils de Dieu...» Exactement, comme il a susurré à Eve: «Dieu a-t-il réellement dit?». Le diable n'hésite pas à utiliser sans vergogne la Parole de Dieu, qu'il connaît mieux qu'aucun être humain. Ce dialogue, forcément rapporté ensuite par Jésus à ses apôtres puisqu'Il était seul dans le désert, révélait aussi l'étendue des pouvoirs de Satan sur une planète dont nous lui avons livré la domination.

Nous avons mis en exergue l'importance du discernement des esprits. Si tout chrétien est théoriquement apte à chasser les démons, sans ce don, il est limité, car un esprit impur mis en lumière est beaucoup plus facilement délogé. D'autant que sa nature même révèle souvent la cause de sa présence, et peut conduire à des repentirs pour des fautes cachées. Le discernement des esprits est un don surnaturel. Il ne se manifeste pas de manière permanente, sinon ceux qui l'ont reçu ne verraient plus autour d'eux que les démons! Le Père veut que nous ouvrions les yeux sur la beauté, pas sur la laideur. Nous avons besoin de pouvoir vivre une vie normale. Ce don ne sera à notre disposition que dans des circonstances précises, selon la volonté de Dieu. Le vrai don du discernement est celui qui permet de voir deux fois mieux l'action des anges que celles des démons (ils sont deux fois plus nombreux, et bien plus puissants en force). Le discernement des mauvais esprits ne nous est normalement donné que parce que c'est l'heure d'agir, et que Dieu nous mandate pour ce faire. Si nous commençons à voir des démons partout, stoppons immédiatement tout combat spirituel et tournons-nous vers Christ, en lui demandant pardon de nous être fait entourlouper par l'Ennemi. Citons Francis Frangipane dans «Les trois champs de bataille», page 51: *«Il y a un autre temps où faire beaucoup de combat spirituel nous détourne absolument de l'obéissance à Dieu... La plus grande bataille jamais gagnée fut remportée par la mort apparente du vainqueur, sans même une parole de reproche à Son adversaire»*. C'est en effet l'obéissance de Jésus, à Gethsémané et à la Croix qui a livré en spectacle les dominations...

S'il est deux choses, chez les chrétiens qui dégoûtent Satan et le découragent, c'est bien l'humilité et l'obéissance à Dieu!

Ce qui ne veut pas dire que nous ne devons pas régulièrement prendre les armes, car nous devons obéir à toute la Parole.

Quand Dieu ouvre nos yeux spirituels

Nous pouvons, même si Dieu ne nous a pas accordé un don permanent du discernement des esprits, avoir sporadiquement une perception «physique» de certains démons. J'ai prié un jour pour un homme dont la famille depuis des générations pratiquait la magie. Lui-même s'y était adonné. J'ai vu deux immenses démons qui se tenaient derrière lui, et dont les yeux étaient blancs. J'en parle et l'homme déclare, tout surpris: «J'ai perdu toute vision à l'œil droit, et je suis en train de la perdre également à l'œil gauche».

Il était investi par deux démons de cécité, que je n'ai pu chasser. J'ai compris ensuite pourquoi: il avait donné son cœur au Seigneur du bout des lèvres, et il vivait dans l'adultère. Satan pouvait ricaner tandis que je demandais à ses acolytes de partir!

Tout au début de ma conversion, en une occasion, le Seigneur a ouvert mes yeux spirituels, sans doute pour me préparer au ministère dans lequel Il allait me lancer dix-huit mois plus tard. J'ai été entraînée, presque malgré moi, dans mon premier combat de délivrance. Une femme chez laquelle un esprit démoniaque se manifestait avait roulé à mes pieds, sans que personne ne s'en occupe. Je me suis sentie prise d'une sainte colère et poussée à combattre en langue. Au bout d'un moment, j'ai VU une sorte de masse informe sortir de son estomac, et SU que la femme venait d'être libérée, avant même qu'elle se relève et le proclame. Car elle l'avait aussi senti partir. Même si les esprits ne sont pas faits de matière, au sens humain du terme, ils n'en ont pas moins une certaine matérialité, avec des contours et des formes diverses, que certains peuvent voir ou ressentir.

Dieu, dans sa créativité illimitée, n'a pas fait de sosies. Chaque être humain est unique, même parmi des jumeaux que nos yeux charnels ne peuvent différencier. Il n'existe pas deux flocons de neige similaires, pas deux feuilles d'arbre parfaitement identiques.

Il est vraisemblable que le monde des esprits est tout aussi différencié et que chaque démon a une nature et une personnalité qui lui sont propres.

Le don de discernement peut revêtir diverses formes, et s'associe souvent au don de connaissance. Un jour, une femme m'a appelée au téléphone. Pensant que j'étais toujours chef d'entreprise, elle voulait savoir si par hasard, je pourrais lui procurer un emploi. Elle ajoute: «Vous savez à quel point il est mauvais pour une femme de rester chez soi». Cette réflexion m'a alertée. Saisie d'une étrange intuition, je lui dis: «Vous savez, ce sont parfois des femmes qui ont été victimes d'abus sexuels qui ne supportent pas d'être face à elles-mêmes, et qui ont besoin d'une fuite dans le travail». Long silence. Elle dit alors, d'une petite voix: «C'est mon cas». A partir de là, nous avons pu mettre à jour bien des choses...

Certaines informations nous paraissent quelquefois si énormes que nous hésitons à les donner, ou à les utiliser. Ainsi, alors que je priais pour V..., je reçois une vision d'un bébé mis sur un autel et consacré à Satan. J'en parle à V..., qui m'avoue qu'elle a eu à plusieurs reprises la sensation qu'elle était une grande prêtresse à laquelle tous devaient obéir.

Je n'ose pas entrer dans un combat, me demandant si tout cela n'était pas le fruit de son imagination et de la mienne. C'était si monstrueux!

Huit jours plus tard, un évangéliste de passage, auquel elle avait eu l'occasion de parler au téléphone insiste pour la voir, et vient chez elle, accompagné de deux autres personnes.

Il a reçu exactement la même vision! Plus informé sur le satanisme que moi, il a pu vérifier à travers une anecdote que lui racontait V...[1], que son beau-père était bien sataniste, et que ces faits avaient réellement eu lieu. La malheureuse V... avait été consacrée à Satan alors qu'elle était bébé, ce dont, naturellement, elle ne gardait aucune trace dans sa mémoire. Le pacte a été brisé et V... libérée. Alléluia! Pour moi, ce fut une confirmation que j'avais à mieux tenir compte des informations que le Saint-Esprit me donnait, et à me méfier de ma «rationalité».

Merci au Seigneur qui supplée aux carences de ses serviteurs en les remplaçant, surnaturellement, par d'autres. Car c'est d'une manière surnaturelle que cet évangéliste avait trouvé le domicile de V...

[1] Alors qu'elle avait un jour trouvé toutes les clés des portes par terre, et que, instinctivement, elle les avait remise dans leur serrure, son beau-père s'était mis en rage et l'avait méchamment battue. L'évangéliste a révélé à V... qu'il s'agissait d'un rituel satanique classique. Ce que, moi aussi, j'ignorais. Je n'avais donc pas été alertée quand V... m'avait raconté le même épisode quelques semaines auparavant. Nous avons bien besoin les uns des autres pour nous communiquer ce que Dieu nous enseigne, à chacun.

Je n'ai que d'une manière très sporadique le discernement des esprits, mais le Seigneur m'a fait la grâce à plusieurs reprises de me mettre en équipe avec des personnes qu'Il a dotées d'un puissant don de discernement. Quelle efficacité! Car ces personnes, sous l'onction, sont véritablement aptes à voir quels esprits habitent les personnes: elles les voients physiquement. Certains sont petits et ressemblent à des «gremlins». Beaucoup ressemblent à des vautours, à des cobras, à des méduses, à des pieuvres, etc... Mais il existe aussi des catégories de démons apparemment très beaux, des soldats de Satan qui peuvent mesurer des trois mètres et plus. Ceux-là, on ne les chasse pas aisément.

Mais même si nous ne disposons pas de ce don, le Seigneur nous aide quand nous voulons viser juste. Parfois, ce sont des rêves qui donnent des informations, ou des visions, ou encore des mots qui se forment dans la tête. Une nausée ou des perceptions de mauvaises odeurs peuvent signaler la présence d'esprits démoniaques chez une personne: avec l'expérience, on apprend à les reconnaître. Un soir, à Toulouse, j'ai prié pour un homme dont l'haleine était si fétide que j'ai dû réprimer un mouvement de répulsion. J'aurais bâclé ma prière si, par grâce, je n'avais été aidée de la femme du pasteur, qui, interprétant ce que je disais en langues, m'a déclaré qu'il était investi d'un démon de prostitution spirituelle. Sa mère était confinée dans les «bondieuseries» et l'idolâtrie de la Vierge, et il avait passé son enfance dans cette atmosphère. Dès que nous avons chassé cet esprit, son haleine est redevenue normale. Peu après, j'ai eu de nouveau à prier pour une personne dont l'haleine faisait reculer ceux qui l'approchaient. M'appuyant sur la première expérience, j'ai ciblé un esprit d'idolâtrie mariale. Et le même heureux changement s'est reproduit. Miraculeux changement, car il faut imaginer la souffrance de ceux qui en sont atteints, qui voient se détourner d'eux des visages qui ne peuvent masquer leur dégoût et dont la vie sociale et affective est lourdement handicapée. Merci Seigneur pour eux!

Ceci ne veut pas dire que tous ceux qui ont une mauvaise haleine ont besoin de délivrance. Ils peuvent, tout simplement, avoir une crise de foie (et non une crise de foi!) après avoir avalé trop de chocolat! Cela ne veut pas dire, non plus, que tous ceux qui ont une bonne haleine sont libres d'esprits mauvais, alors même qu'ils prient Marie. Toute évocation des morts lie, car ce sont des abominations (Deut 18.10-12)

A propos de la Vierge, dans des réunions interconfessionnelles, j'ai entendu des femmes se plaindre de ne pas ressentir la présence du Seigneur quand elles priaient. Plusieurs fois, le Seigneur m'a envoyé des visions de statues de Marie. La révélation de la source de leur carence spirituelle a mieux valu que de longs discours sur cette idolâtrie: car toutes deux m'ont avoué prier chez elles les yeux rivés sur des statues de la Vierge. Qui d'autre que le Saint-Esprit pouvait l'avoir révélé?

Parfois, lors de prières de délivrance, j'ai vu les yeux des gens devenir tout blancs, comme s'ils s'étaient retournés dans leur orbite. C'était effrayant. Je me suis longtemps demandé quel esprit démoniaque provoquait cela, jusqu'au jour où une personne, chez qui j'avais chassé cette puissance, me l'a révélée, car elle savait ce qui était sorti: de la sorcellerie. A plusieurs reprises elle avait fait appel à des marabouts, et elle aussi, face à l'un d'eux, avait aussi trouvé du tissu dans l'œuf qu'elle avait elle-même acheté chez l'épicier.

Si le monde athée, et même chrétien, connaissait non seulement le caractère incroyablement destructeur de l'occultisme, mais encore la puissance incomparablement plus grande de Dieu, la face du monde en serait radicalement changée. C'est d'ailleurs ce qui se produira lors du retour en gloire de Jésus, quand toutes les nations ploieront le genou face à Lui.

A trois occasions, alors que je me trouvais face à des gens investis dans le satanisme, j'ai reçu une sensation très douloureuse dans le dos ou dans les reins. Le Saint-Esprit m'avertissait ainsi que je n'étais pas de taille à affronter de tels cas, ou que c'était prématuré. Par la suite, chaque fois que j'ai subi des attaques quand je me rendais à des réunions où je devais prêcher, la même étrange douleur m'a informée que des satanistes étaient à l'œuvre. Ce fut notamment le cas un jour où ma voiture, sans aucune raison, s'est mise à déraper dans un tournant, m'envoyant sur la rambarde de l'autoroute. Les anges étant là, je m'en suis tirée avec un peu de tôle froissée.

D'autres serviteurs de Dieu, à partir de leur propre expérience, m'ont appris à repérer des esprits d'impureté à travers des raidissements symptomatiques des pouces, ou des démons de séduction à partir d'un battement symptomatique du ventre, comme si le démon, en présence du Saint-Esprit, réagissait en cognant de l'intérieur! De mon côté, j'ai appris à reconnaître les démons de haine et de colère à travers des poings qui se ferment avec violence, ou l'esprit de contrôle à travers le raidissement des membres, jusqu'à retourner les doigts.

Souvent, c'est ceux qui sont auprès de moi pour me soutenir dans un combat qui reçoivent des révélations sur les esprits qui habitent la personne. Et réciproquement. Dieu aime que Ses enfants travaillent ensemble.

Je n'ai pas beaucoup parlé des anges dans ce livre, car ce n'est pas le sujet. Mais je veux rappeler ce que j'ai signalé dans mon avertissement. Ils sont sûrement deux fois plus nombreux que les démons. Ils ont une force supérieure, et une intelligence bien plus grande, car ils sont au service de Dieu et contemplent sa face. Ils nous environnent et nous protègent à notre insu. Sans doute découvrirons-nous un jour avec stupéfaction combien de fois ils nous ont protégés de la mort ou d'accidents graves. J'ai eu l'occasion à plusieurs reprises de percevoir leur ministère à mon égard, et j'en ai rencontré deux peu après ma conversion. Mais sans doute en ai-je croisé, sans le savoir, des milliers, voire des millions.

Ce n'est pas pour autant que nous devons être passifs. Nous sommes en guerre, une guerre qui s'intensifie, et si nous n'entrons pas dans le combat, nous nous coupons nous-mêmes de la protection que Dieu veut nous accorder. Pour être des vainqueurs, il faut savoir user du sang de l'Agneau et de la Parole du témoignage. Et ne pas aimer sa vie au point de redouter de mourir (Apoc. 12.11).

Rêves et visions qui éclairent

Le Saint-Esprit équipe donc ceux qu'Il mandate pour délivrer. Mais notre rayon d'action est souvent limité, car beaucoup de ceux qui en auraient, à l'évidence, le plus besoin, s'offusquent si on évoque un tel sujet, même avec ménagement. Autant les nouveaux convertis sont malléables et ouverts, autant parmi de plus anciens certains pensent qu'ils sont définitivement à l'abri d'infestations démoniaques. Paul a dit: «Que celui **qui croit être debout** prenne garde de tomber» (I Cor. 10.12) .

Si nous disons que nous n'avons pas de péché, nous nous séduisons nous-mêmes, et la vérité n'est point en nous.
I Jean 1.8

Parfois, il existe un aveuglement que l'Ennemi s'acharne à entretenir. Dans le cas de Gina, lorsque nous avons discerné un esprit de rejet racial, sa première réaction a été une virulente dénégation. Dans sa délicatesse, et pour la faire avancer dans la vérité, le Saint-Esprit lui a parlé par rêves. Dans le premier, elle s'est revue à l'âge de cinq ans, dormant une nuit dans le même lit que sa grand-mère. Cela s'était réellement passé dans son enfance, et elle se souvenait encore de la terreur qu'elle avait éprouvée: sa grand-mère étant diabétique, elle était convaincue qu'elle allait être contaminée par cette maladie en dormant auprès d'elle. Ce qui était effectivement advenu: «Ce que je crains, c'est ce qui m'arrive» (Job 3.25).

Le rêve ramenait donc à la mémoire cet épisode, mais sous un nouveau jour: elle se voyait blanche et blonde, et sa grand-mère également. Ce qui démontrait son désir obsessionnel d'être blanche. Elle rêvait aussi d'un mari «blanc» et avait vécu avec un Européen. N'avait-elle pas espéré être «contaminée» par la blancheur de son partenaire, comme elle avait été «contaminée» par le diabète de sa grand-mère, selon ce qu'elle croyait. Elle s'était trouvé enceinte d'un enfant qui avait quelques chances d'être «blanc» (elle-même, métisse, avait un frère à peau blanche). N'en attendait-elle pas une sorte de compensation à sa condition de Noire? Espoir déçu, qui l'avait conduite à en vouloir inconsciemment à son fils. Cela, additionné aux actes de sorcellerie familiale, avait déroulé un tapis rouge au démon d'infanticide qui l'avait longtemps torturée.

Malgré ce rêve, Gina n'était pas encore convaincue. Deux jours plus tard, une de ses amies lui annonce avoir rêvé d'elle. Cette amie voyait Gina dans un appartement. Un homme d'origine africaine l'attendait dans une pièce: il s'agissait de son futur mari. En entendant ce récit, Gina eut une double réaction. Un recul à l'idée d'épouser un Noir, au surplus africain; mais aussi de la joie, certaine que ce rêve était prophétique et qu'elle allait être exaucée. Car Gina criait à Dieu pour avoir un mari. Par ce rêve, le Seigneur lui montrait qu'Il lui en avait préparé un, mais qu'elle n'était pas prête à l'accepter. En tant que Martiniquaise, elle se jaugeait supérieure aux Africains, «plus noirs» qu'elle.

Gina était préparée pour la dernière étape de sa délivrance, qui s'est produite peu après. Mais cela a été suivi d'une rechute temporaire. Je raconterai plus loin pourquoi.

J'ai constaté que chaque fois qu'un chrétien acceptait d'entrer dans un processus de nettoyage spirituel, le Saint-Esprit y collaborait activement. Denise a eu une série de rêves, de proche en proche, qui l'ont éclairée sur l'amalgame qu'elle avait effectué entre ses deux maris successifs et deux autres hommes: son père naturel qui l'avait abandonnée, puis son beau-père qui l'avait écrasée. Par la séduction et des fantasmes d'inceste, elle avait exercé une sorte de cannibalisme sexuel sur ses maris, une forme de vengeance perverse. Les rêves lui en ont fait prendre conscience. Elle a pleuré amèrement devant le Seigneur et demandé pardon à ses deux maris alors qu'elle était jusqu'alors convaincue qu'ils avaient tous les torts. Le Seigneur a aujourd'hui ressoudé son dernier mariage, alors que le divorce était sur le point d'être prononcé. Merci Jésus!

Le Père honore notre volonté de chasser tous les squatters indésirables qui altèrent notre communion avec Lui, et qui nous retardent sur le chemin de la sanctification:

> *Je répandrai sur vous une eau pure, et vous serez purifiés. Je vous purifierai de toutes vos souillures et de toutes vos idoles.*
>
> *Ezéch. 36.25*

Patience devant les rechutes

Quand une personne a eu sa personnalité déformée par des présences démoniaques et qu'elle commence à recevoir la délivrance, il faut «remplir la maison». Rappelons la remarque de Paul: «Mes enfants, pour qui j'éprouve de nouveau les douleurs de l'enfantement, jusqu'à ce que Christ soit formé en vous...» (Gal. 4.19). Il leur conseille d'avoir du zèle pour le bien.

La nouvelle personnalité ne peut se former que progressivement. Mais la personne doit changer d'habitudes et se tourner résolument vers les autres, alors que le rejet, par exemple, l'avait conduite au repli sur soi, à la fuite en avant, ou à un égocentrisme glacial.

On peut s'attendre à des rechutes, souvent agaçantes pour des tiers qui n'ont pas vécu un parcours aussi difficile. Le responsable lancé dans une relation d'aide a besoin de patience et de persévérance. Donc d'amour du prochain. Mais aussi de sain jugement. Car il ne s'agit pas de porter à bout de bras, perpétuellement, des êtres qui veulent tout attendre des autres sans jamais faire aucun effort. L'Ennemi sait aussi en mettre sur notre route, pour manger notre temps. Les «bouffe-ministères», comme les appellent certains.

Si dans toutes ces choses, nous sommes parvenus à être plus que vainqueurs, c'est que nous aurons su équilibrer des vertus rares en notre siècle: la sagesse, le discernement, la patience, la persévérance, l'amour...

Gloire à Jésus, car Lui seul peut nous conférer de telles qualités, quand, à travers les prières, les épreuves et l'enseignement divin, nous approchons de la «stature parfaite» de Christ.

Chapitre 11

Les autodélivrances

Un nettoyage spirituel, ça fait mal à l'orgueil... si l'on a encore trop d'orgueil! Au cours du premier que j'ai vécu, les esprits nommés démontraient ma bien peu glorieuse vie passée. Mais ceux qui m'entouraient était pleins de compassion, et pour être depuis longtemps habitués à ce type de séances, ils savaient combien d'horreurs et de perversions ont sillonné les existences de ceux qui sont restés longtemps loin de Dieu. Ils ne jugeaient pas, ils se réjouissaient que la puissance et l'amour de Dieu puissent me libérer des conséquences d'errements dévastateurs, qui m'avaient valu bien des souffrances.

Dans le nettoyage à quatre dont j'ai parlé plus haut, nous avions toutes vécu des expériences à peu près similaires. Là encore, nous étions soudées par l'amitié, qui impliquait la discrétion, et nous étions en confiance.

Ce genre d'opération, manipulée par des gens présomptueux, et non remplis d'un profond respect pour celui qui réclame de l'aide, peut se solder par de graves blessures, sans compter de possibles indiscrétions dont l'Ennemi se servira par la suite.

Mais il est tout à fait possible de conduire sa propre délivrance. C'est ce qui m'est arrivé pour des choses qui n'étaient pas apparues de prime abord, et par la grâce de Dieu. Répétons-le: tout péché non confessé au Seigneur, avec une volonté réelle de renoncement, ouvre une entrée au démon qui a envoyé la tentation. Généralement, il porte le même nom que le péché. Car les démons ne sont pas responsables de nos péchés. C'est nous qui permettons que la tentation «l'enfante» en y succombant. Alors il «produit la mort» (Jacq. 1.15).

Ceux qui n'ont pas été lavés par la repentance et le pardon de Dieu pourraient donc, théoriquement, abriter autant de démons que de péchés commis par le passé! Théoriquement, car le Père, qui connaît les cœurs et a eu pitié de notre ignorance, peut empêcher certaines intrusions lorsqu'Il sait que nous viendrons un jour à Christ. Heureusement, car pour beaucoup d'entre nous, nous n'y survivrions pas. Des amis avec lesquels je pratiquais l'occultisme dans le passé ont disparu très jeunes.

Lorsque nous avons vécu des choses difficiles avec la cohorte de mauvaises réactions que cela a provoqué, nous avons besoin du combat de frères en Christ, mais nous avons à poursuivre notre propre nettoyage.

Généralement, cela se déroule en plusieurs temps, le Saint-Esprit nous rappelant certains faits au fur et à mesure: nous ne pourrions pas tout porter d'un coup, surtout quand on a touché à n'importe quoi!

Connaître l'ennemi pour le vaincre

La maturité spirituelle passe essentiellement par la connaissance de Dieu, mais aussi par celle de Satan. Jean parle de trois étapes de maturation (I Jean 2.12-14). Il s'adresse d'abord aux petits enfants, c'est-à-dire à ceux qui sont des bébés spirituels parce qu'ils viennent tout juste d'arriver au Seigneur, ou ceux qui en restent au lait spirituel, leur disant qu'ils ont reçu le pardon, et qu'en rencontrant Jésus, ils ont connu le Père.

Aux «jeunes gens», il déclare qu'ils ont vaincu le malin, qu'ils sont forts et que la Parole de Dieu demeure en eux. Ce sont ceux qui, s'appuyant sur la pleine Parole de Dieu, ont vaincu l'ennemi de leur âme.

Enfin aux «pères», donc ceux qui ont charge d'âmes, il répète à deux reprises «Vous avez connu celui qui est dès le commencement». S'agit-il de Dieu? Dieu étant éternité n'a pas de commencement. De Jésus? Certes Il est le premier-né. Mais pourquoi ne le nomme-t-il pas? Pourquoi cette insistance étrange? Il redit pratiquement deux fois la même chose, comme s'il voulait attirer l'attention sur une révélation capitale. Je crois que ce «non-nommé» est une allusion à Satan, qui «pèche dès le commencement». Cette phrase fait écho à une autre de l'Apocalypse: «Ils n'ont pas connu les profondeurs de Satan». Les «pères» ont non seulement vaincu le malin dans leur vie, mais une des preuves de leur maturité dans le Seigneur est d'être aptes à discerner et vaincre l'action du malin chez ceux qui sont moins avancés qu'eux dans la connaissance des réalités spirituelles. Ils ont surtout appris à affronter de plein fouet la laideur du monde des ténèbres, son impact sur les chrétiens qui préfèrent ne pas y penser, ni même y croire, et donc en parallèle ils ont mieux réalisé l'immensité de la victoire remportée par Jésus, et le cadeau somptueux, imméritable et toujours immérité, que représente sa grâce.[1]

La confession, dans la délivrance, est très importante. Jean-Marc Bigler, un spécialiste suisse de la délivrance, cite cet exemple: «Admettons que je trompe ma femme. J'en demande pardon à Dieu. Mais ma partenaire d'adultère me fait du chantage, menaçant de tout dévoiler à ma femme. Si je lui explique que Dieu m'a pardonné, elle me rira au nez. Ma seule façon d'être libéré du chantage, c'est de confesser ma faute à mon épouse et de lui demander pardon. Ensuite, la personne n'aura plus de prise.»

L'ennemi se nourrit de nos silences. Chaque fois que c'est possible, nous devrons réparer nos fautes passées. Par exemple, restituer un bien volé, faire une démarche de réconciliation, etc.

Il faut accepter la vérité sur soi-même, même si elle n'est pas agréable: «Conduis-moi dans **ta** vérité» (Ps 25.5). Celle de Dieu, pas celle que nous aimerions entendre! Dieu ne nous force pas, mais Jésus en a fait la promesse: «L'Esprit de vérité vous conduira dans **toute** la vérité» (Jean 16.13). Cette vérité-là rend libre. Satan est le père du mensonge, et il n'a pas son pareil pour nous faire oublier certains faits, ou nous susurrer des justifications mensongères pour en amoindrir la gravité. Accepter que soient ramenés à

[1] Il a été publié une prophétie reçue par Rick Joyner, dont les yeux spirituels ont été ouverts un temps sur ce monde, intitulée: «Les hordes de l'enfer». Cette prophétie s'intègre à présent dans un livre: «L'ultime assaut». Ce qu'il a vu, ce sont les hordes démoniaques accrochées aux chrétiens, investissant nombre d'entre eux, alors que ces derniers sont aveugles sur la manière dont ils sont manipulés à leur insu. Livre publié en français sous le titre «L'ultime assaut» Editions JEM.

la surface certains actes, pensées, paroles ou fantasmes, qui ne sont ni à la gloire de Dieu, ni à la nôtre, demande un vrai courage.

Ce n'est pas parce que nous avons arrêté certaines faiblesses que nous avons été automatiquement délivrés des démons qui vont de pair. Lors d'une délivrance collective, en Suisse, qui se déroulait en présence d'un parterre de «vieux» chrétiens, lorsque le démon du tabagisme a été nommé, un bon tiers de la salle s'est mis à tousser et à cracher. Pourtant, tous ou presque avaient arrêté de fumer depuis plusieurs années. Mais ils l'avaient fait par la volonté, et, souvent, compensaient par d'autres faiblesses: bonbons, excès alimentaires (mis au même rang que l'alcoolisme dans la Bible: Prov. 23.20) ou autres... C'est peut-être parce que le démon est toujours présent que les anciens fumeurs, drogués ou alcooliques rechutent parfois.

L'auto nettoyage ne devrait être qu'un moyen pour garder et parfaire les grands nettoyages effectués par d'autres. Dieu bénit lorsque ses enfants s'entraident. De surcroît, si les «petits» démons sont fortement déstabilisés par la repentance et le pardon, et peuvent partir spontanément car ils savent qu'ils n'ont aucun droit de rester, certains esprits sont extrêmement coriaces.

Lors d'une réunion, un garçon de huit ans s'est avancé vers moi pour que je prie pour lui. Je savais que cet enfant était épileptique, qu'il avait des accès de violence, et était légèrement «débile». Une autre personne priait avec moi, et je prends autorité sur les esprits qui ligotaient le malheureux gamin. En vain. S'approche alors un homme qui déclare: «Le Saint-Esprit m'a commandé de venir à ton aide». Je fais remarquer qu'un jeûne était sans doute nécessaire pour briser l'emprise de telles dominations. Et l'homme de répliquer: «Je suis dans le jeûne». Il a pris autorité et les puissances démoniaques sont sorties. Merci au Saint-Esprit d'avoir envoyé ce renfort! Quant au gamin, sa mère nous a informés qu'il était transformé. L'enfant lui-même, huit jours plus tard, m'a déclaré: «Tu sais, je ne me dispute plus avec mon grand frère, et à l'école, maintenant, je comprends tout». Merci Seigneur Jésus!

Dans certaines délivrances, les puissances se manifestent parfois avec une telle violence qu'il faut plusieurs personnes pour soutenir celui qui a l'onction pour agir, et le protéger «des traits enflammés du malin». Les mêmes sont souvent appelés à «tenir» le démonisé. Un soir, à Yverdon, le Saint-Esprit avait révélé la présence d'un esprit de méchanceté dans une frêle jeune femme qui s'était avancée et se plaignait de sa grande difficulté à lire la Bible (c'est presque toujours un signe de présence démoniaque, chez un chrétien né de nouveau[1]). Dès que le combat a commencé, la femme a été jetée au sol avec des convulsions, cherchant à m'agresser, et vociférant à mon intention des paroles haineuses accompagnées de regards meurtriers. Il a fallu quatre hommes costauds pour la bloquer, le temps que le démon soit chassé. Ensuite, elle a reçu une onction de joie, soudain prise d'un fou-rire communicatif. La différence entre les deux tableaux était saisissante. Merci au Seigneur d'apporter de telles métamorphoses.

A Béziers, c'est à six que nous avons pu libérer un homme. Les cinq qui priaient avec moi étaient des pasteurs ou des anciens, tous chevronnés dans le ministère de délivrance. Deux d'entre eux avaient le don d'interprétation des langues, et d'autres le discernement des esprits. Et quels esprits! Car c'est une douzaine de puissances qui ont été successivement expulsées, dont un esprit de Jézabel[2], tandis que l'homme se contorsionnait et qu'il fallait le maintenir. Quand la délivrance a été achevée, lui aussi a été pris de fou-rire et est resté allongé, déversant son allégresse, près de vingt minutes. Un des pasteurs présents l'a rencontré le lendemain. L'homme lui a déclaré ne plus se reconnaître lui-même.

Dans une autodélivrance, on n'a pas à craindre de telles manifestations. Les démons cherchent à impressionner le public. Ce sont des «lions rugissants». Comme ils n'ont qu'une obsession: se dissimuler, je crois pouvoir affirmer que c'est le Saint-Esprit qui les contraint à se manifester en public pour que le peuple de Dieu réa-

[1] Rappelons-nous le verset: «Si notre Evangile est encore voilé, il est voilé... pour les incrédules dont le dieu de ce siècle a aveuglé l'intelligence, afin qu'ils ne voient pas briller la splendeur de l'Evangile de la gloire de Christ, qui est l'image de Dieu». II Cor. 4.4.

[2] J'ai constaté certaines caractéristiques se produisant lors de la délivrance d'esprits de Jézabel: raidissement des membres, crispations ou violents tremblements des mains et des pieds, le visage qui devient violacé, et impression d'étouffement lorsque cet esprit sort. C'est suffisamment éloquent pour se rendre compte des dégâts que cet esprit peut faire, non seulement dans la personne habitée, mais dans tout son entourage. Généralement, ces personnes créent une tension partout où elles se trouvent.

lise la réalité de leur existence. Tout ce que l'on peut vivre quand on est seul, ce sont des toux, des baillements, des vomissements ou des tremblements.

Les autodélivrances sont particulièrement utiles contre les «souffles impurs» A plusieurs reprises, je me suis surprise en train de m'irriter contre des personnes qui ne m'avaient pourtant rien fait. J'ai réalisé que j'avais laissé un esprit de colère reprendre ses pénates en moi, parce que je m'étais couchée avec une colère (légitime!) contre une personne qui m'avait fait un coup bas. J'ai chassé la colère, et l'irritation s'est envolée. Une de mes amies, brûlante pour Jésus, s'était rendu compte, au bout de plusieurs semaines, que son repli sur soi après la remarque blessante d'une sœur en Christ n'avait rien de légitime. Se mettant devant la face de Dieu, elle a reçu que «Rejet», à l'occasion de cette blessure mal assumée, était revenu. Ce qui lui a permis de le chasser et de pouvoir ensuite, sans difficulté, changer de comportement. Le grand risque qu'elle courait, c'était de s'éloigner de plus en plus de l'Eglise, et de cultiver de l'amertume contre les chrétiens. Ce sentiment ne demandait qu'à revenir car elle avait subi, durant son enfance, une grande méchanceté de la part de certaines religieuses.

L'ennemi nous attaque toujours dans les domaines où nous avons été vulnérabilisés, et Dieu le permet pour que nous prenions conscience que notre guérison n'est pas achevée. J'ai été surprise une fois par la réaction excessive d'une amie à qui j'avais dit que le pasteur était, pour l'instant, loin d'être sûr qu'elle soit appelée par Dieu au ministère. Elle de rétorquer avec virulence: «Si c'est ainsi, je change immédiatement d'Eglise». Un vrai porc-épic sortant ses piques! Après une heure d'entretien, elle reconnaissait qu'elle avait une telle peur du rejet, en ayant souffert depuis toujours à cause de ses origines raciales, qu'elle avait tendance à claquer la porte dès que quelqu'un lui manifestait de l'opposition.

L'ennemi s'attaque à nos pensées pour nous faire croire que nous ne méritons pas l'amour de Dieu, ou pour nous maintenir dans un sentiment d'échec. Il n'aime rien tant que de faire chuter dans un de ses anciens péchés quelqu'un qui s'en croyait définitivement délivré, lui susurrant à l'oreille: «Tu n'es qu'un hypocrite. Ta vraie nature n'a pas changé». Répliquez aussitôt à cette vilaine petite voix intérieure: «Si nous confessons nos péchés, il est fidèle et juste pour nous les pardonner, et pour nous purifier de toute iniquité» (I Jean

1.9). Puis courez chez votre frère en Christ le plus sûr et avouez votre faute. Ensuite, tirez un pied de nez à Satan, ou exclamez-vous, comme Emile Dallière dans un des ses poèmes: «Tu as parfaitement raison, Satan, mais tu arrives trop tard: Jésus a déjà tout payé pour moi il y a deux mille ans, à Golgotha». Voici la prière de Jésus: «Sanctifie-les par **Ta** Vérité. Ta parole est vérité» (Jean 17.17). Nous devons nous accrocher fermement à la Parole de Dieu, et la brandir quand le diable nous accuse. Par exemple:

> *«Notre vieil homme a été crucifié avec Christ, afin que le corps du péché soit réduit à l'impuissance, pour que nous ne soyons plus esclaves du péché. CAR CELUI QUI EST MORT EST LIBRE DU PECHE»*
>
> *Rom. 6.6-7*

Ou:

> *«La loi de l'Esprit de vie en Jésus-Christ m'a affranchi de la loi du péché et de la mort».*
>
> *Rom. 8.2*

Le proclamer est une manière de tirer une révérence très irrévérencieuse à Satan. Mais la méthode Coué n'est pas au menu de la Bible. Il faut bien avouer qu'avant de pouvoir faire siennes de telles affirmations, en étant aptes à les proclamer avec foi sans avoir une petite voix qui nous glisse dans l'oreille: «Tu es un sacré menteur», nous avons un long parcours à effectuer! Pas vous? Moi si, et je suis loin d'avoir terminé ce rude chemin! Par contre, chaque fois que j'ai rencontré des chrétiens convaincus d'être parfaits, et qui, comme tels, se croyaient le droit de juger les autres, je me suis trouvée face à la méchanceté à l'état brut. J'ai compris comment les pharisiens étaient devenus des pharisiens. J'ai compris comment les religieux de l'inquisition pouvaient torturer les gens avec la conscience tranquille. Aucune différence, en fin de compte, avec les intégristes musulmans qui posent des bombes dans les RER ou massacrent leurs compatriotes, en étant convaincus de gagner ainsi leur paradis parce qu'ils débarrassent la terre d'infidèles.

Oh! Que Dieu nous garde de notre propre justice! Qu'Il m'en garde! Un des dangers qui nous guettent le plus, c'est de nous justifier les uns par les autres. Les pharisiens étaient toujours en groupe quand ils venaient accuser Jésus. Le fait d'être plusieurs à penser la même chose les confortait dans la certitude de détenir la vérité. «Malheur à vous lorsque tous les hommes diront du bien de vous» (Luc 6.26). Le critère selon lequel, quand on est approuvé de beaucoup de gens bien réputés eux-mêmes, c'est une garantie que nous sommes des chrétiens dignes de confiance, peut être un piège mortel. Quand on proclame la vérité, on dérange et on fait peur à de nombreuses personnes.

Nicodème est venu voir Jésus, de nuit, en cachette de ses pairs les pharisiens (Jean 3). Il a appris ce jour-là qu'il n'avait rien compris aux Ecritures. Jésus lui a révélé que s'il ne naissait de nouveau, toute sa théologie ne lui servirait de rien pour son salut.

Combien nous avons besoin sans cesse de la grâce! Mais pas de découragement! Nous pouvons relever la tête, même avec nos faiblesses, car Dieu nous voit à travers la justice de Christ, qui a cloué il y a deux mille ans tous nos péchés à la Croix. Si vous êtes rongés par un esprit de culpabilité à cause de certaines choses que vous ne parvenez pas à surmonter, c'est que vous vous laissez duper par Satan. Résultat? Vous vous laissez voler votre joie et votre paix. Soyez toujours joyeux, et rendez grâces à Dieu en toutes circonstances. Ce sont deux ordres de la Bible.

Si Dieu ne nous ôte pas instantanément certaines faiblesses, c'est parfois pour limer notre orgueil et nos tendances charnelles à la religiosité, au légalisme et au pharisaïsme. Dès qu'un chrétien pense qu'il a surmonté le péché et qu'il ne risque rien, il se met à juger les autres selon «sa sainteté» et se prend pour l'étalon-or à partir duquel il peut mesurer tous les autres. Il retombe sous la loi et se prive de la grâce. Si vous avez tendance à regarder les défauts de certains en pensant: «Ça, moi, jamais je ne ferais des choses semblables», vous êtes en grand danger: relisez Romains 2.1 Et rappelons le verset:

...Que celui qui croit être debout prenne garde de tomber.
I Cor. 10.12

Une des caractérstiques des propres justes, c'est de se munir d'un arsenal de versets bibliques pour étiqueter les tiers et ainsi se justifier de ne pas les aimer, et s'octroyer le droit de les rejeter. La Bible nous est donnée pour apprendre à connaître le Dieu de la Bible, et à mieux comprendre ce qu'Il veut nous apprendre, personnellement. Elle ne nous a jamais été donnée comme une arme meurtrière destinée à changer nos frères et à nous justifier nous-mêmes. Cela, c'est tout droit issu d'une inspiration satanique. Satan sait nous faire lire la Parole de Dieu de manière tordue. Et la manière la plus tordue de la lire, c'est de contraindre les autres à obéir «à la lettre», alors que soi-même on est aveugle sur le fait qu'on n'obéit même pas au premier et au second des commandements de Jésus: aimer Dieu de toute son âme... et aimer son prochain comme soi-même.

La certitude d'être aimés de Dieu ne nous empêche pas d'avoir à lutter âprement contre le péché. A la fois parce que Dieu le hait, et parce qu'un chrétien authentique est toujours malheureux de chuter. En n'oubliant pas que l'ennemi fait tout pour nous cacher la gravité de certains péchés, en particulier la critique et le jugement. C'est ce qui sort de la bouche qui souille l'homme: c'est Jésus qui l'a dit.

En parallèle, nous devons nous appuyer avec fermeté sur notre position en Christ. Nous sommes assis dans les lieux célestes, donc dans la lumière. Satan fuit la lumière. En Jésus, nous sommes plus que vainqueurs. Celui qui a intégré la pleine signification de cette position ne donne plus de prise à Satan.

Autre méthode efficace, la louange et l'adoration, qui nous font transpercer le deuxième ciel pour nous projeter dans le sanctuaire du Père, ce qui est insupportable aux esprits impurs, contraints de fuir. C'est pourquoi tous les chrétiens qui ont derrière eux une longue et importante vie de prière sont en général complètement libérés, même s'ils ne sont pas encore parfaits. Qui l'est jamais?

Ce que Dieu nous demande, c'est de ne pas nous accommoder de nos faiblesses, de confesser nos péchés et de demander pardon au Seigneur, en refusant de nous trouver de bonnes excuses. Et surtout, évitons d'accabler de nos jugements lapidaires ceux dont nous connaissons certains liens bien visibles. Nous courons le risque de faire rapidement pire qu'eux. Rappelons le verset Rom. 2.1 dans la traduction du Semeur. Alors que le chapitre précédent a mis en scène l'idolâtrie, l'homosexualité, les perversités, la méchanceté, la cruauté, il est écrit: «Toi donc, qui que tu sois, qui condamnes ces comportements, tu n'as donc aucune excuse, car en jugeant les autres, tu te condamnes toi-même, puisque toi qui les juges, tu te conduis comme eux». Ce qui signifie qu'il est aussi grave de juger méchamment un homosexuel et le condamner de notre bouche, que de pratiquer l'homosexualité. Quand on a compris cela, cela donne des frissons pour tous les jugements que nous avons émis sur des chrétiens que nous jugions, eux, inexcusables. Je crois que Dieu les met sur notre route, car rien n'est dû au hasard, pour éprouver notre capacité à les aimer «malgré ce qu'ils sont», pour que nous priions pour eux, et pour nous rappeler que nous-mêmes sommes loin d'être parfaits. Merci Père!

Si j'insiste sur ce point, c'est que nous entrons dans le temps du jugement de la maison de Dieu, et que le vrai visage de certains, selon les prophéties, va se voir. La ligne de démarcation se situera, je crois, entre ceux qui vont à l'église pour ressentir des émotions ou par devoir et ainsi se sentir meilleurs que les autres, et ceux qui vont à l'église pour aimer leurs frères, recevoir l'enseignement de la Parole, et surtout, pour adorer Dieu ensemble. Une autre ligne de démarcation est celle qui est annoncée par Malachie: la différence se verra entre ceux qui servent Dieu et ceux qui ne le servent pas (3.18). Beaucoup, à leur propre insu, tout en croyant servir Dieu, ont fini par servir leur propre œuvre, leur propre ministère, ou leur propre image. La pente est si insidieuse qu'aucun d'entre nous n'est à l'abri de cette déviation. Notre seul moyen de l'éviter, c'est d'être aptes à accepter sans broncher de voir nos œuvres, notre ministère, ou notre réputation soudain brisés, en comprenant que c'est le plan de Dieu qui s'accomplit pour notre bien, alors que nous faisions sans doute fausse route. Mais si nous nous débattons dans tous les sens, répliquant souvent par la méchanceté, pour défendre ce que nous croyons être notre droit, ou pire, en prétendant défendre l'œuvre de Dieu, c'est que nous avons sombré dans l'orgueil et l'endurcissement.

Un des plus grands apprentissages d'une vie chrétienne, c'est d'arriver à brider notre bouche, celle qui ne cesse tour à tour de bénir et de maudire, parce qu'elle est pleine d'un venin mortel (Jacq. 3.8-9).

Si nous nous octroyons le droit de juger quelqu'un parce qu'il vit dans l'adultère, par exemple, souvenons-nous que nous avons peut-être dit le plus grand bien d'un frère qui nourrissait des pensées d'adultère, sans que qui que ce soit puisse le deviner. Aux yeux de Dieu, il est tout aussi condamnable que le premier (Mat. 15.19), et peut-être même davantage, parce qu'il y rajoute de l'hypocrisie sociale et religieuse!

Si nous sommes si prompts à condamner quelqu'un qui commet l'adultère, c'est peut-être parce que nous sommes nous-mêmes en position de faiblesse dans ce domaine, en acte ou en pensée, ce qui est strictement la même chose: «Que celui qui n'a jamais péché lance la première pierre»!

La hiérarchie satanique

L'incapacité de lire assidûment la Bible, dans la joie, je le rappelle, est souvent un signe de liens démoniaques. D'autres sont pris d'un sommeil incoercible au moment où un message ou une prophétie qui les concerne est délivré. Là encore, c'est un signe qu'une délivrance est nécessaire.

Je ne pense pas qu'une personne puisse se délivrer elle-même de «princes» de Satan. La hiérarchie du monde satanique nous est rappelée par Paul en Ephésiens 6.12: **Dominations:** «hommes forts», mis par Satan sur les collectivités: nations, villes, entreprises, familles. Mais aussi sur les individus. L'homme fort, s'il n'a pas été lié et chassé précocement, a peu à peu introduit ses acolytes, au gré des péchés qui ont été commis sous son influence. Sur les religions, comme sur les pays, quatre hommes forts sévissent plus particulièrement, ce sont sans doute les quatre «anges déliés» cités dans l'Apocalypse. Certains sont mentionnés dans les lettres aux sept Eglises (qui ont aussi, Dieu merci!, leur ange).

I. La mort, entraînant guerres, meurtres, suicides, avortements et violence. Il signe particulièrement l'intégrisme: intégrisme islamique par exemple, mais aussi les croisades chrétiennes, l'inquisition, etc. L'intégrisme, qui est la volonté des religieux d'imposer leur religion par la force, est le contraire de la loi d'amour de Dieu. Cette loi est de proposer le salut, mais laisse libre chaque individu d'accepter ou de refuser. Dieu ne veut pas d'un amour forcé. L'intégrisme, à l'instar de l'esprit religieux, est fait d'orgueil et de goût de domination, camouflés sous une fausse piété. Il a pour fruits la cruauté et le meurtre.

II. L'esprit de Jézabel, entraînant, entre autres, la prostitution spirituelle, puisqu'il génère l'insoumission sous toutes ses formes, et notamment l'insoumission à Christ. Il signe par exemple, l'hindouisme et le New Age, mais aussi dans la chrétienté la mariolâtrie, le culte aux morts et l'invocation des saints morts. Comme nous l'avons dit plus haut, c'est aussi et surtout l'accaparement du pouvoir et le goût du contrôle. A ce titre, il infeste la société, mais aussi quantité d'Eglises.

La prostitution spirituelle s'associant toujours à la débauche, Jézabel engendre l'immoralité, l'autojustification et le laxisme.

Puis, dans la foulée, l'adultère, l'homosexualité, l'échangisme, mais aussi la superstition, la sorcellerie et la magie. Et dans les Eglises, idolâtries, fausses doctrines, désordres moraux. En face, il faut l'esprit d'Elie, c'est-à-dire une volonté d'affrontement qui ne supporte aucun compromis avec la Vérité. Car Jézabel est un esprit redoutable: même Elie a connu un moment d'effondrement au cours duquel il a demandé la mort, et il a ensuite erré quarante jours en remâchant déception et rancœur contre Israël.

La vigilance et l'absence de compromis ne signifient pas qu'on ait le droit de rejeter durement certaines personnes. Mais parfois il est préférable d'écarter un temps certaines personnes d'une assemblée, pour leur bien et celui d'autres chrétiens. Sous réserve qu'il s'agisse de désordres mettant vraiment en danger d'autres personnes faibles dans la foi. On peut écarter par exemple, comme la Parole l'indique, ceux qui créent des divisions (Tite 3.10). En n'oubliant pas qu'une personne qui crée une division a peut-être de sérieuses raisons pour le faire et le fait peut-être sous l'inspiration du Saint-Esprit (I Cor. 11.18-19)! Il est des responsables spirituels qui, si tout marche dans un gentil train-train, ne se remettent jamais en cause! De certaines divisions, pour raison d'incompatibilité spirituelle, des Eglises ou des mouvements puissamment régénérés sont sortis, à commencer par la Réforme! Les Eglises les plus enlisées dans les erreurs doctrinales sont les plus promptes à jeter l'anathème ou à excommunier ceux qui retrouvent et proclament la Vérité. Et généralement, elles ne le font pas avec des gants, ni avec amour, mais en calomniant, en accusant et même parfois en agissant avec une grande dureté. Comme Jézabel, comme les pharisiens du temps de Jésus.

Par contre, si nous nous sommes mis à l'écart de toute assemblée, remâchant notre amertume parce que nous les trouvions toutes imparfaites, c'est nous qui sommes en grand danger. Sortis du Corps de Christ, nous devenons vite la proie des loups.

L'esprit de Jézabel a une autre particularité: il entraîne la prise d'autorité de la femme sur l'homme. Jézabel avait pris le contrôle de l'armée à la place d'Achab, et n'hésitait pas à contrefaire sa signature. Chaque fois que l'on se trouve devant un couple dont l'épouse s'arroge le droit de prendre toutes les décisions, parle à la place de son mari, signe papiers et contrats qui devraient normalement être paraphés par le chef de famille, on est devant un esprit de Jézabel du côté de la femme, un esprit d'Achab du côté du mari. C'est des deux côtés que doivent s'accomplir repentance et délivrance. Car l'homme est encore plus coupable que la femme de ne pas prendre ses responsabilités d'homme. La plus lourde condamnation divine jamais prononcée a commencé par: «Puisque tu as écouté ta femme». Sous-entendu, «pour désobéir à Dieu». Elle a entraîné la malédiction de la terre et l'intrusion de la mort dans le monde (Gen. 3.17). Un autre homme a un jour aussi écouté la voix de sa femme, au lieu de faire confiance à Dieu. C'est pourtant un des plus grands hommes de foi de toute la Bible. Cette erreur, à elle seule, a entraîné pour Israël la naissance du peuple arabe, contre lequel il est en guerre depuis 4000 ans. Il s'agit d'Abraham, acceptant sur le conseil de sa femme d'aller avec Agar pour accélérer la réalisation de la promesse divine.

Si Dieu a demandé à la femme de se soumettre à son mari, ce n'est pas pour la priver de son autonomie, mais parce que c'est une grande protection. C'est l'homme qui subira les conséquences des mauvais choix ou décisions qu'il prendra (après, – c'est recommandé! – avoir consulté son épouse qui peut avoir des conseils avisés). Mais s'il esquive ses responsabilités, les conséquences peuvent être redoutables pour tout le monde. C'est toujours à l'homme que Dieu demandera, en premier, des comptes. Achab a été tenu par Dieu pour responsable de la mort de Naboth, alors que c'était sa femme Jézabel qui avait perpétré ce meurtre (I Rois 21.15-16 et 19). Achab a lâchement profité du crime. Il a été condamné par Dieu à mourir. Et pour n'avoir pas empêché sa femme d'agir, il l'a, au final, condamnée à une mort infamante.

Jézabel s'entourait d'eunuques parce qu'elle ne supportait pas la virilité. Souvent les femmes qui sont atteintes de cet esprit parlent de leur mari comme s'il était un enfant.

Ce n'est pas toujours aussi voyant: la prise de contrôle d'une femme sur un homme peut s'accomplir dans la ruse ou la séduction, ou sous la forme d'un chantage affectif ou érotique: elle le mène «par le bout du nez».

Cette séduction peut s'exercer par personne interposée. Hérodias rêve de supprimer Jean-Baptiste. Après avoir poussé son mari à le faire emprisonner (alors que «Hérode craignait Jean, le connaissant pour un homme juste et saint... il l'écoutait avec plaisir». Marc 6.20), elle attend la bonne occasion. Celle-ci lui est fournie lorsque sa fille subjugue Hérode en dansant. Elle obtient ainsi de faire décapiter le prophète, ce qu'Hérode se voit contraint de faire, contre son gré.

Il y a bien des similitudes avec Jézabel, notamment le fait que Jean-Baptiste, dans la prison où l'avait fait mettre Hérodias, s'était mis soudain à douter que Jésus soit le Messie, comme Elie s'était mis à douter de Dieu et de lui-même après avoir reçu la menace de Jézabel.

Ces deux récits démontrent la puissance malfaisante de cet esprit démoniaque, qui conduit les tiers qu'elle attaque, via les hommes et les femmes qui sont sous son influence, à un affaiblissment de la foi et au découragement.

Citons Francis Frangipane dans «Les trois champs de bataille»: *«Faites confiance à Jézabel pour s'en prendre aux femmes remplies d'amertume à l'égard des hommes parce qu'elles ont souffert soit d'abandon, soit d'abus d'autorité... Jézabel est derrière la femme qui, par ses réflexions, humilie son mari publiquement... L'autorité, voilà ce qu'elle recherche quand elle a recours au pouvoir des passions sexuelles dans le but de posséder les hommes... La conquête d'un homme n'implique pas nécessairement le contact physique s'il suffit d'un regard aguichant pour le subjuguer».*

La manipulation d'autrui, quelle que soit la forme qu'elle prend, dans ou hors de l'Eglise, est assimilable à la sorcellerie. J'ai envie d'insister particulièrement sur cette affirmation, car peu de gens, dans notre siècle tordu où tout le monde cherche à manipuler tout le monde, en parlant «d'influence» pour en édulcorer la gravité, le peuple chrétien est souvent mal enseigné sur ce sujet. Nous devons en prendre conscience, soit pour nous repentir de nos propres actes de manipulation, soit pour briser certains jougs que nous avons acceptés «par soumission», en les prenant pour la volonté de Dieu. Dieu respecte notre volonté parce qu'il nous aime, tout en nous avertissant des conséquences de notre rébellion. De quel esprit sommes-nous animés quand nous voulons contraindre les autres à se plier à notre volonté, ou à nos interdits, soi-disant «pour leur bien»? Notre rôle se limite à enseigner et conseiller, éventuellement à avertir, sous réserve d'être mus uniquement par l'amour de l'autre et jamais pour servir nos propres intérêts. Mais, souvent, nous avons une extraordinaire habileté pour nous camoufler nos véritables motivations.

Le féminisme qui s'est propagé en France depuis mai 68, et qui règne en maître aujourd'hui dans bien des pays occidentaux, dénote combien la puissance démoniaque de Jézabel s'est développée dans ces nations. Mais aussi la somme d'amertume que les femmes ont accumulée au cours des siècles, face à la phallocratie exercée tant dans la société que dans les foyers.

Car la phallocratie est tout aussi empreinte de l'esprit de Jézabel que le féminisme. Il y a confusion entre l'autorité naturelle qui trouve sa source en Dieu, et la domination qui s'appuie sur la force physique, la détention de la puissance militaire ou policière (Jézabel avait pris le contrôle de l'armée), les diplômes (y compris bibliques ou théologiques: Jézabel se dit prophétesse: Apo. 2.20), l'argent, l'âge ou l'origine sociale. C'est-à-dire toute la hiérarchie habituellement admise dans le monde, et qui est «une abomination aux yeux de Dieu» (Luc 16.15).

Dans ce contexte, on comprend la signification d'un verset de l'Apocalypse: «Les feuilles (de l'arbre de vie) servaient à la guérison des nations» (Apo. 22.2). Les nations ont en effet besoin, collectivement, de grandes guérisons, tant la société a dérivé par rapport à la vision de Dieu sur les rapports humains, notamment la complémentarité dans le respect entre les femmes et les hommes, et tant elle s'est écartée de préceptes moraux fondamentaux. Mais les Eglises ont aussi besoin de guérison. C'est parce que l'Eglise est malade que les nations le sont. C'est pourquoi le jugement «va commencer par la maison de Dieu» (I Pierre 4.17). Quand une Eglise triomphante, parce que purifiée et libérée, se lèvera, elle pourra «aller jusqu'aux extrémités de la terre pour faire de toutes les nations des disciples». Alors seulement Dieu exercera Son jugement sur ceux qui auront refusé d'écouter l'Evangile et de lui obéir.

Beaucoup de gens sont atteints de l'esprit de Jézabel. S'il est parfois voyant, il est souvent difficile à déceler. L'expérience aide au discernement. Une femme qui venait enfin de pardonner à son père m'avait expliqué le pourquoi de sa rancune contre lui: elle l'avait toujours défendu contre tout le monde, en particulier contre sa mère et ses sœurs, quand il faisait preuve d'injustice et de violence. Il se met un jour à la rejeter à son tour, refusant même d'assister à son mariage. Elle avait l'impression d'être dupée!

Cette histoire me travaille et le lendemain, je lui explique que son attitude protectrice vis-à-vis de son père durant son enfance n'était pas dans l'ordre des choses. C'était son père qui aurait dû la protéger. Et moi de suggérer avec douceur que cela camouflait peut-être un esprit de Jézabel. D'abord dubitative, elle a accepté de se mettre devant le Seigneur pour qu'Il l'éclaire. Le lendemain, alors que nous priions ensemble, et que nous recevions une merveilleuse visitation du Saint-Esprit, elle dit avoir pris conscience qu'elle avait effectivement joué un rôle qui ne lui était pas dévolu, non seulement auprès de son père, mais aussi de sa mère. A présent elle cherchait à pallier les «carences» de son mari en effectuant certaines tâches à sa place. Elle en demande pardon au Père. J'ordonne à l'esprit de Jézabel de sortir. La délivrance s'est produite avec une facilité exceptionnelle. Contrairement à ce qui se produit généralement lorsqu'on chasse cet esprit, qui résiste toujours farouchement, j'ai vu mon interlocutrice se détendre après quelques minutes de prière et me dire: «Il est parti».

Le Saint-Esprit lui avait donné la vision de trois corbeaux, dans une ville arabe, qui tombaient l'un après l'autre d'une branche, morts. Elle savait que ces trois corbeaux représentaient ses rôles abusifs auprès de sa mère, de son mari et de son père.

Ce qui m'a éclairée sur une autre chose. Cette femme était d'origine arabe. Le machisme qui règne dans cette population, machisme justifié par le Coran, génère souvent, à titre compensatoire, le besoin chez les femmes arabes de dominer tout le monde au sein de leur maison. Certains maris qui à l'extérieur plastronnent, filent doux à l'intérieur. Eux ont besoin d'être délivrés, à la fois de l'esprit de Jézabel, et de celui d'Achab!

Les maîtresses-femmes sont, la plupart du temps, des Jézabel modernes!

Pour en terminer avec l'influence maléfique de Jézabel, sur laquelle il y aurait encore beaucoup à dire, signalons que cet esprit ne supporte pas les unions et qu'il provoque le divorce, et les divisions dans les églises. Les mauvaises divisions...

Mammon: la soumission aux lois du marché et à l'amour de l'argent, qui infeste particulièrement les sectes, le New Age, mais touche aussi de nombreux chrétiens et responsables chrétiens. Il règne en maître sur le capitalisme et l'économie de marché. Tout le système du commerce, de la publicité, et plus généralement du travail est basé sur un adage incroyablement mensonger, enseigné dans bien des écoles de commerce, et distillé par les médias: les moyens et ressources mondiales sont limités, alors que les besoins de l'homme sont illimités. A partir de là, l'oppression peut s'exercer, entreprises contre travailleurs, grandes surfaces contre petits commerces, dirigeants politiques contre petit peuple, au nom de la loi du marché. Au nom d'un omnipotent dieu Mammon. Alors que ce mensonge est écrasant. Car Dieu dit que ses moyens sont illimités, que tout l'argent et l'or du monde lui appartiennent et qu'Il peut ouvrir les écluses des cieux. Il dit aussi que les besoins de l'homme sont limités, et que ce sont ses désirs qui sont illimités. Des désirs que la publicité et la séduction des emballages s'acharnent à transformer en besoins.

La logique économique qui régit notre société, poussant dans la marginalité et la misère de plus en plus de gens, excluant du travail les jeunes et les «vieux» de plus de 45 ans, est d'origine satanique.

Beaucoup de chrétiens sont prisonniers, à des degrés divers, des mensonges de Mammon, et ont besoin d'abattre cette forteresse de pensée dans laquelle se camouflent de redoutables ennemis: égoïsme, cupidité, intéressement, peur de l'avenir, accumulation de biens pour se prémunir, versement partiel des dîmes, indifférence vis-à-vis des pauvres...

Nous devons renverser dans nos vies la logique économique du monde, cette «hauteur» qui s'élève contre la connaissance de Dieu.

L'antéchrist, qui signe plus particulièrement l'humanisme, l'évolutionnisme, la franc-maçonnerie, le communisme, l'islam, le bouddhisme. En bref, tout ce qui n'est pas pour et avec Christ, parce qu'il détourne de Christ et égare les gens dans des illusions politiques, humanistes, ou religieuses. Même au sein de la chrétienté, cet esprit a tant égaré de gens pourtant désireux d'être dans la vérité vers des faux dogmes, des compromis avec la Parole de Dieu, des traditions scélérates et des doctrines contraires à l'Evangile que l'on comprend mieux pourquoi Jésus a averti ses disciples. C'est à toute la chrétienté qu'il s'adressait: «Large est la porte et facile l'avenue qui mènent à la perdition, mais étroite est la porte et difficile le chemin qui mènent à la vie» (Mat. 7.13).

A cause d'un Evangile à l'eau de rose trop souvent prôné, beaucoup de chrétiens pensent que tout a été accompli le jour où ils sont passés par la porte étroite. En oubliant qu'il est ensuite un chemin difficile pour accéder à la vraie vie.

L'ennemi met tous ses efforts à nous placer, à titre individuel ou à titre collectif, sous une des dominations citées plus haut, ou sous une composante de plusieurs d'entre elles.

Lâchons nos héritages terrestres

Après les dominations, les autorités. Ce sont aussi des «hommes forts», introduits par des péchés commis au sein de la famille, jusqu'à quatre générations au-dessus. La bâtardise entraîne la malédiction jusqu'à dix générations (Deut. 23.3). C'est pourquoi, un nettoyage spirituel doit toujours commencer par couper, au nom de Jésus, les liens familiaux et, spirituellement, le cordon ombilical (voir Ezéchiel 16.3). En donnant notre cœur au Seigneur, nous devenons «étrangers et voyageurs sur terre». Il faut le proclamer, mais surtout, en conséquence, changer de comportement dans tous les domaines de notre vie. Nous devons ainsi, de tout notre cœur, renoncer à tout héritage matériel, sinon nous revendiquons en parallèle l'héritage spirituel. «Celui qui ne renonce pas à tout ce qu'il possède ne peut être mon disciple» a dit Jésus. Cela ne veut pas dire que nous ne recevrons pas d'héritage matériel. Dieu est souverain et aime que ses enfants soient dans l'abondance. Mais Il peut aussi décider que cet héritage ne doit pas nous échoir parce qu'il nous amènera à nous confier dans notre sécurité matérielle, et non en Dieu.

On doit aussi briser toute malédiction, connue ou inconnue, qui a pu frapper notre famille, car Jésus s'est fait malédiction pour nous (Es. 53.5).

Nous avons reçu une éducation qui a faussé notre regard par rapport à l'argent. Ce dernier ne devrait être qu'une contrepartie de notre travail, et un moyen facilitant le troc d'une marchandise fabriquée par nos soins, contre une marchandise générée par d'autres mains. Dans la parabole de l'intendant malhonnête, Jésus parle des richesses injustes. Il n'y a rien de plus injuste qu'un héritage, puisque l'on récolte, sans peine, le fruit du travail d'autres personnes (ou d'investissements lucratifs ou de trafics plus ou moins obscurs!). Dans l'Evangile, un homme interpelle le Christ, se plaignant que son frère le spolie de son héritage. Il réclame une justice apparemment légitime. Ce ne semble pas être l'avis de Jésus qui, lui répondant indirectement, déclare: «Gardez-vous avec soin de toute avarice; car la vie d'un homme ne dépend pas de ses biens, serait-il dans l'abondance» (Luc 12.15). Un héritage doit être considéré comme un cadeau, pas un droit, même si nos législations l'affirment. C'est parfois un cadeau du diable! Si c'est Dieu qui l'accorde, c'est pour qu'il serve à Sa gloire.

La cupidité peut submerger les gens au point de commettre des actes ahurissants et même faire perdre toute dignité humaine si les circonstances s'y prêtent. Il n'est qu'à songer aux pillages lors de catastrophes ou d'accidents, au détriment de victimes impuissantes, ou aux voleurs qui agressent des personnes âgées. De telles lâchetés donnent la nausée. Dans les grandes agglomérations, aujourd'hui, tout le monde craint tout le monde et se méfie de son prochain. Notre siècle voit se développer de manière exponentielle cette sauvagerie, ce qui démontre à quel point les ténèbres sont en train d'envahir la terre, et combien la fin est proche. Ô, Seigneur Jésus, reviens!

L'amour de l'argent est une porte grande ouverte aux démons. Satan fait des gens cupides ses marionnettes. Ce fut le cas de Judas. Paul, en I Tim. 6.9, explique que ceux qui veulent s'enrichir tombent dans un piège et «dans beaucoup de désirs insensés et pernicieux qui plongent les hommes dans la ruine et la perdition». I Jean 2.16. rappelle que toute convoitise ne vient pas du Père, mais du monde. Monde et Satan sont souvent assimilés, parce qu'ils sont intrinsèquement liés. Par exemple quand Jésus dit: «J'ai vaincu le monde», il semble considérer le monde comme un ennemi. Mais en Jean 3.16 il est dit: «Dieu a tant aimé le monde...» Ne confondons pas les gens que Dieu aime avec leurs péchés! Devant notre difficulté à renoncer aux héritages matériels, nous pouvons prendre la mesure de notre attachement à l'argent, alors même que nous nous pensions libres. Souvent, nous avons renoncé de notre bouche à certains héritages, mais nous entretenons des arrière-pensées à leur sujet, laissant notre esprit vagabonder sur ce que nous pourrions acquérir avec l'argent qui pourrait nous échoir après la mort de tel ou tel membre de la famille.

Certains héritages «sociaux» sont une plaie spirituelle, alors qu'aux yeux du monde ils semblent un cadeau du destin. Un jour, le Seigneur m'a montré que ma naissance aristocratique m'avait conféré un sentiment de supériorité, un orgueil de caste, qui avait tordu mon psychisme et m'avait conduite à une grande solitude.

Dieu résiste aux orgueilleux. J'ai dû demander pardon, et renoncer à mes titres de noblesse, dans le nom de Jésus. Car «Il n'y a plus ni Juif ni Grec, il n'y a plus ni esclave ni libre, il n'y a plus ni homme ni femme; car tous vous êtes un en Jésus-Christ» Gal. 3.28.

Le poids des héritages spoliés

Les pires héritages sont peut-être ceux que l'on revendique alors qu'on en a été spolié. Citons un cas: Y... avait un père franc-maçon fort riche. A sa mort, ce dernier lègue tout à une maîtresse, la loi du pays où il demeurait lui en donnant le droit. Y... n'a jamais pu s'y faire. Dans sa colère, il a commencé par dépenser cet argent qui aurait dû lui échoir, se couvrant ainsi de dettes. Les malédictions, par la suite, se sont mises à pleuvoir. Quelle bataille pour qu'il prenne conscience que cet héritage était maudit et qu'il y renonce définitivement! En remerciant Dieu de lui avoir évité un tel cataclysme!

Si tout l'or et l'argent du monde appartiennent à Dieu, cela signifie que c'est Lui qui donne, qui reprend, et donc qui permet qu'un héritage soit détourné. Quoi qu'il arrive, rendons-Lui grâce.

J'ai été spoliée par mon père d'un héritage qu'il a dilapidé. Cet héritage, s'il m'était échu, m'aurait sans doute empêchée de rencontrer le Seigneur. C'est parce que je me suis trouvée un jour ruinée, cela s'ajoutant à tous les autres échecs vécus précédemment, que j'ai crié à Dieu. Non seulement il m'a sortie miraculeusement de ma ruine, mais il a transformé ma vie.[1]

Nina nourrissait de l'amertume, car son grand-père, sous l'influence de sa seconde épouse, s'était arrangé pour qu'aucun des enfants de son premier mariage ne touche quoi que ce soit. La mère de Nina avait ainsi connu de grandes privations et Nina en avait subi le contrecoup. Elle réclamait la justice, non pour elle-même mais pour sa mère. Elle a fini par réaliser qu'en le revendiquant, même pour un tiers, elle héritait du même coup des malédictions attachées à cet argent dont les origines étaient d'ailleurs peu claires. De surcroît, elle entretenait une rancune malsaine tant vis-à-vis du grand-père que de sa seconde épouse.

[1] Lire: «Le tourment et la grâce», du même auteur, chez Fayard.

Si nous avons été spoliés dans des héritages matériels, renonçons-y: Dieu l'a permis. Et louons-Le joyeusement, car cela a concouru à notre bien, et peut-être même à notre salut, si cela nous a évité de nous confier dans une sécurité matérielle illusoire. Mais si nous sommes certains qu'il s'agissait d'argent honnêtement gagné, et qu'il a été volé, ordonnons à Mammon, dans le nom de Jésus, non de le rendre à l'héritier «légitime» (selon le monde!), mais de le restituer au peuple de Dieu. Comment et à qui cet argent retournera ne nous regarde pas. Dieu seul sait qui, dans son Eglise, a le cœur assez pur pour gérer de fortes sommes sans en être empoisonné.

Ils ont été... dépouillés, et personne ne dit: Restitue!
Es. 42.22

Les biens «idoles»

Certains héritages familiaux sont si lourds que plusieurs générations sont frappées par la malédiction. Ainsi une femme de ma connaissance, descendante d'une famille royale, vit dans une misère effrayante. Elle a perdu tous ses enfants dans un accident de voiture, et son mari l'a abandonnée. Au début de son existence, elle avait connu les plus grands honneurs, les plus grandes richesses, et les plus grands bonheurs affectifs. Mais tous ses ancêtres étaient dans la franc-maçonnerie, et probablement s'adonnaient à de nombreuses pratiques occultes. Par sentimentalité, elle refusait de se séparer de certains objets occultes qui avaient appartenu à ses ascendants, telle l'épée de franc-maçon de son père. Le sentimentalisme familial peut être un piège destructeur. Gédéon avait dû détruire l'autel de son père avant d'être apte à servir Dieu. Cet autel vénérable, c'était un poteau d'Achéra, une idole voyante (Juges 6.25). Comme l'épée franc-maçonne.

Parfois, c'est plus subtil. Une femme avait divorcé de son mari vigneron, parce que celui-ci la battait, se soûlait, et la trompait. Elle ne comprenait pas pourquoi ses quatre enfants buvaient et avaient une vie dépravée alors qu'ils avaient rencontré Jésus. Elle et ses enfants avaient travaillé dur dans le vignoble familial avant le divorce. Tous nourrissaient une forte rancune contre ce mari et ce père, estimant qu'il leur avait volé la vigne qu'ils avaient contribué à faire prospérer. D'autant qu'à présent il la laissait à l'abandon. Lorsqu'elle s'est décidée à y renoncer, pour elle comme pour ses enfants, le proclamant dans le nom de Jésus, c'est comme si une digue s'était brisée. Des flots de larmes ont jailli, la libérant d'une oppression dont elle n'avait jusqu'alors pas compris l'origine satanique.

Une de mes amies a aussi un jour réalisé que la ferme familiale, dans laquelle elle et ses deux frères avaient travaillé quinze à dix-huit heures par jour, jusqu'à ce qu'elle-même s'enfuie à cinquante ans, les avaient tous trois frappés de la malédiction du célibat. Leur père répétait que des conjoints et des enfants «voleraient» le temps dû à la ferme. De fait, cette ferme, véritable idole familiale, avait dévoré les trois enfants et leurs descendants potentiels.

Lorsqu'elle a renoncé à la ferme, et que nous avons brisé la malédiction qu'elle avait engendrée, cette amie, pour la première fois depuis des dizaines d'années, s'est mis à sangloter. Le Saint-Esprit lui révélait que le «don du célibat», dont elle était si fière, était basé sur un mensonge, et que sa vie de femme avait été gâchée.

Une fois les liens coupés, Jésus peut rebâtir la personne «à neuf».

Les tiens rebâtiront sur d'anciennes ruines,
Tu relèveras des fondements antiques;
On t'appellera réparateur de brèches,
Celui qui restaure les chemins et rend le pays habitable.

Es. 58.12

Sous réserve qu'on n'ait pas laissé sous les ruines des nids de vipères! Il faut que le «pays» tout entier devienne, pour le Saint-Esprit, habitable.

Notre volonté reste souveraine

Continuons avec la hiérarchie démoniaque.

Les «autorités» du monde des ténèbres entraînent toujours avec elles d'autres démons. Matthieu 12.45 démontre la complicité qui s'établit entre des démons «plus méchants» et d'autres.

Rappelons quelques esprits «maîtres» donnés dans le livre: «Les voleurs dans le temple». Amertume, rébellion, conflit, contrôle (volonté de domination), revanche, accusation, insécurité, jalousie, fuite, passivité, dépression, lassitude, inquiétude, nervosité, persécution, maladie mentale, schizophrénie, paranoïa, confusion, doute, indécision, orgueil, occultisme, phobies, mensonge, simulation, cupidité, perfectionnisme, impatience, mort, infirmité, suractivité, compétition, chagrin, asservissement, gloutonnerie, auto-accusation, culpabilité, impureté sexuelle, sectes, religiosité, spiritisme, fausses religions, etc.

En touchant à certaines pratiques, notamment à l'occultisme, nous livrons à notre tour nos descendants à de nouvelles dominations. Un héritage d'autant plus dangereux qu'il est invisible. Lorsqu'une autorité a été mise à jour et chassée, il faut en délier aussi les enfants. Dans le cas que je citais plus haut concernant la femme touchée par l'amertume, sa fille assistait à la délivrance. Elle-même était atteinte du même tremblement incoercible que sa mère durant toute la durée du combat, car le même démon réagissait en elle. Mais, elle, elle n'a pas été délivrée parce qu'étant adulte, il lui fallait d'abord passer par la conversion et la repentance, puisqu'elle-même avait commis des péchés sous l'influence de l'amertume.

Ne perdons pas de vue que, même si une «autorité» habite en nous, nous avons la liberté de lui résister. Dans l'épisode des deux démoniaques (Marc 5.9, Mat. 8.25) atteints chacun de milliers de démons (eh oui!, on peut en avoir beaucoup: une légion comportait environ 6000 individus! et même 8500 selon le Larousse), il y avait manifestement des esprits de suicide, puisque les porcs se sont jetés dans la mer. Pourtant, ces deux hommes ne s'étaient pas tués.

Tout l'art des esprits démoniaques étant de faire oublier leur présence, ils se manifestent rarement d'une façon voyante et permanente. Ils se contentent de pousser à des actes, des pensées ou des paroles qui leur permettront d'affermir leur domination. Ils attendront des circonstances favorables pour déclencher, par exemple, des pulsions de meurtre, de suicide ou de vol. Prenons le cas d'un homme habité par un esprit de viol. Il ne va pas, tous les jours, commettre un viol! La peur du gendarme, ainsi que sa conscience vont lui servir de garde-fou et lui faire réfréner ses pulsions. Il peut, de toute son existence, ne jamais commettre un viol. Mais si l'occasion se présente de réaliser un tel forfait avec peu de risques d'être pris, et si de surcroît cela se situe dans une période de grande tension, le risque qu'il passe à l'acte est multiplié. Surtout s'il a laissé s'accumuler de la colère rentrée, et qu'il cherche un exutoire.

Les tristes affaires de pédophilie qui se multiplient aujourd'hui, démontrent quelles puissances sataniques sont à l'œuvre dans ces crimes, puisque, malgré les risques, les «bourreaux», tôt ou tard, ne peuvent s'empêcher de recommencer et représentent une menace permanente pour la société. Combien ces hommes auraient besoin de rencontrer Jésus et d'être libérés!

Or, quasiment tous, on le sait, ont eux-mêmes subi des sévices sexuels dans leur enfance avant de devenir des agresseurs. C'est la loi satanique de la propre justice qui provoque ces répercussions sans fin.

Les princes

Après les «autorités», Paul cite les «princes de ce monde de ténèbres». Dominations, autorités, princes, et esprits méchants dans les lieux célestes peuvent porter le même nom, car ils sont de même nature. C'est leur degré d'emprise sur la personne qui change, lié au degré d'asservissement au péché, par sa répétition à la fois familiale et individuelle. Par exemple, une prostituée, de par son métier, aura des légions d'esprits impurs, manipulés par une puissante domination de prostitution. Mais une femme qui a commis une incartade une seule fois, pour arrondir ses fins de mois, n'en aura pas moins un démon de prostitution. La repentance chassera probablement spontanément un tel esprit, alors qu'une prostituée professionnelle aura besoin d'une équipe d'intercesseurs. A moins que Dieu, dans sa miséricorde, la délivre de manière miraculeuse.

Rappelons que tout acte sexuel en dehors des liens du mariage entraîne une infestation des démons de l'autre, puisqu'on ne fait qu'une seule chair avec le partenaire. Paul l'a exprimé en I Cor. 6.16. Dans les Proverbes 2.16-19, il est écrit que d'aller vers une femme étrangère conduit à la mort. En 5.9, l'auteur des Proverbes précise que d'aller vers une courtisane, c'est livrer ses années à un «roi cruel». Par contre, dans un mariage, même si l'un des deux membres n'est pas chrétien, ce dernier est sanctifié par son conjoint (I Cor. 7.14).

On peut établir un parallèle entre les proverbes cités plus haut et Esaïe 19.3, qui déclare que ceux qui consultent faux dieux, augures, nécromanciens et devins seront livrés à des «seigneurs durs», et qu'un «roi cruel» dominera sur eux. Fornication et occultisme entraînent les mêmes conséquences: le droit pour Satan de dominer les individus qui lui ont été livrés. Il connaît mieux que personne la Bible, et c'est au nom de cette Parole qu'il peut réclamer ceux qui commettent certains péchés. L'Apocalypse (21.8), et bien d'autres textes nous le rappellent.

> *Ne vous y trompez pas: ni les débauchés, ni les idolâtres, ni les adultères, ni les dépravés, ni les homosexuels... n'hériteront le royaume de Dieu.*
>
> *I Cor 6.9-10*

Par le passé, bien des pères encourageaient leur fils à aller voir les prostituées pour «devenir un homme»! Aujourd'hui, avec la liberté sexuelle, le multipartenariat et l'échangisme, les pères n'ont plus à se soucier de trouver des partenaires pour leurs fils adolescents. Ces derniers sont assaillis de sollicitations de filles qui, pour certaines, considèrent comme obsolète d être encore vierges à 15 ans.

Rappelons que Jésus a dit: «Quiconque regarde une femme pour la convoiter a déjà commis un adultère avec elle dans son cœur» (Mat. 5.28). Toutes les convoitises charnelles, ainsi que les fantasmes, sont comptabilisés côté ciel comme si les actes avaient été réellement commis. Nous le répétons, car bien des chrétiens, aveuglés par l'ennemi, ont mal perçu le poids de certains péchés. Ainsi un fantasme de viol ou d'inceste a ouvert la porte aux démons du même type. Il faut s'en repentir, demander au Seigneur Jésus de purifier la mémoire par son sang, et chasser les démons.

Je tiens à dire que, par la bonté de Dieu, beaucoup de délivrances se font spontanément, lorsque nous sommes convaincus de péché par l'Esprit Saint et que nous répandons des larmes de repentance: un tas de démons sortent avec! Dieu agit avec plus de puissance pour ceux qui veulent de tout leur cœur le servir que pour ceux qui se contentent de leur salut et qui continuent à mener leur existence selon leur gré. Ceux-là d'ailleurs n'ont fait que des conversions sentimentales et ne sont pas demeurés en Jésus: la graine est tombée sur un terrain sans profondeur. Le Psaume 34.23 dit: «L'Eternel délivre l'âme de ses serviteurs». Remarquons que ce texte démontre deux choses: même chez les serviteurs de Dieu, l'âme peut être aux mains de l'ennemi. Le corps n'est pas mentionné. La délivrance de l'âme est plus importante que celle du corps. Avec des esprits mauvais dans le corps, on peut servir Dieu. Si l'âme est atteinte, c'est beaucoup plus difficile. Rappelons que le manque de pardon, de confession et de repentir, les séquelles du rejet, les colères rentrées, l'amertume, donnent des lieux dans l'âme aux démons.

Dieu veut que nous aspirions à la délivrance

Dans les Psaumes, les mots délivrance, délivrer ou sauver des ennemis (par le Père) sont cités un nombre considérable de fois. C'est dire l'importance que Dieu accorde à la libération. Le Saint-Esprit a inspiré les Psaumes. Ils nous poussent à aspirer à être libérés de nos ennemis. De nos jours, cette libération est bien moins à réclamer contre nos ennemis de chair que contre les démons, car «nous n'avons pas à lutter contre la chair et le sang, mais contre les dominations, les autorités, les princes de ce monde de ténèbres et les esprits méchants dans les lieux célestes».

Citons quelques versets de psaumes.

> *Recommande-toi à l'Eternel! L'Eternel le sauvera.*
> *Il le délivrera puisqu'il l'aime* (22.9).
>
> *Mes yeux sont toujours tournés vers l'Eternel*
> *Car c'est lui qui fait sortir mes pieds du filet* (25.15).
>
> *C'est lui qui te délivre du filet de l'oiseleur* (91.3).

Dieu a choisi que la délivrance s'opère via ceux qui sont devenus ses fils grâce à l'autorité du nom de Jésus. Le ministère de Jésus sur terre a été ponctué d'un bout à l'autre par la délivrance de gens habités par des démons, qui ont ainsi reçu une guérison de leur âme, et souvent en même temps de leur corps. Enseignement, miracles et délivrance allaient de pair. Nul n'est plus grand que son maître.

«Le royaume de Dieu ne consiste pas en paroles, mais en puissance» (I Cor. 4.20).

Même si le besoin de délivrance est trop rarement pris en compte, je voudrais faire une mise en garde pour tous ceux qui courent vers une personne particulière ou une autre parce qu'elles sont renommées. «Maudit soit l'homme qui se confie en l'homme», dit la Parole (Jér. 17.5). La seule attitude juste, c'est de crier à Dieu et d'attendre patiemment Sa réponse. Prier aussi pour son Eglise, pour que Dieu y lève les ministères qui manquent, et qu'ils n'y rencontrent aucun frein.

Avant certaines délivrances, il est des étapes indispensables à franchir, notamment la prise de conscience de l'origine des liens. Dans le chapitre suivant, nous montrerons la nécessité d'affronter certaines vérités cachées dans les profondeurs ténébreuses de notre âme.

A Son heure, parce que c'est Sa promesse, Dieu agira, soit en nous guidant vers des serviteurs «mandatés» pour exercer ce ministère (ou vers un brave chrétien anonyme!), soit en nous poussant à une autodélivrance, soit en nous libérant directement. Il est souverain. A nous de nous y préparer.

Chapitre 12

Abattre les forteresses et adoucir les eaux amères

Il y a en nous de multiples forteresses: incrédulité, crainte d'être jugés, raisonnements, inhibitions, intellectualisme, perfectionnisme... Certaines sont issues de notre éducation et de nos expériences, traumatisantes ou insidieuses. L'enfant qui a entendu cent fois qu'il sera d'autant plus aimé qu'il travaille bien à l'école, a une forteresse mensongère nommée «mérite», contraire à la révélation de la grâce. La femme qui a vécu des désillusions affectives a une forteresse qui lui fait voir tous les hommes à travers un prisme déformant: ce ne sont plus des créatures de Dieu, mais des êtres peu fiables, irresponsables, etc...

Notre société matérialiste, égoïste, et imprégnée d'idoles et de fausses doctrines, engendre des milliers de forteresses en contradiction avec la Vérité de Dieu. Prenons-en une flagrante, entre mille autres: «Aide-toi, le ciel t'aidera». Adage doublement pervers. Il fait croire que l'on doit mériter, par ses efforts, la bénédiction, réduisant ainsi Dieu à un être mesquin qui ne lèverait le petit doigt que lorsque nous avons fait le gros du travail. Mensonge. Cet adage populaire justifie l'égoïsme, parce que son ordre est mensonger: Jésus nous a aimés le premier. Parce qu'Il nous aide puissamment, nous pouvons nous aider nous-mêmes, avec la collaboration très active du Saint-Esprit!

Nos neurones sont pollués par des quantités de concepts faux, y compris bibliques, parce qu'il est facile de déformer le sens d'un verset en le sortant de son contexte et en ne l'étayant pas sur le reste de la Parole. Satan est le père du mensonge et s'ingénie à tordre nos comportements en tordant nos pensées: «Comme l'homme a pensé dans son âme, tel il est» (Pr. 23.7).

Ces forteresses, nous devons les renverser. Il ne s'agit pas à proprement parler de délivrance, bien que cela s'accompagne généralement de libérations. Ainsi en fut-il de Jéricho, qu'il fallait abattre pour pouvoir conquérir le royaume promis. L'ordre fut donné par Dieu de «dévouer par interdit» tous les ennemis s'abritant derrière les murs. Ce sont les trompettes qui ont fait s'effondrer ces murs. Les trompettes, c'est à la fois les louanges à Dieu et la proclamation de la victoire. Face à nos forteresses, une affirmation de Jésus prend tout son sens: «La Vérité vous affranchira».

La destruction des forteresses s'effectue en grande partie grâce à la lecture de la Parole, sous réserve que nous soyons réellement prêts à remettre en cause nos habitudes de pensée. Nous avons reçu la puissance pour la vérité (II Cor. 13.8) et nous devons donc la répandre autour de nous. C'est un combat, surtout lorsqu'il s'agit de contrer des fausses doctrines ou des religions de mensonge, car on se heurte généralement à une résistance farouche, les gens étant incroyablement accrochés à leurs convictions, même erronées, comme si leur vie en dépendait.

J'ai eu à plusieurs reprises à m'occuper de catholiques traditionnels. Il n'y a rien de plus ardu que de tenter de leur démontrer, à partir de la Bible, pourquoi ils ne doivent pas prier Marie et les saints. C'est un flot d'arguments fallacieux qu'on se voit opposer. Des arguments colportés durant des millénaires par une hiérarchie religieuse qui refuse de se remettre en cause, par peur de perdre sa crédibilité et ses ouailles. Donc son pouvoir terrestre. Les réactions quand on touche aux fausses doctrines des gens sont parfois d'une telle violence qu'on n'a plus aucun doute sur l'enjeu, pour Satan, de les y maintenir.

Ne parlons pas des effets dévastateurs de croyances qui se répandent à flot aujourd'hui, telles le New Age, ou l'astrologie qui fige la personne dans un portrait stéréotypé, ou la théorie de la réincarnation, issue du bouddhisme, qui éloigne les gens de l'urgence du salut et légitime les pires injustices sociales.

Contrer par le raisonnement ne sert à rien. C'est un combat spirituel qu'il faut mener:

Car les armes avec lesquelles nous combattons ne sont pas charnelles, mais elles sont puissantes par la vertu de Dieu pour renverser les forteresses. Nous renversons les raisonnements et toute hauteur qui s'élève contre la connaissance de Dieu, et nous amenons toute pensée captive à l'obéissance à Christ.

II Cor. 10.4-5

C'est tout aussi vrai pour nous-mêmes que pour les tiers. La plupart de nos forteresses viennent de nos parents, de nos enseignants, et de plus en plus, de nos jours, des médias, qui accréditent comme constituant la normalité l'union libre, l'avortement, l'occultisme, l'évolutionnisme, etc. Les jeunes qui arrivent au Seigneur sont en général estomaqués quand on leur explique que s'ils veulent une union bénie, ils doivent se garder purs avant le mariage. C'est un peu comme s'ils tombaient sur une autre planète: la liberté sexuelle n'est-elle pas entrée dans les mœurs, comme un grand progrès sur une humanité demeurée trop longtemps sous le joug de l'obscurantisme? Dieu doit bien avoir entretemps changé son point de vue.

Non! Dieu est immuable dans Sa Vérité. Les hommes, eux, ont une morale de plus en plus élastique, et nos temps dits modernes n'ont plus aucun point de repère. Dieu nous a avertis, par la plume de Paul:

Que Dieu, au contraire, soit reconnu pour vrai, ***et tout homme pour menteur...***

Rom. 3.4

Affirmation sévère mais juste. Abattre nos forteresses est un chemin difficile. Ce n'est pas pour rien que la forteresse de Jéricho fut le dernier bastion qui résistait à l'entrée des Hébreux en Canaan.

Je vais citer une forteresse abattue dans ma vie, dont je n'ai pris conscience qu'à travers un événement bien particulier. J'avais écrit un livre sur le rôle potentiel des femmes dans l'Eglise, et pour ce faire, j'avais fait un historique des héroïnes de l'Ancien Testament. Fin 93, je confie ce livre à un éditeur. Lorsque j'ai reçu les premiers exemplaires, j'ai ressenti un énorme malaise. Je découvris que je m'étais servie de la Parole de Dieu pour régler mes comptes avec les hommes, les montrant sous leur plus mauvais jour. De fait, ce livre était imprégné de l'esprit de Jézabel.

Entre l'écriture de mon livre et sa sortie, dix-huit mois avaient passé. Entretemps, le Seigneur m'avait conduite dans une longue repentance, me démontrant toutes mes fausses attitudes. Mon regard avait changé, et je percevais maintenant à quel point mon livre était «féministe». J'ai renié mon livre et fait le maximum pour empêcher sa vente. Une forteresse de pensée, résidu d'anciennes convictions sur la «libération» de la femme, s'était écroulée, et, entretemps, j'avais été nettoyée de l'esprit de Jézabel.

Les forteresses doivent être pulvérisées, afin que, comme promis par le Seigneur, des fleuves d'eau vive puissent couler de notre sein, et transformer, autour de nous, familles et pays. En parlant des apôtres, les gens disaient: «Voici les hommes qui ont bouleversé le monde». Quand nous sommes remplis du Saint-Esprit, il émane de nous un tel amour et un tel rayonnement que nous pouvons tout bouleverser autour de nous. C'est cela dont le monde a le plus besoin, et ce à quoi, dans sa détresse profonde, il aspire. Le fait qu'il y ait si peu de chrétiens dont on peut dire qu'il émane d'eux des fleuves d'eau vive devrait nous alerter sur l'état de délabrement de l'Eglise. Dieu merci! le réveil arrive. Il ne s'accompagne pas que de joie et de manifestations de puissance, comme beaucoup le pensent. Cela, ce n'est que le préambule. Il arrive là où se produisent de grands brisements, là où les chrétiens s'agenouillent et s'humilient pour eux-mêmes, leurs familles, leurs ancêtres, leur pays et leurs rois et gouvernants.

Les puits amers de l'âme

Un des cadeaux du Seigneur, c'est de transformer nos eaux amères en eaux douces. La première étape des Hébreux au désert les avait amenés à Mara, un puits d'eau empoisonnée que le bâton de Moïse a transformé en eau potable.

Dans les profondeurs de notre être, il subsiste souvent des puits d'eaux amères: coups de couteau indélébiles encore plantés dans l'âme. Elle est là, cette souffrance, tapie dans l'ombre, comme un cobra caché dans un buisson d'épines et prêt à mordre. Il faut l'expulser.

C'est certainement dans ce domaine que l'on expérimente le plus la grâce et la puissance de Dieu. Pour l'avoir vécu, j'aimerais trouver les mots pour décrire ce qui se passe. C'est comme si une boule amère était expulsée de vous, dans un jaillissement de larmes et souvent de cris déchirants.

Ce n'est que petit à petit que le Saint-Esprit m'a révélé à quel point toute mon enfance avait été un cri de douleur silencieux. Un cri pour appeler au secours un père au nom tabou, verrouillé dans les non-dits. Absence-présence pesante qui me confinait, déjà toute petite, dans une solitude lancinante. Puis terrible désillusion devant ce père, enfin rencontré à l'âge de dix-neuf ans, et dont les premières paroles ont été: «J'aurais préféré que ce soit ton frère qui soit là, aujourd'hui». Et qui n'a pas mis deux mois à trahir toutes les promesses qu'il venait de me faire.

C'est par vagues espacées sur plusieurs semaines que cette souffrance est sortie de son puits, boules de larmes qui s'échappaient enfin, pour être remplacées par la tendresse d'un Père céleste que j'apprenais, – enfin! – à appeler: «Papa».

Ce n'est ni par notre volonté, ni par force, que l'on peut y arriver. C'est vraiment un miracle de Dieu, seul à pouvoir extirper ces abcès purulents des profondeurs parfois vertigineuses où ils se trouvent, pour les remplacer par la douceur de Son amour.

Alors la guérison de nos vies torpillées nous apparaît dans toute sa splendeur. Pour moi, c'est à travers cette expérience que j'ai mesuré toute l'ampleur, dans chaque être humain, des dégâts causés par ces souffrances silencieuses, compris l'atrocité de la condition à laquelle l'humanité s'était elle-même condamnée, et réalisé pleinement quelle coupe Jésus avait dû boire à Gethsémané, avant d'accepter de mourir à notre place.

Oui, la guérison est sous Ses ailes. C'est à nous qu'il incombe de l'accepter dans sa totalité.

Le rire divin

Avec la puissante onction qui se répand, freinée par certains qui ont peur des débordements, d'insolites manifestations ont lieu: entre autres, le fou-rire. Il y a un bout de temps que le monde médical a découvert les vertus curatives du rire, alors que dans les Eglises on en était encore à penser que les seules manifestations «bibliques» permises étaient de tomber au sol sous la puissance de l'Esprit (et encore!), ou de s'effondrer en larmes. «Les enfants de ce siècle sont plus avisés à l'égard de leurs semblables que ne le sont les enfants de lumière» (Luc 16.8).

La première fois que des fous-rires se sont déclenchés dans mon assemblée, les pasteurs étaient inquiets, et j'ai entendu plusieurs chrétiens parler de manifestations démoniaques! Pourtant l'Ecclésiaste nous dit: «Il y a un temps pour rire, et un temps pour pleurer». Le Psaume 2 nous informe «que celui qui siège dans les cieux rit» (v. 4). Si notre esprit est assis dans les cieux célestes avec Dieu, il doit aussi rire: rien n'est plus communicatif qu'un rire joyeux. Pourtant, bien des Eglises assimilent respect de Dieu à solennité et visages graves. Il y en a un que cela réjouit: Satan. La Bible parle beaucoup de joie. Ceux qui connaissent leur Dieu sont joyeux. «La joie de Dieu sera notre force», proclame Néhémie. «Soyez toujours joyeux», ordonne Paul. La joie est, naturellement, associée au rire.

Il y a de nombreuses sortes de rires charnels: moqueurs, gras, ironiques, complices, lubriques, méchants... La Parole nous dit que derrière ces rires-là, le cœur peut être affligé, et que cette joie peut finir dans la détresse (Prov. 14.13). Les rires donnés par le Saint-Esprit sont de tout autre nature, car ils viennent du cœur de Dieu, se propagent au sein de notre âme et de notre esprit, et apportent avec eux guérisons et délivrances. Sarah a été prise de fou-rire. Etait-ce de l'incrédulité ou ce rire l'a-t-il guérie de sa stérilité? Abraham aussi a ri en écoutant Dieu lui apporter la promesse d'Isaac. Là, ce n'était pas de l'incrédulité, car il a cru, et l'extraordinaire promesse s'est accomplie. Quant à Isaac, son nom signifie «rire». Un philosophe a avancé: le rire est le propre de l'homme. Non! Le rire est le propre de Dieu, et il en a fait cadeau à l'homme. Aucun animal, aucune autre créature que l'homme ne rit, et c'est parce que l'homme a été créé à la ressemblance de Dieu qu'il peut rire. Job dit que les justes pousseront des cris de joie, tandis que les méchants seront couverts de honte (8.21). La traduction Chouraqui est: «Dieu remplira ta bouche de rires, et tes lèvres de louanges».

Les proverbes rappellent le pouvoir curatif de la joie, donc du rire:

Un cœur joyeux est un bon remède,
Mais un esprit abattu déssèche les os (17.22).

Un cœur joyeux rend le visage serein.
Mais quand le cœur est triste, l'esprit est abattu (15.13).

En Esaïe, dans le chapitre 24 annonçant le jugement universel, avec toutes les détresses, les angoisses, et les horreurs qui y seront associées, ceux qui sont restés au «bord de la mer», donc qui ne se sont pas mêlés aux nations, «poussent des cris d'allégresse et célèbrent la majesté de l'Eternel». Lorsque les malheurs des derniers jours vont s'abattre sur la terre, Dieu accordera à Son peuple, miraculeusement, un esprit de joie. N'ayons pas peur de commencer tout de suite, en laissant Dieu changer notre deuil en allégresse (Ps 30.1).

Réjouissez-vous toujours dans le Seigneur; je le répète: réjouissez-vous.

Ph.4.4

Affirmons une chose: si nous ne sommes pas «toujours joyeux», désobéissant ainsi à la Parole de Dieu, c'est que l'Ennemi nous tient encore. Même les larmes de repentance peuvent être associées à la joie, parce que nous savons que la repentance est un cadeau de Dieu et qu'elle est suivie de changements bénéfiques. On peut reconnaître ceux qui ont besoin de libération à leur mine triste, renfrognée ou abattue, aux regards fuyants, aux mains non fermes. Ceux-là ne sont pas en train de se réjouir dans le Seigneur, même s'ils font parfois semblant, le temps d'un culte.

Ceux-là, et ils sont très nombreux, ont besoin de l'aide de leurs frères.

Mais combien je me réjouis de voir aujourd'hui, dans de nombreuses assemblées, des visages rayonnants de joie et qui expriment l'adoration. Merci au Seigneur, car c'est le signe qu'un grand réveil s'approche.

Personnellement, j'ai reçu le vin nouveau et expérimenté les manifestations qui l'accompagnent. Il m'arrive d'être saisie de fous-rires ou de trembler chez moi lorsque je prie. J'y suis très sensible dans les Eglises qui le vivent. Je peux résumer son action dans ma vie. Mon adoration pour Dieu est devenue plus profonde. Des barrières d'orgueil sont tombées. J'ai reçu dans le cœur une compassion plus grande pour les âmes, et j'ai expérimenté dans cette onction beaucoup de guérisons intérieures. Dans le cadre de mon ministère, j'ai l'impression d'être une gamine dans une cour de récré, qui regarde, émerveillée, son Papa céleste agir. Mon écoute du Saint-Esprit s'est comme affinée. Et je pense que Dieu va poursuivre encore et encore son œuvre en moi. Alléluia!

Là où, il y a encore peu de temps, je «ramais» lorsque je devais opérer une délivrance, j'en vois désormais se faire sous mes yeux, quasiment sans effort de ma part, alors que rires ou larmes jaillissent. Parfois, ce sont des flots de vieilles douleurs qui partent. C'est extraordinaire de voir l'action de guérison du Saint-Esprit, et d'assister à de véritables métamorphoses. Dieu est grand, bon, amour, et infinie délicatesse.

Un jour, un homme m'a amené son épouse. Nous étions dans un camp chrétien et c'était le dernier jour. Nous avions reçu d'incroyables bénédictions tout au long de ce camp. Mais cette femme, victime de dramatiques rejets dans son existence, et qui avait touché à de nombreuses pratiques occultes, s'était tenue à l'écart, ne cessant d'affirmer qu'elle voulait partir. Elle était convaincue que tout le monde la rejetait ou la méprisait. Et là, alors que nous étions tous en train de faire nos bagages, elle demande que l'on prie pour elle.

Compte tenu de son état, je ne m'attendais pas à grand-chose, ne disposant que d'une petite heure. Mais dès la première minute, une incroyable onction de rire est descendue sur elle, sur son mari et sur moi. Des délivrances spontanées ont commencé à se produire. Par dizaines, dans des toux, alors que nous continuions à être, tous trois, pliés de rire. Parfois le Seigneur me montrait un esprit spécifique et je prenais autorité pour chasser ce démon. Toujours en riant! Au bout d'une heure, on ne la reconnaissait plus. Cette femme bloquée, méfiante, et qui la veille voulait se suicider, rayonnait de joie. C'était fou, vraiment fou! Qui plus est, alors qu'elle était presque aveugle, sa vue s'était beaucoup améliorée. Gloire à Dieu, gloire à Jésus, gloire au Saint-Esprit!

Le vin nouveau ne se limite pas à des manifestations de fous-rires. Des vieilles outres que sont nos Eglises, Dieu veut faire des outres neuves. Beaucoup de ceux qui sont allés à Toronto, ou qui ont vécu des choses similaires ailleurs sont revenus transformés, racontant comment, sous une onction d'une incroyable puissance, ils ont été amenés à s'humilier et à se remettre en cause, jusque dans leur ministère ou dans leur rôle au sein de leur assemblée. Dieu, pour faire de Son Eglise l'Epouse qu'Il appelle auprès de Lui, va renverser les forteresses de hiérarchie, d'autoritarisme, de star-système, et de sièges d'honneur qui subsitent encore partout, l'illusion d'être seuls à détenir la vérité, l'indépendantisme des courants chrétiens, pour avoir une Eglise marchant sous Sa seule houlette, un peuple composé non plus d'individualités juxtaposées, mais soudé dans l'amour fraternel. Un peuple doux, humble, transparent et glorieux. Un peuple libéré et guéri.

Ce vin nouveau s'accompagne de repentances collectives, dirigées par le Saint-Esprit. J'en ai eu l'expérience. Lors d'un culte, une prophétie nous avait fait prendre conscience de l'état de l'Eglise de France: une vigne ravagée dans un pays couvert de ténèbres, parce que s'étant lui-même mis sous la malédiction, à travers ses atrocités passées contre les Protestants et les Juifs, sa déesse Raison érigée en monument, son cartésianisme, sa révolution sanguinaire...; plus toutes les doctrines idolâtres d'une Eglise catholique prépondérante, accompagnées de pactes liant la France à la reine du ciel, et parsemant nos campagnes de statues et de calvaires; plus les divisions stériles du courant protestant... Et tant d'autres infamies qui pèsent encore et toujours sur ce pays qui ne s'en est pas repenti et qui se vante même de beaucoup de ces horreurs, tel Mai 68 qui a légitimé la licence sexuelle et l'avortement. Les uns après les autres, nous avons été saisis d'une profonde repentance, secoués par les sanglots, déchirés. Beaucoup tombaient à genoux ou face à terre. Ensuite, une autre prophétie est venue telle une promesse. Dieu allait restaurer ce pays et l'on verrait Sa gloire.

> *... Quand j'enverrai la peste parmi mon peuple, si mon peuple sur qui est invoqué mon nom s'humilie, prie et cherche ma face, et s'il se détourne de ses mauvaises voies, je l'exaucerai des cieux, je lui pardonnerai son péché, et je guérirai son pays.*
>
> *II Chron. 7.13-14*

Des amis ont été saisis de la même manière en Afrique, tombant à genoux devant des foules, leur demandant pardon de ce que leur avaient infligé les Blancs durant des siècles. Certains ont même demandé comme une grâce de pouvoir laver les pieds des Noirs avec humilité. L'impact a été spectaculaire: une formidable réconciliation s'est opérée dans les larmes. Les Noirs, à leur tour, ont demandé pardon pour toute la haine qu'eux-mêmes et leurs pères avaient accumulée contre les Blancs. Puis ils se sont repentis entre eux de leurs haines tribales.

D'autres amis, à Jérusalem, ont éprouvé le même fardeau vis-à-vis des Juifs. Ce repentir a plus fait pour apporter à certains la révélation de Christ que n'importe quel discours théologique.

Nul n'est besoin d'être très nombreux, ou d'attendre d'être très nombreux, pour entrer dans une repentance pour une collectivité. Dieu cherche des intercesseurs, et appelle aussi des «pleureuses» (Jér. 9.17). Pour faire avancer le Royaume de Dieu, nous devons demander au Saint-Esprit de nous communiquer des fardeaux de ce type, quitte à être brisés de douleur. C'est dans ce brisement que l'Ennemi essuie ses plus graves défaites et que des libérations spontanées se produisent sur une grande échelle.

Merci, Père, pour ce vin nouveau, même si entre deux rires il doit être parsemé de larmes.

Mais, – nous insistons là-dessus car beaucoup se laissent piéger – n'oublions jamais que chaque fois qu'il y a un fort mouvement de l'Esprit, le diable y plante son ivraie par des contrefaçons qui leurrent ceux qui «n'éprouvent pas les esprits pour savoir s'ils sont de Dieu». Quantité de gens se croient plus saints parce qu'ils sont plus secoués que d'autres. Le diable aussi peut secouer et donner des tremblements. D'autres ne courent que les rassemblements où ils sont assurés que ce type de manifestations va se produire. Ils sont en grand danger, parce qu'ils adorent l'autel, au lieu d'adorer le Seigneur de l'autel. D'autres enfin se rendent à Toronto par snobisme religieux, ou dans l'état d'esprit qui en pousse d'autres à se rendre à Lourdes ou à Mezzugorge. Triste...

> *Une génération méchante et adultère demande un miracle, il ne lui sera donné d'autre miracle que celui du prophète Jonas.*
>
> *Mat. 12.39*

Chapitre 13

La bataille de la pensée

Il faut du temps, souvent, avant de réaliser qu'un des plus grands champs de bataille, pour un chrétien, ce sont ses pensées. Il m'avait été affirmé, alors que j'étais jeune chrétienne, que les démons ne pouvaient capter nos pensées. Je pense que c'est faux... quand on a des démons à l'intérieur. Non seulement ils perçoivent certaines de nos pensées et captent nos émotions, mais ils ne cessent de s'y infiltrer et de les orienter.

Ce que le chrétien doit apprendre, souvent dans la douleur, c'est qu'il a l'autorité pour domestiquer non seulement ses pensées, mais aussi ses jugements, ses sentiments, et ainsi ne pas pécher. Le diable s'acharne à nous faire croire que tel sentiment «est plus fort que nous», ou que telle pensée est venue spontanément de notre inconscient, ou que tel jugement sur un tiers est parfaitement légitime.

J'ai réalisé ce qu'était le combat de la pensée dans des circonstances pénibles. J'étais écrasée par le chagrin après une rupture affective, d'autant plus révoltante selon les critères humains que cette trahison s'était produite à la suite d'une prophétie douteuse donnée dans une Eglise.

Comme à mon habitude, lorsque je me sens détruite, j'ai téléphoné de droite et de gauche pour partager ma peine et ressentir la compassion des gens qui m'aimaient. Jusqu'au moment où une de mes amies m'a dit:

– Michelle, ton chagrin est démoniaque!

J'ai été interloquée. Si une telle remarque était venue d'une autre personne, je l'aurais envoyé promener, sans doute avec colère, en lui déclarant qu'elle n'avait aucun cœur.

Mais H... a insisté avec douceur: «Jésus a payé le prix pour que nous ayons sa paix, assortie d'une joie parfaite. Tout ce qui nous l'enlève est d'origine satanique. Chasse, au nom de Jésus, les démons qui occupent ta pensée. Par exemple, s'il te vient à l'esprit «qu'il n'avait pas le droit de faire cela», proclame à voix haute: «Démon qui se trouve dans la pensée «qu'il n'avait pas le droit de faire cela», au nom de Jésus je te chasse et t'ordonne de ne pas revenir».

Parce que c'était le temps de Dieu, qui avait permis cette épreuve pour que j'apprenne cette immense leçon, je suis passée immédiatement à l'application.

Cela a duré quarante-huit heures. Pendant quarante-huit heures, chaque fois que j'étais attaquée – et ça n'arrêtait pas! – par des pensées de colère, par les jugements, par la tristesse, par la rébellion contre Dieu qui avait permis cela, je prenais les armes spirituelles et je combattais. Puis je prenais le contrepied, louant Dieu qui avait permis cette rupture par amour pour moi.

Et le miracle a eu lieu. Le troisième jour, j'ai eu la surprise de me réveiller avec la paix, un pardon complet vis-à-vis de la personne, et des louanges pour le Seigneur dont le plan était parfait. Et j'ai pu garder cette paix.

J'ai vraiment compris, ce jour-là, un épisode qui peut paraître surprenant selon la logique humaine. Alors que Pierre reprend Jésus qui vient d'annoncer qu'Il doit mourir, Pierre dit au Seigneur: «A Dieu ne plaise, cela ne t'arrivera point».

Que diriez-vous si votre meilleur ami vous annonçait: «Il faut que je meure!»? Pierre ne fait-il pas preuve, en l'occurence, d'amour fraternel et de bon sens?

Réaction de Jésus: «Arrière de moi Satan, tu m'es en scandale car tes pensées ne sont pas les pensées de Dieu mais celles des hommes» (Mat. 16.39).

C'est clair et net: nos pensées, nos émotions, nos jugements, nos réactions «humaines» peuvent être fortement inspirés par Satan. Ils proviennent de l'arbre de la connaissance du bien et du mal, et non de l'arbre de vie.

Nos jugements que nous pensons les plus objectifs, les mieux fondés, même bibliquement, sont souvent le fruit de notre arrogance. Nos irritations ou colères qui semblent les plus légitimes sont la résultante de notre susceptibilité, qui n'est rien d'autre que de l'orgueil. Elles émanent de notre propre justice.

En réalité, chaque fois que nous sommes tristes et mécontents de notre sort, c'est Dieu, inconsciemment, que nous accusons. Ou nous pensons qu'Il n'est pas intervenu pour changer la situation, et nous critiquons ainsi son plan; ou nous pensons qu'Il nous punit parce que nous le méritons et nous nous laissons mettre un manteau de culpabilité par Satan.

Dans un cas comme dans l'autre, nous sommes seuls fautifs d'avoir perdu la paix et la joie, quelles que soient les circonstances, car nous ne savons pas utiliser les armes que le Seigneur Jésus nous a données. Ce n'est pas pour rien qu'il est mentionné «le casque du salut» en Ephésiens 6. Le casque protège la tête et le cerveau. Spirituellement, c'est de nos pensées dont on nous parle. Dès que nous avons reçu le salut, nous avons les moyens de les discipliner et d'empêcher Satan de les attaquer. Mais qui apprend cela à un tout jeune chrétien? Heureusement que dans l'enthousiasme du premier amour, un nouveau-né de l'Esprit a généralement la tête tout entière dans le troisième ciel, et qu'il trouve tous les autres chrétiens merveilleux. C'est après que reviennent les critiques, les jugements et les amertumes, sauf s'il a compris très vite, et par grâce, quel danger spirituel cela représentait.

Je n'ai vraiment réalisé le sens de II Cor 10.4 qu'après un an de la persécution dont j'ai déjà parlé. Et s'il a fallu un an, c'est parce que j'avais le cou raide, que je me croyais pleine de bonté alors que j'étais revêtue de ma justice comme d'un vêtement souillé. J'avais sans cesse un petit tribunal dans ma tête, qui faisait la morale ou répliquait vertement à des interlocuteurs imaginaires, composés de mes persécuteurs ou de leurs proches. Rappelons ce verset dont l'application est importante:

> *«Car les armes avec lesquelles nous combattons ne sont pas charnelles, mais elles sont puissantes, par la vertu de Dieu, pour renverser les forteresses. Nous renversons les raisonnements, et toute hauteur qui s'élève contre la connaissance de Dieu, et nous amenons toute pensée captive à la l'obéissance de Christ»*
>
> *II Cor. 10.4-5*

Je suis passée, durant des mois, de la désillusion à la colère, devant chaque jour lutter contre le ressentiment. A quel point il est parfois difficile de bénir et d'aimer nos ennemis, et de pardonner!

L'oppression était telle que j'avais l'impression d'étouffer. Je passais beaucoup de temps au téléphone à raconter à mes amis intimes «la dernière» que mes persécuteurs m'avaient fait subir, tout en ayant conscience qu'il s'agissait d'une oppression démoniaque, destinée à me déstabiliser. Mes amis compatissaient et priaient.

J'arrivais à retrouver la paix, jusqu'au moment où un autre incident, tel un regard haineux, venait détruire cette paix. L'obsession était là: je ressassais les coups, refaisant sans cesse en pensée le procès de leur comportement, recherchant en vain les causes de leur attitude, puisqu'ils rejetaient tout dialogue.

C'est alors que j'appris par une tierce personne quelque chose qui éclaira la situation sous un tout autre angle. Ce couple, dont je n'étais séparée que par un plancher, parvenait à entendre mes conversations téléphoniques. Ils avaient donc dû capter bon nombre de mes commentaires peu élogieux sur eux. Ce qui n'avait cessé de les blesser, les dressant de plus en plus contre moi. Jour après jour, ils avaient absorbé par les oreilles ce poison. Sans compter, comme ils n'entendaient que des bribes, le poison qu'y ajoutait leur imagination. Ô combien de souffrances auraient été évitées de part et d'autres si j'avais su ce qui se passait. Mais Dieu, plein d'humour m'a montré un jour par sa Parole qu'Il avait voulu qu'il en soit ainsi:

> *Tout ce que vous aurez dit dans les ténèbres sera entendu dans la lumière, et ce que vous aurez dit à l'oreille dans les chambres sera proclamé sur les toits*
>
> *Luc 12.3*

J'ai envie de mettre trois points d'exclamation, car j'ai vécu cela en réel! Cela veut dire qu'un disciple de Jésus a de grandes chances que soit répété tout haut tout ce qu'il dit en confidence. Quand on le sait, ça aide à mettre une garde à sa bouche!

Ce n'est pas pour autant que mes obsessions s'étaient envolées. Mais j'ai pris la décision d'entrer fermement dans le combat de la pensée, la chassant dès que mon esprit se laissait harponner par le problème.

Au bout de trois jours de combat, et comme pour l'honorer, le Seigneur m'a fait le somptueux cadeau de la repentance, celle qui amène une véritable victoire. Alors que je lisais un livre: «Le courage d'aimer vraiment», de Dan B. Allender, un passage est venu cogner mon cœur. L'auteur expliquait que l'irritation qui pousse à juger, et à avoir envie de dire au prochain «qui le mérite» certaines vérités qui ne sont pas agréables à entendre, et à les repasser dans sa tête, était en réalité de la haine de Dieu. J'ai réalisé que tous mes entretiens avec mes amis, que je considérais comme un partage qui me soulageait, étaient souvent un moyen d'exercer ma propre justice. C'était aussi de l'apitoiement sur soi, qui me focalisait sur mon problème, au lieu d'avoir les pensées captives à l'obéissance à Christ.

Dieu avait permis que ce couple puisse entendre ces conversations téléphoniques pour me montrer que ce qui me paraissait me libérer de mon oppression ne faisait qu'aggraver la situation. Quant à la manière dont Il se servait de cette situation pour les changer eux aussi, cela ne me regardait pas.

Si, dès le départ, j'étais entrée dans le combat de la pensée, ne laissant pas la déception et la colère me harceler, jamais les choses n'auraient pris de telles proportions.

Quelle leçon!

> *Ne vous plaignez pas les uns des autres, frères, afin que vous ne soyez pas jugés: voici, le juge est à la porte*
>
> *Jacq. 5.9*

J'ai pleinement expérimenté la force de ce verset, et c'est pourquoi je le répète. Mon juge était à la porte, non pour me condamner, mais pour m'enseigner. En rien, à mon tour, je ne veux condamner ceux qui échouent dans des situations similaires: la persécution de frères en Christ est toujours extrêmement douloureuse, et souvent incompréhensible. Mais Dieu sait ce qu'Il fait en nous le faisant vivre.

En mettant côte à côte les deux versets cités plus haut, j'ai découvert une loi spirituelle «mécanique» que tout chrétien devrait connaître:

Ne vous plaignez pas les uns des autres, frères, afin que vous ne soyez pas jugés: voici, le juge est à la porte

Jacq. 5.9

Tout ce que vous aurez dit dans les ténèbres sera entendu dans la lumière, et ce que vous aurez dit à l'oreille dans les chambres sera proclamé sur les toits

Luc 12.3

Quand nous disons des choses peu gentilles les uns des autres, même si elles sont vraies, nous encourons des retours de manivelle douloureux, rapides et peu glorieux. Ils surviendront de manière inexorable, car Dieu n'a qu'une Parole.

Quand tous les chrétiens auront compris cela, les Eglises, libérées de la critique, deviendront de vrais petits paradis sur terre!

Si nous avons lieu de nous plaindre, entrons dans le combat de la pensée pour garder notre paix, et ainsi parvenir à nous supporter les uns les autres et à nous pardonner réciproquement, comme l'ordonne Paul (Col. 3.13).

C'est Dieu qui apprécie les motivations du cœur. Notre problème est de savoir faire le tri entre le besoin réel de partager des choses difficiles à vivre avec des frères qui nous aiment, qui pourront ainsi «pleurer avec ceux qui pleurent», et être au bénéfice des prières qu'ils feront pour nous; et la propre justice que nous exerçons souvent à notre insu, en espérant, par nos confidences, isoler nos persécuteurs ou ceux qui nous ont fait du tort, et tenter de mettre un maximum de monde de notre côté pour nous justifier nous-mêmes et redorer notre blason face à la critique et à la calomnie.

J'ai compris dans cette expérience à quel point c'est notre orgueil, en vérité, qui a mal quand nous souffrons des mensonges qui sont propagés sur nous, ou pire, de certaines vérités que nous aurions préféré cacher. Nos blessures d'amour-propre sont proportionnelles à notre vanité. Rappelons le verset:

Malheur quand tous les hommes parleront bien de vous, car c'est ainsi que leurs pères agissaient à l'égard des faux prophètes.

Luc 6.26

Les honorables concitoyens encensés par les foules sont des gens qui portent des masques, et qui s'arrangent pour dire aux autres des choses qui les flattent, au lieu de «reprendre leur prochain avec douceur». Car il y a un abîme entre dire aux autres «leurs quatre vérités», ce qui va les braquer et ne portera aucun fruit, ou dire à son prochain, par amour pour lui, des choses qui vont peut-être le blesser sur le moment et nous valoir une réaction désagréable, mais porter un bon fruit à terme.

Méditons deux proverbes qui se suivent (Prov. 27.5-6. Traduction du Semeur):

> *Mieux vaut reprendre ouvertement quelqu'un que se taire par amitié.*
> *Un ami qui vous blesse vous prouve par là sa fidélité, mais un ennemi multiplie les embrassades..*

Les prophètes, comme les apôtres, en ont vu de toutes les couleurs, et pas toujours par des étrangers au peuple de Dieu. Quand on lit les épîtres de Paul, on s'aperçoit que s'il savait dire des choses gentilles, il n'hésitait pas, par amour et pour sauver, dire des choses dures à entendre. Il a même repris Pierre rudement, devant tout le monde (Gal. 2.11-14). Pourquoi devant tout le monde? Parce que c'était devant tout le monde que Pierre avait commis une hypocrisie, et que, compte tenu de l'aura de l'apôtre, il risquait de contaminer beaucoup du levain des pharisiens.

Plus notre ministère est connu, plus nous risquons d'être repris devant tous, pour notre bien, et parce que cela nous évite de nous enfler d'orgueil.

De «grands» évangélistes ou pasteurs ont chuté dans le scandale. Ce qui a contribué à sauver certains d'entre eux, parce que, dans leur débâcle, ils se sont humiliés et remis en cause. Et cela a sans doute servi à faire réfléchir beaucoup d'autres serviteurs de Dieu, et à leur rappeler à quel point ils sont vulnérables s'ils ne sont pas d'une vigilance extrême. Rappelons les trois domaines où Satan attaque systématiquement les serviteurs de Dieu: l'orgueil, l'argent, le sexe. Ils ont besoin d'intercesseurs pour les aider à être sauvegardés.

Merci, Père, pour les épreuves lourdes!

Quand les circonstances nous font perdre la joie, ce n'est pas les circonstances qui sont responsables. Plus elles sont désagréables, plus elles peuvent être un signe de l'amour de Dieu qui veut nous transformer plus vite et qui sait ce que nous sommes capables de supporter. Le plus grand honneur que Dieu ait fait à Job, ce fut d'agréer la demande de Satan de pouvoir faire les pires misères à cet homme. Le moins que l'on puisse dire, c'est qu'il a mis le paquet! Satan était convaincu que Job n'y résisterait pas et qu'il perdrait sa foi, jusqu'à maudire Dieu. Mais Dieu savait quelle était la qualité de la confiance de Job en Lui, et à quel point sa foi et sa connaissance de la divinité en sortiraient grandies. Jacques déclare que Job a acquis à travers son épreuve un des fruits de l'Esprit: la patience. A cause de cette patience, cela s'est terminé glorieusement pour le malheureux (Jacq. 5.11). Ezéchiel révèle que Job a été définitivement sauvé (14.14-20).

J'ai entendu un évangéliste déclarer: «J'ai perdu mon père il y a quelque mois. Deux jours après le décès, j'avais retrouvé ma joie parfaite». Ces propos choqueraient n'importe quel athée, ou esprit religieux. Il doit faire dire à un vrai chrétien: «Bravo», et «Merci Seigneur». Car derrière cette victoire sur le chagrin et le deuil, c'est un magnifique combat de la pensée et des sentiments qui a été mené, avec la puissance du nom de Jésus.

> *Bannis de ton cœur le chagrin, et éloigne le mal de ton corps, car la jeunesse et l'aurore sont vanité.*
>
> *Eccl. 11.10*

C'est un ordre!

Nous avons le moyen d'exercer un contrôle de nos sentiments, de nos pensées, et de nos attitudes et comportements, et d'en éradiquer tout ce qui est charnel, pour n'accepter que ce qui vient de Dieu. Comme Jésus, si nous tressaillons, que ce soit en esprit, parce que c'est le Saint-Esprit qui tressaille en nous de joie ou de tristesse. Que nos pensées ne soient plus celles des hommes, mais celles de Dieu.

Cet apprentissage se fait dans la souffrance. Ce n'est qu'à cette occasion que l'on peut mesurer à quel point nous sommes encore enracinés dans l'arbre de la connaissance du bien et du mal, au lieu de nous nourrir à l'arbre de vie.

L'un des fruits de l'épreuve, surtout quand des frères chrétiens en sont à l'origine, c'est de nous amener à rejeter l'esprit religieux et notre tendance à l'autosatisfaction. Dans les circonstances rudes, si répétitives qu'elles nous envahissent de manière obsessionnelle, nous réalisons à quel point il est parfois difficile d'aimer son prochain, fût-il devenu notre pire ennemi, «en ne s'irritant point, ... en excusant tout, en croyant tout, en espérant tout, en supportant tout» (I Cor. 13.4-7).

Contrôler nos sentiments

Si nous avons de la colère, de l'irritation, de l'amertume, des manques de pardon, de la haine, des envies, des disputes, ce n'est pas que de la faute des autres, quoi qu'ils nous aient fait! Même si la terre entière, et notre Eglise avec, s'accordent pour affirmer qu'aucune faute ne nous incombe, notre responsabilité est entière, parce que nous n'obéissons pas à ce que Paul nous recommande:

> *Au reste, frères, que tout ce qui est vrai, que tout ce qui est honorable, tout ce qui est juste, tout ce qui est pur, tout ce qui est aimable, tout ce qui mérite l'approbation, ce qui est vertueux et digne de louange, soit l'objet de vos pensées.*
> *Phil. 4.8*

«Et la paix de Dieu sera avec vous», ajoute l'apôtre. Pour garder la paix, nous devons faire la guerre à toutes les pensées qui veulent nous amener à relever, chez autrui, le mensonge, ce qui est honteux, ce qui est injuste, ce qui est impur, ce qui est antipathique, ce qui ne mérite pas l'approbation, ce qui est débauche, et tout ce qui n'est pas digne de louange! C'est-à-dire, à cesser de vouloir nous élever au-dessus de Dieu pour juger notre prochain, et le transformer.

Nous avons tant de mal à laisser Dieu nous transformer! Il est tellement patient, plein d'amour et de délicatesse que c'est un scandale que de penser que nous pouvons parvenir à faire quelque chose par nous-mêmes! Or notre nature adamique nous pousse à chercher, en priorité, chez autrui, ce qui ne va pas. C'est comme une tache sur une page blanche. Même si elle est toute petite, on la remarque immédiatement, et souvent, on ne voit plus qu'elle!

Mais encore une fois, ne confondons pas les jugements qui amènent la critique et la condamnation, et le discernement qui peut nous permettre d'aider notre frère.

Le sens de certaines épreuves

Parfois nous subissons des situations horribles, parce que nous ne voulons pas bouger d'un iota de notre position. Jésus a dit «Quand vous serez persécutés dans une ville, fuyez dans une autre» (Mat. 10.23). Nous sommes si routiniers et casaniers que Dieu est parfois contraint de nous mettre dans une situation insupportable pour nous faire comprendre que nous devons partir d'un lieu où nous avons nos attaches. Si la persécution n'était pas tombée à Jérusalem, jamais le reste du pays, puis le monde, n'auraient été évangélisés (Actes 8.1). J'ai lu dans un livre que durant quarante ans (1897-1937), Dieu avait envoyé divers avertissements au peuple juif, via des hommes, pour les avertir d'aller dans les colonies sionistes fraîchement ouvertes après la déclaration de Balfour (1917). La Parole de Dieu leur avait promis la restitution de leur terre, et le territoire que l'on mettait à leur disposition était bien plus grand que les limites d'Israël aujourd'hui. Pourtant, la majorité des Juifs européens, trop bien installés, ont préféré rester sur place. Jusqu'à ce que l'horreur s'abatte, et qu'il soit trop tard pour partir. Il n'y a là aucun jugement, car nous réagissons souvent de la même manière. D'ailleurs qui, parmi le peuple juif, pouvait seulement imaginer que l'homme pouvait parvenir à un tel degré d'avilissement et de cruauté, jusqu'à exterminer six millions d'entre eux pour le seul crime d'être Juifs? Qui, sauf Dieu, qui tentait d'avertir son peuple?

Un verset doit devenir Rhéma dans notre vie, parce qu'il est une des plus grandes clés pour gagner le combat de la pensée et ne pas «laisser l'avantage à Satan sur nous parce que nous n'ignorons pas ses desseins» (II Cor. 2.11). Ces desseins, nous l'avons dit, c'est de faire pécher notre corps, mais encore plus notre âme, et son meilleur moyen, c'est d'attaquer nos pensées.

Ce verset c'est: «...Priez les uns pour les autres, afin que vous soyez guéris» (Jacq. 5.16). Remarquons que Jacques n'a pas dit: «afin que les autres soient guéris». Quand nous refusons de passer longtemps à prier pour nous-mêmes et nos propres problèmes, pour pouvoir prier longtemps pour les autres, c'est nous qui sommes guéris. Non seulement physiquement, mais aussi dans nos pensées. Notre tendance charnelle est l'égocentrisme, et même en tant que chrétiens, nous avons une propension naturelle à prier pour nos problèmes personnels, surtout si la situation est difficile à vivre. J'ai pu expérimenter un jour, alors que je m'étais laissée obséder par un souci, la puissance de l'injonction de Jacques. Chaque fois que ma pensée me ramenait sur le sujet, je me mettais à prier pour quelqu'un d'autre. Double efficacité: je m'excentrais de moi-même et j'étais en bénédiction pour ceux pour qui je priais.

Il n'y a rien de tel pour coller d'effroyables migraines à Satan, et le dégoûter de venir asticoter notre cerveau!

C'est là une manière, entre autres, de «tenir le bouclier de la foi avec lequel on peut éteindre tous les traits enflammés du malin» (Eph. 6.16).

Conclusion

Ce livre n'a pas pour but de focaliser l'attention des chrétiens sur le besoin de délivrance. C'est sur Jésus que notre regard doit être rivé. Mais Jésus Lui-même commençait par chasser les démons et guérir les malades avant de diffuser son enseignement. Un cœur libéré et guéri est beaucoup plus apte à le recevoir.

A travers les étapes que devaient obligatoirement suivre les sacrificateurs du Temple, nous avons le plan qui nous conduit de l'acceptation de la Croix jusqu'au sanctuaire de Dieu, dans le Saint des saints, où nous ne pouvons supporter la vue de la gloire de Dieu, la Shékinah, que si nous sommes entièrement sanctifiés, et devenus de l'or pur.

La première étape, c'était l'autel du sacrifice. Il était en airain. L'airain est un alliage impur, qui évoque notre état lorsque nous acceptons le sacrifice de Christ. Nous n'en sommes pas pour autant purifiés, même si nous sommes déjà pardonnés, puisque nous devons ensuite entrer dans la cuve pour nous laver. Elle aussi est en airain, ce qui démontre que la purification n'est toujours pas achevée. C'est l'étape des grands repentirs et des grandes délivrances. Et celle d'un baptême librement consenti, par lequel on décide de mourir à soi-même. Cette notion de mort à soi-même est complètement abstraite pour un converti tout neuf. Elle prend sa signification bien plus tard, quand on prend la pleine mesure de tout ce qui, en nous, s'oppose à l'action de Dieu.

La deuxième étape conduisait dans le lieu Saint, vers le chandelier. Il symbolise le Saint-Esprit qui nous éclaire. Le chandelier est en or pur. Le sacrificateur devait veiller à ce qu'il soit toujours rempli d'huile pure, et qu'il ne s'éteigne ni jour, ni nuit (Lév. 24.1-4). Nous aussi devons veiller à être, jour et nuit, éclairés par le Saint-Esprit.

Ensuite, on se dirigeait vers la table du pain de proposition. Une table d'or pur. Ce pain, qui devait, chaque jour de sabbat, être renouvelé, symbolise la Parole, Jésus, et notre communion avec Lui et avec son Corps: l'Eglise. Ce pain n'en devait pas moins être «consumé par le feu devant l'Eternel». Cela parle d'une purification qui doit se poursuivre, semaine après semaine.

Dernière étape avant le Saint des saints: on s'approchait de l'autel d'or, appelé autel des parfums. Il symbolise la louange. Les Psaumes 18, 149, et d'autres, nous apprennent que la louange déclenche la fuite des ennemis. Il s'agissait donc des dernières libérations-purifications avant de pouvoir entrer dans le cœur du Tabernacle, purifié des pieds à la tête. Seuls pouvaient s'en approcher les souverains-sacrificateurs. Eux seuls, à leurs risques et périls, avaient accès au-delà du voile.

Aujourd'hui, nous sommes, par le Sang de Jésus, ces souverains sacrificateurs, étant nantis d'un sacerdoce royal. Ce qui ne change rien au fait que nous avons des étapes à franchir pour accéder au Tabernacle, et surtout y demeurer.

Entrer dans la victoire

Dieu a conduit les Hébreux 40 ans dans le désert «afin de les humilier, de les éprouver, pour savoir quelles étaient les dispositions de leur cœur, et s'ils garderaient ou non ses commandements» (Deut. 8.2). Nous aussi nous avons à affronter des épreuves et des combats.

Plus un être arrive tard au Seigneur, plus les séquelles du passé, généralement, sont lourdes. Mais «là où le péché a abondé, la grâce surabonde». Heureusement! Car certains ont subi de tels traumatismes que l'on ne peut qu'être ahuri de ce que l'homme est capable d'endurer sans en mourir ou sans se suicider.

La carence, dans les Eglises, de gens disponibles pour écouter, intercéder et combattre pour leurs frères est réelle, car notre monde actuel rend les gens esclaves en dévorant leur temps. De nos jours, les âmes sont considérées comme une denrée de dernier ordre et cela le sera de plus en plus, comme le déclare la Parole. La cargaison des «grands marchands» citée en ordre de valeur décroissant en Apoc 18 met en tête l'or, et au dernier rang: «les corps et les âmes d'homme». Au nom de la loi du marché, les aspirations de l'âme, comme le destin individuel des gens, sont de plus en plus méprisés. Leur seule qualité valable aux yeux de ceux qui tiennent les rênes de l'économie, c'est d'être un consommateur potentiel, et aux yeux de ceux qui sont au pouvoir, d'être des électeurs potentiellement favorables. Il n'est qu'à constater l'expansion galopante de nombre d'exclus de nos sociétés dites développées, pour comprendre que le monde est en train de s'écrouler. Ceux que le Seigneur conduit à Lui vont certainement arriver dans un état moral et spirituel souvent effrayant. Réparons dès à présent les filets, pour être prêts à accueillir la moisson que le Seigneur prépare. Car le brisement du monde auquel nous assistons préfigure, sans le moindre doute, une grande moisson.

C'est souvent après de dramatiques traumatismes que nous perdons l'illusion de pouvoir obtenir de la vie ou des hommes la paix ou le bonheur, et que nous fléchissons le genou devant le Père.

Terminons ce livre par une partie du Psaume 142:

Eternel, c'est à toi que je crie.
Je crie: tu es mon refuge,
mon partage sur la terre des vivants.
Sois attentif à mon cri!
Car je suis très affaibli.
Délivre-moi de ceux qui me poursuivent
car ils sont plus forts que moi.
Fais sortir mon âme de la prison,
afin que je célèbre ton nom!
Les justes viendront m'entourer
Quand tu m'auras fait du bien.

Table des matières

Du même auteur:

Occultisme: la spiritualité qui tue!

Criant de vérité, sans concession, cet ouvrage risque de secouer bien des lecteurs qui découvriront l'ampleur des ravages auxquels conduit l'occultisme. Longtemps marginal dans les pays occidentaux, **l'occultisme pénètre à grands flots aujourd'hui dans les universités, la médecine, l'industrie, les médias, les écoles, la politique, après avoir pollué progressivement au cours des siècles une grande partie de la chrétienté.**

Après avoir pendant vingt-cinq ans étudié l'occultisme, Michelle d'Astier de la Vigerie dénonce avec vigueur ces pratiques, démontrant les sources démoniaques de dons et pouvoirs surnaturels qui ne proviennent pas de Dieu, et leur épouvantable impact.

Elle révèle **la face cachée du New Age, peut-être la forme la plus dangereuse de l'occultisme, tant il se dissimule derrière des techniques et philosophies séduisantes** pour une humanité qui cherche dans des voies vaines des solutions à sa désespérance.

Un livre puissant et inspiré sur un sujet d'une actualité brûlante!

Format 14 x 21 cm / 177 pages

Mammon, l'agrippe-sous

Argent-roi, argent sacré... De serviteur, il est devenu le maître incontesté de notre société. Le dieu Mammon revêt bien de sournois déguisements et les chrétiens sont souvent bien plus liés par l'argent qu'ils ne veulent se l'avouer, s'armant de solides mais mauvaises justifications pour ne pas suivre, dans ce domaine, toute la Parole de Dieu. Ils se privent ainsi de multiples bénédictions que le Père tenait pour eux en réserve.

Michelle d'Astier de la Vigerie nous donne des clés pour débusquer Mammon dans notre vie, trier ce qui est sagesse, prévoyance et bonne gestion de ce qui n'est, de fait, que crainte de l'avenir et manque de foi en Dieu. Cet ouvrage savoureux nous interpelle, nous amenant à réfléchir sur les fausses sécurités sur lesquelles nous nous appuyons trop souvent, quand il ne s'agit pas, tout simplement, d'amour de l'argent que la Bible qualifie de «racine de tous les maux.»

Ce livre peut changer bien des comportements, et permettre à beaucoup d'entrer pleinement dans la vie par la foi que Dieu demande à tous ses enfants, et qui ouvre, tout grand, les écluses des cieux. Car tout l'or et l'argent que l'univers contient appartiennent à Dieu, qui peut, de surcroît, en faire surgir du néant.

Format 14 x 21 cm / 142 pages

Pour vous procurer ces ouvrages, veuillez vous adresser aux diffuseurs indiqués dans les premières pages de ce livre, ou à votre librairie habituelle.

Du même auteur:

La religiosité: gangrène des églises
Michelle d'Astier de la Vigerie

Entre la religiosité et la foi vivante, il est une différence subtile en apparence, et qui fait pourtant toute la différence entre la vie et la mort spirituelles. Ce sujet brûlant, rarement abordé parce que difficile, est traité dans ce livre en profondeur, mais aussi avec le style alerte et souvent plein d'humour de l'auteur. Michelle d'Astier de la Vigerie met à plat les fausses attitudes de cœur, les croyances et comportements erronés, et les pièges dans lesquels le diable tente de nous faire tomber pour affaiblir notre communion avec Dieu, au profit d'une bonne conscience assise sur des pratiques cultuelles et des bonnes œuvres. Une lucide, et parfois savoureuse observation des stigmates produits par la religiosité, le légalisme et le pharisaïsme qui sévissent dans nombre d'églises, et même parmi les chrétiens les mieux «réveillés. Dans la seconde partie, elle nous montre, au contraire, ce qu'est la marche avec le Seigneur, pour entrer dans la véritable sanctification, celle qui ne peut se faire que dans l'humilité et avec la toute puissante aide du Père. Solidement ancré dans la Bible, ce livre peut éclairer bien des chrétiens sur les dangers d'enlisement qui nous guettent tous, et restaurer, le cas échéant, notre relation avec le Seigneur.

Format 14 x 21 cm / 165 pages

La Guerre Invisible
Michelle d'Astier de la Vigerie

Dans ce livre, l'auteur nous transmet les clés d'une vie de vainqueur en Christ. C'est un chant de joie qui jaillit, un formidable encouragement à agir avec Dieu, tant pour être «plus que vainqueurs» que pour arracher nos frères captifs de l'ennemi.

Des forces vives puisant aux sources bibliques coulent de ces lignes, qui donneront à beaucoup un élan neuf pour conquérir les merveilleuses promesses divines

Format 14 x 21 cm / 132 pages

CASSETTES AUDIO

Plus de dix messages de Michelle d'Astier, sont diffusés sur cassettes. Vous pouvez obtenir la liste de ces enregistrements auprès du diffuseur français: «la librairie CLC» ou du producteur: «Cassettes Multicopy», à l'adresse suivante: C.P. 93, CH-1816 Chailly. Tél.: 021 964 81 82 / Fax: 021 964 73 83.

Pour vous procurer ces ouvrages, veuillez vous adresser aux diffuseurs indiqués dans les premières pages de ce livre, ou à votre librairie habituelle.

L'approche de la fournaise apocalyptique
EMILE-ANDRÉ VANBECKEVOORT

avec la collaboration de: **Michelle d'Astier de la Vigerie**

L'Apocalypse est un thème difficile à aborder. Pourtant, dans ces temps de la fin, nous voyons se mettre en place, en accéléré, ce que la Bible, à travers chacun de ses livres, a prophétisé depuis des millénaires, pour les chrétiens, pour les nations en général et pour Israël en particulier.

Emile-André Vanbeckevoort apporte un éclairage nouveau, à la fois historique et biblique, qui contribuera à nous faire mieux comprendre les temps que nous vivons et ce qui se prépare dans un avenir que l'on sent désormais très proche. Car la fournaise est déjà là. Même si nous n'en sentons encore que les prémices, Dieu a parlé et cela va s'accomplir. Mais si nous sommes prêts, ce n'est pas l'enfer sur terre qui nous attend, mais de grandes bénédictions, et une heure glorieuse pour ceux qui appartiendront pleinement à Christ lors de l'enlèvement de l'Église. Cet ouvrage peut nous aider à en faire partie.

L'enjeu est immense: soit nous nous dirigeons vers un douloureux achèvement, soit nous nous préparons, dans la confiance et la joie, aux Noces de l'Agneau auxquelles les chrétiens de tous les temps ont espéré participer, et qui réuniront bientôt tous ceux qui sont morts en Christ et les vainqueurs de la dernière heure.

Éditions RDF

NANOU, le sens d'une vie écourtée Max BERNARD

L'auteur relate avec courage la terrible épreuve qu'il a vécue: La mort de sa fille, fauchée par un accident dans sa prime adolescence.

Dans cette famille chrétienne, des mutations en profondeur vont s'opérer. Ce beau témoignage nous aide à nous souvenir que pour ceux qui appartiennent à Christ, il n'est aucun événement, aussi cruellement absurde paraisse-t-il au premier abord, qui n'ait un sens. Car la mort de Nanou, en définitive aura permis de sauver beaucoup de personnes et de conduire cette famille dans la voie que Dieu avait choisie pour elle, une voie pleine de fruits et de joie.

Ce livre peut aider beaucoup de gens dans la traversée de leurs épreuves.

Éditions RDF

Pour vous procurer ces ouvrages, veuillez vous adresser aux diffuseurs indiqués dans les premières pages de ce livre, ou à votre librairie habituelle.

«TEL QUE JE SUIS» BILLY GRAHAM

«TEL QUE JE SUIS» est l'autobiographie d'un homme qui a marqué son temps et contribué à peupler le ciel BILLY GRAHAM, pour la toute première fois, retrace sa vie dans un ouvrage de taille, empreint d'une remarquable profondeur. Il fut proclamé premier prédicateur mondial, et son appel d'évangéliste l'a conduit à parcourir les nations du monde entier, de l'Europe à l'Asie, des plus grandes capitales aux régions les plus, reculées. Ses campagnes ont atteint plus de 200 millions de personnes, et d'innombrables autres millions d'auditeurs, de spectateurs et téléspectateurs.

Billy Graham décrit la nature de ses relations avec des chefs d'États aussi différents que la Reine Elisabeth II, le **Shah d'Iran** et **Kim Il Sung**. Il relate également ses rencontres inoubliables, comme son voyage en avion en compagnie du dirigeant des droits civiques, Mr. **Martin Luther King, Jr.**, au cours duquel le moteur prit feu, et la tragique tentative de Billy Graham pour prévenir **le Président John F. Kennedy** du danger menaçant que représenterait son voyage à Dallas.

«TEL QUE JE SUIS» révèle un Billy Graham plus attachant et spontané que jamais, lorsqu'il expose sa vie privée sans ambages ni détours, ainsi que les détails de l'amitié qu'il nourrit avec neuf présidents américains. Il nous confie: «Lorsqu'un président des États-Unis pleurait en ma présence et s'agenouillait avec moi pour la prière, ou, encore, dans l'intimité du moment, se déchargeait de ses soucis familiaux, je ne pensais jamais à la philosophie politique de ce dernier, ou encore à sa personnalité, mais je voyais en lui, une âme en peine qui attendait le secours de Dieu».

BILLY GRAHAM a touché le cœur et l'âme de millions de personnes par son message de foi.

Décrivant son parcours spirituel personnel, il retrace d'une manière émouvante, ses joies et ses combats, aussi bien que son profond dévouement envers son épouse Ruth et sa famille toute entière.

Dans «Tel que je suis», Billy Graham considère son passé avec beaucoup de chaleur et une candeur, et se souvient de son enfance dans l'exploitation laitière familiale, de ses premières expériences de prédicateur, et de l'impressionnant accueil international qui fut réservé à son ministère public, basé sur sa foi inébranlable en Christ.

816 pages, dim. 15 x 23 cm / exécution de luxe

Éditions EPH

Pour vous procurer ces ouvrages, veuillez vous adresser aux diffuseurs indiqués dans les premières pages de ce livre, ou à votre librairie habituelle.